新工科·普通高等教育汽车类系列教材

汽车工程材料

主编 常 颖 桑 琳
参编 李晓东 王存宇

机械工业出版社

本书以培养车辆工程专业人才为目的，是车用工程材料类通用基础教材。本书紧密结合当前汽车行业的前沿技术、先进工程材料发展现状和生产实际，并以兄弟院校课程改革成果为基础，参考众多同类教材、学术成果编写而成。本书内容系统、丰富，贴合实际且深入浅出，坚持适用、够用、实用的原则，注重理论与实践相结合。全书共8章，主要内容包括金属材料的基础知识、金属的晶体结构与结晶、铁碳合金、钢的热处理、车用铝合金、车用镁合金、车用高分子材料和高性能纤维增强树脂基复合材料等。

本书各章内容独立，既适用于多学时课程教学，也适用于根据不同的需求选择不同授课学时教学。本书可作为高等院校车辆工程等相关专业的教材，也可供相关专业的教师、企业技术人员和管理人员参考使用。

图书在版编目（CIP）数据

汽车工程材料/常颖，桑琳主编. —北京：机械工业出版社，2021.3
（2025.1 重印）

新工科·普通高等教育汽车类系列教材
ISBN 978-7-111-67766-6

Ⅰ. ①汽… Ⅱ. ①常… ②桑… Ⅲ. ①汽车-工程材料-高等学校-教材 Ⅳ. ①U465

中国版本图书馆 CIP 数据核字（2021）第 046019 号

机械工业出版社（北京市百万庄大街 22 号　邮政编码 100037）
策划编辑：宋学敏　　责任编辑：宋学敏　赵　帅
责任校对：张　薇　　封面设计：张　静
责任印制：李　昂
北京捷迅佳彩印刷有限公司印刷
2025 年 1 月第 1 版第 5 次印刷
184mm×260mm・11.5 印张・270 千字
标准书号：ISBN 978-7-111-67766-6
定价：36.00 元

电话服务　　　　　　　　　网络服务
客服电话：010-88361066　　机　工　官　网：www.cmpbook.com
　　　　　010-88379833　　机　工　官　博：weibo.com/cmp1952
　　　　　010-68326294　　金　书　网：www.golden-book.com
封底无防伪标均为盗版　　　机工教育服务网：www.cmpedu.com

前　言

汽车轻量化和高安全性的实现是当前汽车制造业的研究热点，而选取理想的工程材料并进行合理的制造，是实现轻量化和高安全性目标的主要方法。本书基于当前对汽车工程材料课程的教学需求，以培养汽车制造相关创新性专业人才为目标，紧密结合汽车行业的前沿研究、应用需求和生产实际，突出在掌握应用背景的条件下对学生的创新思维能力和科学素养的培养。本书以多所院校课程改革成果为基础，吸取同类教材的优点并参考前沿技术，突出车辆工程专业的培养特色，以遵循应用需求为原则，循序渐进地介绍现代汽车领域工程材料的基础理论和前沿技术，重点突出、深度适当、符合实际。

全书共分8章，前6章介绍了金属材料相关内容，后2章介绍了非金属材料相关内容，内容以与汽车轻量化方向相关的工程材料知识为主，力求全面体现车辆工程专业课程、教学内容和教学体系的改革方向。金属材料部分介绍了综合性能、晶体结构、铁碳合金（分类、性能、用途和牌号）、铝和镁及其合金的分类和用途等，并介绍了相关前沿进展、加工方法、应用需求和生产实际。非金属材料部分介绍了车用高分子材料及高性能纤维增强树脂基复合材料。本书内容较丰富，以基础知识适用和够用为编写原则，强调以实用为目的，与车辆工程专业紧密联系，内容贴近汽车技术发展实际。

本书由常颖、桑琳担任主编，李晓东、王存宇参加编写。第1、2、3、5、6章由常颖编写，第7、8章由桑琳编写，第4章由李晓东和王存宇编写，全书由常颖和桑琳负责统稿。感谢刁有凯、梁家兴、王治文和池学敏等在编写、文字校对和美化图片工作中所做的贡献。本书的编写参考了相关文献、资料，在此对原作者表示衷心感谢。

由于编者水平有限，书中难免有疏漏和不足之处，希望使用本书的读者批评指正。

编　者

目 录

前言
绪论 ································· 1
第1章 金属材料的基础知识 ··············· 2
  1.1 金属材料的力学性能 ·················· 2
    1.1.1 载荷 ························· 3
    1.1.2 应力 ························· 3
    1.1.3 应变 ························· 3
    1.1.4 应力-应变曲线 ··············· 3
    1.1.5 常用强度指标 ················· 4
    1.1.6 弹性变形 ····················· 5
    1.1.7 静载荷下的力学性能 ··········· 5
    1.1.8 动载荷下的动态力学性能 ······· 9
    1.1.9 影响力学性能的主要因素 ······ 10
    1.1.10 常用金属材料力学性能的基本
         指标及其含义 ················ 11
    1.1.11 材料的包辛格（Bauschinger）
         效应 ························ 11
  1.2 金属材料的物理性能 ················· 13
  1.3 金属材料的化学性能 ················· 14
  1.4 金属材料的工艺性能 ················· 14
  思考题 ································ 15
第2章 金属的晶体结构与结晶 ············ 16
  2.1 晶体的有关概念 ····················· 16
  2.2 晶体的分类 ························· 17
  2.3 金属晶体结构与金属性质的内在
      联系 ······························· 18
  2.4 金属的三种典型晶格结构 ············· 19
  2.5 金属的结晶 ························· 20
  思考题 ································ 23
第3章 铁碳合金 ······················· 24
  3.1 铁碳合金的基础知识 ················· 24
  3.2 铁碳相图 ··························· 25
    3.2.1 基本概念 ···················· 25

    3.2.2 合金的相结构 ················ 26
    3.2.3 铁碳相图的基本相及其性能 ···· 27
  3.3 典型铁碳合金的结晶过程、室温组织及
      性能 ······························· 30
  3.4 成分对铁碳合金的影响 ··············· 31
    3.4.1 碳的影响 ···················· 31
    3.4.2 锰的影响 ···················· 32
    3.4.3 硅的影响 ···················· 32
    3.4.4 硫的影响 ···················· 32
    3.4.5 磷的影响 ···················· 33
    3.4.6 氮的影响 ···················· 33
    3.4.7 氢的影响 ···················· 33
    3.4.8 氧的影响 ···················· 33
  3.5 铁碳相图的应用 ····················· 33
    3.5.1 在选材方面的应用 ············ 33
    3.5.2 在铸造方面的应用 ············ 34
    3.5.3 在锻造方面的应用 ············ 34
    3.5.4 在焊接方面的应用 ············ 34
  思考题 ································ 34
第4章 钢的热处理 ····················· 36
  4.1 钢的热处理工艺 ····················· 36
    4.1.1 钢的临界温度 ················ 37
    4.1.2 退火、正火、淬火、回火 ······ 37
  4.2 钢在加热时的转变，奥氏体的形成
      （P→A）··························· 46
    4.2.1 奥氏体晶粒的形成和长大 ······ 46
    4.2.2 残留渗碳体的溶解 ············ 47
    4.2.3 奥氏体的均匀化（Fe、C原子的
         扩散）······················ 47
  4.3 钢在冷却时的组织转变 ··············· 47
  4.4 钢的化学热处理 ····················· 50
  4.5 先进汽车用钢及其发展历程 ··········· 53
    4.5.1 先进汽车用钢 ················ 53
    4.5.2 汽车用高强度钢的发展历程 ···· 55

4.5.3 典型汽车用钢 …………… 56	6.3.2 铸造镁合金 …………… 110
思考题 …………………………… 66	6.4 镁合金的先进加工技术 …… 114
第5章 车用铝合金 …………… 67	6.4.1 压铸 …………………… 114
5.1 铝的特性 …………………… 68	6.4.2 挤压铸造 ……………… 115
5.2 铝合金 ……………………… 70	6.4.3 镁合金的轧制技术 …… 116
5.2.1 铝合金的基础知识 …… 70	6.4.4 镁合金的焊接 ………… 116
5.2.2 铝合金的分类 ………… 71	6.5 镁合金存在的问题和发展方向 … 117
5.3 铝合金加工技术 …………… 73	6.5.1 镁合金存在的问题 …… 117
5.3.1 概述 ……………………… 73	6.5.2 镁合金的发展方向 …… 118
5.3.2 铝及铝合金塑性成形方法的	思考题 …………………………… 120
分类与特点 ……………… 74	**第7章 车用高分子材料** ……… 121
5.3.3 铝材在进行塑性成形加工时的	7.1 车用高分子材料概述 ……… 121
组织与性能变化 ………… 77	7.1.1 高分子材料及其特性 … 121
5.3.4 铝加工技术的发展趋势 … 80	7.1.2 车用高分子材料的应用与
5.4 变形铝合金 ………………… 80	回收 ……………………… 124
5.4.1 非热处理强化变形铝合金 … 80	7.2 车用塑料及其制品 ………… 127
5.4.2 热处理强化变形铝合金 … 81	7.2.1 塑料的组成和分类 …… 127
5.4.3 快速凝固铝合金 ……… 85	7.2.2 车用通用塑料 ………… 128
5.4.4 超塑性铝合金 ………… 86	7.2.3 车用工程塑料 ………… 135
5.4.5 烧结铝粉 ……………… 87	7.2.4 车用聚氨酯泡沫塑料 … 140
5.5 铸造铝合金 ………………… 88	7.3 车用橡胶及其制品 ………… 142
5.5.1 铸造铝合金的一般特性 … 88	7.3.1 橡胶的组成及性能特点 … 142
5.5.2 铝硅及铝硅镁合金 …… 89	7.3.2 车用橡胶制品 ………… 145
5.5.3 铝铜铸造合金 ………… 89	7.4 车用胶黏剂 ………………… 146
5.5.4 铝镁铸造合金 ………… 89	7.4.1 胶黏剂的成分及分类 … 146
5.6 铝合金的发展及应用 ……… 90	7.4.2 车用胶黏剂的性能和应用 … 148
5.6.1 铝合金的发展背景 …… 90	7.4.3 汽车生产中胶黏剂的应用
5.6.2 铝合金的应用 ………… 91	实例 ……………………… 150
5.6.3 铝合金的发展 ………… 91	思考题 …………………………… 151
思考题 …………………………… 92	**第8章 高性能纤维增强树脂基复合**
第6章 车用镁合金 …………… 93	**材料** …………………………… 153
6.1 镁的特性 …………………… 93	8.1 高性能纤维 ………………… 153
6.1.1 镁的物理性质 ………… 94	8.1.1 纤维的性能指标和分类 … 153
6.1.2 镁的力学性能 ………… 96	8.1.2 玻璃纤维 ……………… 154
6.1.3 镁的化学性质 ………… 96	8.1.3 碳纤维（CF） ………… 156
6.1.4 镁合金的性能 ………… 97	8.2 复合材料界面 ……………… 160
6.2 镁合金中的合金元素 ……… 98	8.2.1 复合材料界面理论 …… 160
6.2.1 镁基固溶体 …………… 98	8.2.2 纤维表面处理 ………… 162
6.2.2 镁合金中的强化相 …… 103	8.3 车用热塑性复合材料 ……… 163
6.3 镁合金的分类 ……………… 105	8.3.1 一般特性 ……………… 163
6.3.1 变形镁合金 …………… 105	8.3.2 短纤维热塑性塑料（SFT） …… 164

8.3.3 长纤维热塑性塑料（LFT）…… 165
8.3.4 玻璃纤维毡热塑性塑料
（GMT）………………… 165
8.3.5 层压热塑性塑料复合材料…… 166
8.4 车用热固性复合材料…………… 168
 8.4.1 车用热固性聚合物…………… 168
 8.4.2 车用热固性复合材料成型
工艺……………………… 169
8.5 车用CFRP复合材料成型工艺及在
汽车上的应用现状……………… 172
思考题……………………………… 174

**附录 压痕平均直径与布氏硬度
对照表**…………………… 175

参考文献……………………………… 178

绪　论

汽车轻量化和安全性要求已成为汽车行业的重要研究方向，而通过提升材料力学性能、减薄零件或选取轻质材料，是目前满足上述要求最为有效的方式。车用材料的种类很多，有金属材料和非金属材料两大类。

金属材料是以金属元素或金属元素为主构成的具有金属特性的材料。它具有优良的使用性能（包括力学性能、物理性能和化学性能等）和加工工艺性能（如机械加工性能、锻造性能、焊接性能和热处理性能等）。以钢铁为例，超高强度钢板在汽车制造领域的应用越来越广泛，尤其是在汽车白车身的轻量化方面。汽车用钢中，超高强度钢通常指的是屈服强度>550MPa，抗拉强度>700MPa 的板材，主要包括 DP（双相）钢、TRIP（相变诱发塑性）钢、M（马氏体）钢、HPF（热冲压成形）钢、TWIP（孪晶诱发塑性）钢，以及 Q&P（淬火+配分）钢和中锰钢等。目前，在汽车制造领域，应用最广泛的汽车结构件用钢的抗拉强度为 590MPa 和 780MPa，更高强度水平（如 980MPa 和 1180MPa）的冲压用汽车用钢应用较少。而作为轻质合金的铝合金和镁合金，近些年其力学性能和加工工艺性能（包括铝合金的焊接性、镁合金的成形性等）也在不断完善，以适应各种复杂加工制造流程。提升性能的关键是改善材料的微观组织结构，通过组织调控技术实现强度、塑韧性和服役性的提高。

非金属材料是指具有非金属性质（导电性、导热性差）的材料，其主要包括高分子材料、陶瓷材料和复合材料。其中，高分子材料中工程塑料的强度、韧性和耐磨性较高，具有价廉、耐蚀、降噪、美观和轻质等优点，现已广泛应用于汽车保险杠、内饰和仪表板等部件。纤维增强树脂基复合材料主要包括热固性复合材料和热塑性复合材料，目前已在车身外装板件中得到了广泛的关注和应用，包括汽车车顶导流板、风窗框等。但复合材料仍存在使用方面的技术问题，其中，包括准确的材料定性、生产、涂装、维修，以及与金属材料的连接和回收等问题。以复合材料的连接工艺为例，汽车行业传统金属零部件之间的连接方式已不能适应客观需求了，在此情况下，有必要对汽车复合材料的连接与固定的方式进行研究。

减小汽车质量，提高加工工艺性、碰撞安全性和服役性能，提高回收利用率，提高结构强度和刚度，改善 NVH（噪声、振动和声振粗糙度），以及选取低成本与可循环使用的材料，是当今汽车材料的发展方向，也是汽车轻量化发展的主要方向，这决定了汽车材料的发展趋势：

1）各种材料相互替代，竞争将日趋激烈。
2）钢铁材料仍是主要车用材料。
3）随着高强度钢、不锈钢用量的增加，普通钢板、管棒材的用量将逐渐减少。
4）轻质合金材料，即铝合金和镁合金的用量增加。
5）塑料和非金属复合材料的用量将持续增加。

第1章

金属材料的基础知识

【教学目标】

通过本章的学习，学生能够掌握金属材料的基础知识，明晰金属材料的力学性能、物理性能、化学性能和工艺性能参数，并且能够运用所学知识评价金属材料的性能，初步具备分析和解决问题的能力。

【教学要求】

知识要点	能力要求
金属材料的力学性能	掌握金属材料的基本概念；掌握载荷、应力、应变、应力-应变曲线等与力学性能相关的概念的含义；掌握静载荷和动载荷下的关键力学性能指标；了解影响力学性能的主要因素；了解包辛格效应的含义及其对材料成形回弹的影响
金属材料的物理性能	了解金属材料常用的物理性能参数指标；掌握各物理性能指标对于材料评价和材料匹配的影响；能够通过物理性能对车用金属材料的选用做简单的分析
金属材料的化学性能	了解金属材料常用的化学性能参数指标；掌握各化学性能指标对于材料评价和材料匹配的影响；能够通过化学性能对车用金属材料的选用做简单的分析
金属材料的工艺性能	了解金属材料常用的工艺性能参数指标；掌握各工艺性能指标对于材料评价和材料匹配的影响；能够通过工艺性能对车用金属材料的选用做简单的分析

所谓材料，是指经过某种加工，具有一定结构、组分和性能，并具有一定用途的物质。而材料科学就是研究各种材料的成分、工艺、组织和性能之间相互关系的科学，通常说成分—工艺—组织—性能是材料科学的一条主线。材料科学可提供材料结构的统一描绘，或给出模型，并解释这种结构与材料性能的关系。材料工程属于技术的范畴，目的在于采用经济而又能为社会所接受的生产工艺、加工工艺控制材料的结构、性能和形状，以达到使用要求。

材料科学与工程是研究有关材料的成分、结构和制造工艺与其性能及使用性能间相互关系的知识及这些知识的应用，是一门应用基础科学。材料的成分、结构、制造工艺、性能及使用性能被认为是材料科学与工程的四个基本要素。

金属材料是机械制造工业中应用最为广泛的材料，分为纯金属和合金两类。合金是以一种金属为基础，加上其他金属或非金属，经过熔炼或烧结制成的具有金属特性的材料。与纯金属相比，合金的强度、硬度较高，并且可人为地进行加工处理（改变成分和工艺），获得具有各种性能的材料。

1.1 金属材料的力学性能

在汽车制造领域中，金属材料因具有良好的工艺性能和服役性能，仍是汽车用工程材料的主流。工艺性能是指金属材料在被加工过程中所表现出来的性能,包括铸造性能、锻造性能、焊接性能、热处理性能、涂镀性能、成形性能和切削加工性能等;服役性能是指金属材料在使用条件下所表现出来的性能,包括力学性能、物理性能和化学性能。其中,力学性能又称为机械性能,是材料在外力作用下所表现出来的各种性能,是设计汽车零件时的主要依据,零件所受的力有静载荷、动载荷和交变载荷,静载荷涉及强度、塑性、硬度;动载荷涉及冲击韧性和疲劳强度等,各性能参数可以通过相应的试验设备进行测试。

1.1.1 载荷

金属材料在使用过程中所受的外力又称为载荷。根据作用性质的不同,载荷分为静载荷、动载荷及交变载荷三种:

(1) **静载荷** 静载荷是指大小不变或变化过程缓慢的载荷。
(2) **动载荷** 动载荷是指在短时间内以较高速率作用在零件上的载荷。
(3) **交变载荷** 交变载荷是指大小和方向随时间做周期性变化的载荷。

根据作用方式的不同,载荷又可分为拉伸载荷、压缩载荷、弯曲载荷、剪切载荷和扭转载荷。

1.1.2 应力

金属材料受到外力作用时,为了保持其形状不变,在材料内部产生与外力相对抗的力,这个力称为内力。应力是单位面积上所承受的内力。

1.1.3 应变

物体在受到外力作用下会产生一定的变形,变形的程度称为应变。应变有正应变(线应变)、切应变(角应变)及体应变。其中,正应变是某一方向上微小线段因变形产生的长度增量(伸长时为正)与原长度的比值,切应变是两个相互垂直方向上的微小线段在变形后夹角的改变量。

1.1.4 应力-应变曲线

准静态的应力-应变关系通常用单轴拉伸试验获得,因为伸长率的数值与试样尺寸有关,因而试验时应对所选定的试样尺寸做出规定,以进行比较。

圆柱棒材和板材单轴拉伸试验标准样件如图 1-1 所示。

棒材标准样件的拉伸过程如图 1-2 所示。

拉伸过程中样件应力-应变的变

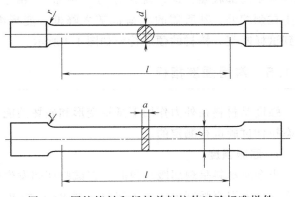

图 1-1 圆柱棒材和板材单轴拉伸试验标准样件

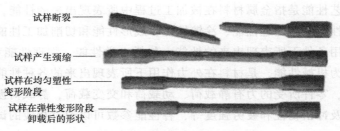

试样断裂
试样产生颈缩
试样在均匀塑性变形阶段
试样在弹性变形阶段卸载后的形状

图 1-2　棒材标准样件的拉伸过程

化关系曲线如图 1-3 所示。

（1）弹性变形阶段（Oe 段）　Oe 段是直线，表示变形量与外力成正比，服从胡克定律。载荷去除后，试样恢复原来的初始状态。F_{eL} 是使试样只产生弹性变形的最大载荷。

（2）屈服阶段（es 段）　当载荷超过 F_{eL}，拉伸曲线出现平台或锯齿，此时在载荷不变或变化很小时试样却继续伸长，此现象称为屈服，F_{eL} 称为屈服载荷。在载荷去除后，试样有部分残余变形不能恢复，称为塑性变形。

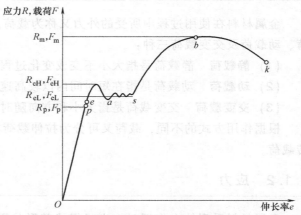

图 1-3　拉伸过程中样件应力-应变的变化关系曲线

（3）强化阶段（sb 段）　试样在屈服时产生的塑性变形使试样的变形抗力增大，只有增大载荷，变形才可以继续进行。在此阶段，变形与硬化交替进行，随塑性变形增大，试样变形的抗力也逐渐增大，这种现象称为加工硬化。该阶段试样各处的变形都是均匀的，也称为均匀塑性变形阶段。F_m 为试样拉伸试验时的最大载荷。

（4）颈缩阶段（bk 段）　当载荷超过最大载荷 F_m 时，试件发生局部收缩，这种现象称为"颈缩"。由于变形主要发生在颈缩处，其所需的载荷也随之降低。变形继续增加，直到试样断裂。棒材的颈缩特征如图 1-4 所示。

图 1-4　棒材的颈缩特征

1.1.5　常用强度指标

强度是材料在外力作用下抵抗变形和破坏的能力。材料的屈服强度和抗拉强度是通过静态拉伸试验进行测定的。

1. 屈服强度

当金属材料呈现屈服现象时，在试验期间发生塑性变形而力不增加时的应力称为屈服强度，分上屈服强度 R_{eH} 和下屈服强度 R_{eL}，如 R_{eL} 的计算式为

$$R_{eL} = \frac{F_{eL}}{S_0}$$

式中 　F_{eL}——材料屈服时的拉力（N）；

　　　S_0——试样横截面面积（mm²）。

屈服强度是具有屈服现象的材料特有的强度指标。只有低碳钢、中碳钢、铜、铝等少数金属有屈服现象，大多数金属材料都没有明显的屈服现象，无法确定其屈服强度R_{eL}。所以工程上规定，把试样产生的塑性变形量为标距长度的0.2%时所对应的应力值定义为该材料的条件屈服强度，用$R_{p0.2}$表示。

大多数情况下，材料在使用过程中不允许发生塑性变形，因此屈服强度是进行零件设计和选材的重要依据。

2. 抗拉强度

材料在拉断前所能承受的最大应力称为抗拉强度，以R_m表示，即

$$R_m = \frac{F_m}{S_0}$$

式中 　F_m——试样拉断前的最大外力（N）。

1.1.6　弹性变形

弹性变形有以下主要特点：

1）可逆性。去掉外力，变形就消失。

2）线性。应力和应变间满足直线关系。

3）弹性变形量小。一般说来，金属材料和陶瓷材料的弹性变形很小，高聚物材料的弹性变形可以比较大。

弹性模量又称为杨氏模量。一般来讲，对弹性体施加一个外界作用，弹性体会产生形状的改变（称为应变），弹性模量的一般定义是：单向应力状态下应力与该方向应变的比值，即认为应力与应变具有线性关系。

弹性模量是指材料在外力作用下产生单位弹性变形所需要的应力，它是反映材料抵抗弹性变形能力的指标，相当于弹簧中的刚度，其值越大，使材料发生一定弹性变形的应力也越大，即材料刚度越大，即在一定应力作用下，产生的弹性变形越小。

在低于弹性极限的应力范围内，实际固体的应力和应变不是单值对应关系，往往有一个时间的滞后现象，这种特性称为滞弹性。

1.1.7　静载荷下的力学性能

1. 强度

常用的强度判据是屈服强度和抗拉强度。屈服强度一般作为低碳钢、中碳钢、退火钢等硬度较低的材料的强度指标，用来表明这类材料抗永久变形的能力，它是设计和选材的重要依据之一。

2. 塑性

塑性是指材料在外力作用下，产生不可逆永久变形的能力，常用断后伸长率和断面收缩率表示。

断后伸长率的计算式为

$$A = \frac{L_u - L_0}{L_0} \times 100\%$$

式中　A——断后伸长率（%）；

　　　L_u——试样拉断后标距（mm）；

　　　L_0——试样原始标距（mm）。

$A>5\%$ 为塑性材料，$A<5\%$ 为脆性材料。

断面收缩率的计算式为

$$Z = \frac{S_0 - S_u}{S_0} \times 100\%$$

式中　Z——断面收缩率；

　　　S_0——试样原始横截面面积（mm²）；

　　　S_u——试样拉断后最小横截面面积（mm²）。

3. 硬度

硬度是指金属材料抵抗局部弹性变形、塑性变形、压痕、划痕或破坏的能力，是材料软硬的度量，能够反映金属材料内部的化学成分、金相组织和热处理状态上的差异，是各种零件及工具、量具、模具等必备的性能指标。主要的表示方法有布氏硬度（HBW）、洛氏硬度（HR）、维氏硬度（HV）等。金属材料的硬度实际上也就是其强度的局部反映，强度高，硬度也高。

（1）布氏硬度

1）布氏硬度的测试原理。如图 1-5 所示，用一定的试验力 F，将直径为 D 的硬质合金球压头压入被测材料的表面，保持规定时间后卸除试验力，然后利用专用的刻度放大镜测出压痕直径 $d[d=(d_1+d_2)/2]$，根据 d 的大小，即可从硬度对照表（见附录）中查出相应的布氏硬度。由硬度对照表可知，当试验力 F 与硬质合金球的直径 D 不变时，d 值越小，被测材料的布氏硬度值越大，被测材料越硬。

根据规定，布氏硬度用 HBW 表示，布氏硬度的单位为 kgf/mm²，但一般不用标注，压头球的材料采用硬质合金。常用的压头球直径有 1mm、2.5mm、5mm、10mm 四种，其中，以直径为 10mm 的压头球最为常用。对于试验力在 9807~29420N 范围内的保持时间，钢铁材料一般为 10~15s，非铁金属材料为 30s，布氏硬度小于 35 的材料为 60s。试验时根据金属材料的种类、试样的硬度范围及试样厚度的不同，参照表 1-1 给出的布氏

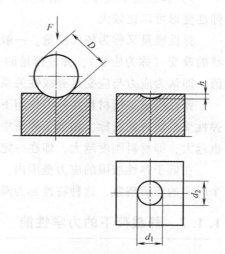

图 1-5　布氏硬度测试原理示意图

硬度试验规范，选择试验用压头球直径 D、试验力 F 及试验力保持时间。

表 1-1 布氏硬度试验规范（部分）

材料种类	布氏硬度使用范围	压头球直径 D/mm	$0.102F/D^2$ 值/(N/mm²)	试验力 F/N	试验力保持时间 /s	备注
铜及铜合金	>200HBW	10 5 2.5	30	29420 7355 1839	30	1）压痕中心到试样边缘的距离不应小于压痕平均直径的 2.5 倍 2）两相邻压痕中心距离不应小于压痕平均直径的 3 倍 3）试样厚度至少应为压痕深度的 8 倍，且试验后，试样支撑面应无可见的变形痕迹
铜及铜合金	35~200HBW	10 5 2.5	10	9807 2452 612.9	30	
铜及铜合金	<35HBW	10 5 2.5	5	4903 1226 306.5	60	
铸铁	≥140HBW	10 5 2.5	30	29420 7355 1839	10	
铸铁	<140HBW	10 5 2.5	10	9807 2452 612.9	10~15	

2）布氏硬度的表示方法。符号 HBW 前面的数字为硬度值，符号后面的数字按压头球的直径、试验力换算值、试验力保持时间的顺序标注。试验力保持时间为 10~15s 时不标注。例如，600HBW1/30/20 表示用直径 1mm 的硬质合金球在 294.2N 试验力作用下保持 20s 测得的布氏硬度值为 600；350HBW5/750 表示用直径 5mm 的硬质合金球在 7355N 试验力作用下保持 10~15s 测得的布氏硬度值为 350。

3）布氏硬度的特点与应用范围。因压痕面积较大、布氏硬度的值比较稳定，故测试数据重复性好，准确度较洛氏硬度法高。但其测量时间长，且因压痕较大，不适于成品检验。由于测试过硬材料可导致钢球变形，因此布氏硬度通常用于 HBW 值小于 450 的材料，如灰铸铁、非铁合金及硬度较小的钢材。部分汽车零部件常用材料的硬度见表 1-2。

表 1-2 部分汽车零部件常用材料的硬度

零部件名称	材料	硬度
发动机轴承	锡基轴承合金	24HBW
仪表板盖	ABS 塑料	70HBW
排气管	蠕墨铸铁	140~217HBW
汽车轮毂	球墨铸铁	130~210HBW
曲轴	优质中碳钢	240~260HBW

（2）洛氏硬度

1）洛氏硬度的测试原理。如图 1-6 所示，将顶角为 120° 的金刚石圆锥体或直径为 1.5875mm 或 3.175mm 的淬火钢球（或碳化钨合金球）作为压头，先施加一个初试验力，然后在主试验力的作用下将压头压入被测材料表面，经规定的保持时间后，卸除主试验力，根据压痕的深度，直接从洛氏硬度计的显示器上读取洛氏硬度值。

2) 洛氏硬度的表示方法。洛氏硬度用 HR 表示，一般情况下，被测材料洛氏硬度的表示方法为：硬度值标在洛氏硬度符号（HR）的前面，HR 的后面写使用的标尺符号，若试验时用到球压头，则还需在标尺符号后面再加上球压头代号（钢球为 S，碳化钨合金球为 W）。例如，40HRC，表示用 C 标尺测定的洛氏硬度值为 40；

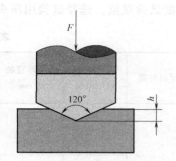

图 1-6　洛氏硬度测试原理示意图

60HRBW 表示用碳化钨合金球压头在 B 标尺上测得的洛氏硬度值为 60。我国常用的洛氏硬度标尺有 A、B、C 三种，其洛氏硬度试验规范见表 1-3。

表 1-3　A、B、C 标尺的洛氏硬度试验规范

洛氏硬度标尺	硬度符号	压头类型	初试验力 F_0/N	主试验力 F_1/N	总试验力 F/N	适用范围	应用举例
A	HRA	金刚石圆锥体	98.07	490.33	588.4	20~95HRA	硬质合金、表面淬火球等
B	HRBW	直径为 1.5875mm 球	98.07	882.63	980.7	10~100HRBW	非铁金属、退火及正火钢件
C	HRC	金刚石圆锥体	98.07	1372.93	1471	20~70HRC	淬火钢件

3) 洛氏硬度的特点与应用范围。洛氏硬度测试简单，且压痕小，可用于成品检验。但是其测得的硬度值重复性较差，需在不同部位测量数次。洛氏硬度应用于硬质合金、表面淬火钢、退火钢、非铁合金、一般淬火件。

（3）维氏硬度

1) 维氏硬度的测试原理。维氏硬度的测试原理与布氏硬度的测试原理基本相同，区别在于前者的压头采用锥面夹角为 136° 的金刚石正四棱锥体，其压痕为四棱锥，测量压痕两对角线的长度，根据两对角线长度 d 的平均值对照专用维氏硬度表即可直接查出硬度值。维氏硬度试验用维氏硬度计如图 1-7 所示。

2) 维氏硬度的表示方法。维氏硬度用 HV 表示，HV 符号前面的数值为硬度值，HV 后面按试验力、试验力保持时间的顺序标注，试验力保持时间为 10~15s 时不用标注。例如，640HV30 表示维氏硬度值为 640，试验力为 294.2N，试验力保持时间为 10~15s；640HV30/20 表示维氏硬度值为 640，试验力为 294.2N，试验力保持时间为 20s。

3) 维氏硬度的特点与应用范围。维氏硬度法的测量

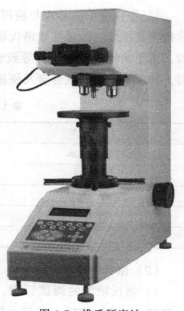

图 1-7　维氏硬度计

范围一般为 10~1000HV，压入深度较浅，故可测很薄的材料，如表面硬化层、金属镀层，且准确性高于布氏硬度法及洛氏硬度法。但是，维氏硬度的测试方法较烦琐，对被测件表面质量的要求较高。其主要应用于测量微小、较薄部件的硬度。

1.1.8 动载荷下的动态力学性能

动载荷下的动态力学性能主要体现在韧性和疲劳强度两个方面上。

1. 韧性

许多机械零件在工作时要受到冲击载荷的作用，如活塞销、锤杆、冲模及锻模等。用于制造这类零件的金属材料，不能仅用静载荷作用下的韧性（即金属材料在断裂前吸收变形能量的能力）指标来衡量其性能的好坏，还应考虑金属材料抵抗冲击载荷的能力，即冲击韧性，其指标以冲击韧度 a_K 表示。

冲击韧度是金属材料断裂前所吸收的能量与断口横截面面积的比值。通常采用摆锤式冲击试验机测定，如图 1-8 所示。测定时，一般是将带缺口的标准冲击试样（图 1-9）放在试验机上，然后用摆锤将其一次冲断，并以试样缺口处单位截面面积上所吸收的能量表示其冲击韧度，表征材料在冲击载荷作用下，抵抗破坏的能力。

利用冲击试验机冲断试样所消耗的冲击吸收能量，通过计算断口单位面积上的消耗功来表示冲击韧度 a_K：

$$a_K = \frac{K}{A_d}$$

式中　K——冲击吸收能量（J）；

　　　A_d——试样断口横截面面积（cm^2）。

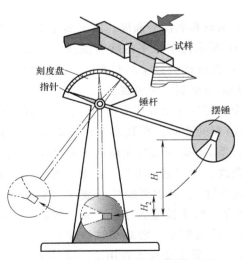

图 1-8　摆锤式冲击试验示意图

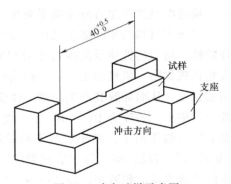

图 1-9　冲击试样示意图

由于标准试样缺口分为 V 型和 U 型两种，用相应缺口的标准试样进行试验时，其冲击吸收能量应分别标注为 KV 和 KU，其冲击韧度标注为 a_{KV} 和 a_{KU}，单位为 J/cm^2。在温度相同的情况下，由不同材料制成的冲击试样，所测冲击吸收能量 K 越大，材料的韧性越好。同时，试验表明冲击吸收能量 K 和冲击韧度 a_K 总的变化趋势是随温度降低而降低，当温度降至某一数值时，冲击韧度值急剧下降，钢材由韧性断裂变为脆性断裂，材料由韧性断裂状态向脆性断裂状态转变的温度称为韧脆转变温度。韧脆转变温度是衡量金属材料冷脆变化的指标，韧脆转变温度越低，材料的低温冲击韧性越好。例如，碳素结构钢的韧脆转变温度为 -20℃，因此，在使用碳素结构钢作为桥梁、输送管道等的钢架结构件的材料时，必须考虑其周围环境的最低温度是否低于材料的韧脆转变温度，以避免在寒冷季节发生金属脆断事故。

2. 疲劳强度

金属在循环的交变应力作用下，在一处或多处产生局部永久性累积损伤，经一定循环次数后，产生裂纹或突然发生断裂的过程。疲劳强度是指在指定寿命下使试样失效的应力水平。疲劳失效前无明显的塑性变形而发生断裂，具有危险性，大多数零件失效是由疲劳造成的。

（1）**疲劳曲线** 疲劳曲线是指交变应力 σ 与循环载荷 N 的关系曲线，如图 1-10 所示，金属材料承受的交变应力越大，则断裂前的应力循环次数越少，反之越多。当应力低于一定值时，试样可以经受无限次交变应力的作用而不被破坏。

（2）**疲劳强度指标** 疲劳极限即材料经过无限次应力循环不发生断裂的最大应力。当应力呈对称循环时，疲劳强度用符号 σ_{-1} 表示，单位为 MPa。疲劳曲线和疲劳强度是通过疲劳试验机模拟零部件在机构中实

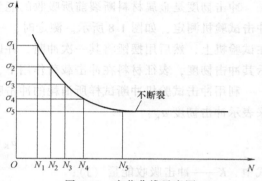

图 1-10 疲劳曲线示意图

际工作的情况测试出来的，由疲劳曲线可以看出金属材料的疲劳强度。由于实际上不可能进行无数次循环，并且有的金属材料不出现图 1-10 所示趋于水平的疲劳曲线，一般规定一个应力循环基数，测试时，循环次数超过这个基数就认为该金属材料不再发生疲劳破坏。疲劳断裂的产生可分为微观裂纹、宏观裂纹和瞬时断裂三个过程。

在金属材料的实际加工及成品应用过程中，金属材料在交变应力作用下，由于应力循环特性、材料的性质及其残余应力和表面质量等因素的影响，在其表面形成缺陷点（如大块状碳化物、机械加工刀痕、横截面面积突变处等），这些试样缺陷点的局部应力大于屈服强度，从而导致其产生局部塑性变形而形成裂纹，即"疲劳源"，这种"策源区"裂纹非常细小，长度为 $10^{-9} \sim 10^{-4}$ m，故称为"微观裂纹"。由于裂纹处形成应力集中，在交变应力的作用下，细小裂纹不断扩展，相互融合，形成长度大于 10^{-4} m、肉眼可见的"扩展区"裂纹，称之为"宏观裂纹"。在后续的工作过程中，宏观裂纹继续扩展，而试样的有效承载面积减小，设计疲劳强度下降，结果在正常交变应力作用下，试样突然发生疲劳断裂。

1.1.9 影响力学性能的主要因素

1）含碳量。含碳量越高，强度和硬度越高，但塑性显著降低。

2）杂质元素。

3）合金元素。加入某些合金元素，可提高和改善其综合力学性能，并获得某些特殊的物理和化学性能。

4）温度。一般地，低温条件下强度有所增加，塑性和冲击韧性下降，高温条件下相反。

5）热处理工艺。

1.1.10 常用金属材料力学性能的基本指标及其含义

常用金属材料力学性能的基本指标及其含义见表1-4。

表1-4 常用金属材料力学性能的基本指标及其含义

力学性能		性能指标			含义
		符号	名称	单位	
静载荷	塑性	A	断后伸长率		标距的伸长量与原始标距的比值
		Z	断面收缩率		颈缩处横截面面积的缩减量与原始横截面面积的比值
	强度	R_m	抗拉强度	MPa	试样拉断前所能承受的最大应力
		R_{eH} R_{eL}	屈服强度	MPa	拉伸过程中,力不增加(保持恒定)试样仍能继续伸长时的应力
		R_p	规定塑性延伸强度	MPa	发生微量的塑性变形时的应力
	硬度	HBW	布氏硬度值		球形压痕单位面积上所承受的平均应力
		HRA	A 标尺洛氏硬度值		用洛氏硬度相应标尺刻度满量程与压痕深度之差计算所得的硬度值
		HRB	B 标尺洛氏硬度值		
		HRC	C 标尺洛氏硬度值		
		HV	维氏硬度值		正四棱形压痕单位表面积上所承受的平均应力
动载荷	冲击韧性	a_K	冲击韧度	J/cm²	冲击试样缺口处单位横截面面积上的冲击吸收能量
	疲劳强度	σ_{-1}	疲劳极限	MPa	试样承受无数次(或给定次数)对称循环应力仍不断裂的最大应力

1.1.11 材料的包辛格（Bauschinger）效应

回弹是汽车车身成形的三大主要缺陷之一，高强度钢和铝合金薄板在冲压成形后的回弹问题尤其突出。零件回弹尺寸的大小，直接影响零件的表面质量及车间后续的总装装配。对于比较大的回弹零件，需要额外反复进行校正或者精修模具来补偿回弹，增加了大量不必要的时间及模具的开发成本。回弹是冲压中不可避免的一种缺陷，是零件在整个变形过程中的累积效应，也是限制高强度钢和铝合金等材料广泛应用的因素之一。回弹引起零件的形状与尺寸和模具的工作表面形状和尺寸不一致，导致两者之间存在一定的偏差。因此，为了使获得的零件的形状尺寸与设计标准尺寸一致，必须对模具的工作表面进行修磨，修磨后的模具尺寸与精确设计尺寸之间产生差值，如何确定这些差值取决于零件回弹的分布状况，对于一个具体的冲压件，精确地获取对应差值及其分布极其重要。而且为了提高板料的成形性能，减小回弹，零件成形时，拉延筋的设置非常普遍，复杂加载路径下的材料硬化现象值得进行深入研究，而金属的包辛格效应就描述了在复杂加载路径下合金的力学性能的变化。

包辛格在对钢进行研究时发现，钢在经过正向预变形后再对其进行逆向加载时出现了屈服强度减小的现象，即材料经过变形后的反向屈服强度降低，这种现象称为包辛格效应。包辛格的研究工作使人们认识到材料的力学性能取决于它的加载历史和路径，自1886年此效应发现以来，人们对不同材料的包辛格效应做了大量的研究。

包辛格效应是金属材料广泛存在的一种现象，它的存在使金属材料具有明显的各向异性，同时导致了金属材料塑性成形过程中力学性能分析的复杂化，尤其是硬化规律不同可导致应力分布状况明显不同，它能够引起金属材料在使用时的强度损失，并能影响机械零件疲劳服役和尺寸的稳定性。

造成包辛格效应的因素有很多，如预应变大小、材料微观组织、淬火水平和含碳量、晶粒密度与大小、应变时效等。例如，单晶体、多晶体或者纯金属等材料的包辛格效应程度和原理就不同。对包辛格效应进行研究，有助于理解材料在复杂加载路径下的硬化规律，便于更好地建立复杂应力应变条件下的本构关系，对于提高仿真精度具有重要的意义，并具有重大的工程应用价值。

包辛格效应的评价标准：包辛格效应反映的是材料在塑性变形过程中承受正反向加载这种复杂应力应变路径下强化后的力学性能，图 1-11 所示为包辛格效应曲线，图中，σ_p 为预应力，ε_p 为预应变，σ_c 为反向压缩屈服应力，应力绝对值的差值 $\Delta\sigma_B$ 代表材料永久软化，$\beta_B = \dfrac{\sigma_p + \sigma_c}{\sigma_p}$ 为包辛格应力参数，E_s 和 E_p 代表所在区域的面积，$\beta_E = \dfrac{E_s}{E_p}$ 为包辛格能量参数，$\beta_\varepsilon = \dfrac{E_s}{\sigma_p}$ 为平均包辛格应变参数。

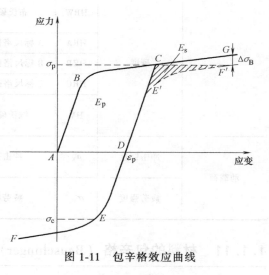

图 1-11 包辛格效应曲线

图 1-11 中，ABC 段表示正向均匀拉伸曲线，C 是卸载位置，CD 为卸载曲线，DEF 为逆向压缩曲线，A~F 表示一个完整的正反向循环加载过程。CG 是单向拉伸的后续曲线，曲线 DE'F' 是由压缩段曲线 DEF 在 D 点旋转变换得到的。$\beta_B = \dfrac{\sigma_p + \sigma_c}{\sigma_p}$ 为包辛格应力参数（拉伸状态 σ_p 为正值，反向压缩状态 σ_c 为负值），它作为包辛格效应程度的主要评价指

标，可以描述不同预变形后材料反向加载时屈服强度的改变程度，β_B 值越大，包辛格效应越明显。拉伸应力-应变曲线和经过翻转变换之后的压缩应力-应变曲线在跨过屈服后的近似平行段位置，两条曲线的差值 $\Delta\sigma_B$ 称为材料永久软化，它也可以作为背应力的一项衡量指标。平均包辛格应变参数 β_ε 描述了包辛格效应的平均应变。

1.2 金属材料的物理性能

1. 密度

单位体积中材料的质量称为密度。一般将密度小于 $5\times10^3 kg/m^3$ 的金属称为轻金属，密度大于 $5\times10^3 kg/m^3$ 的金属称为重金属。生产中一些零件的选材必须考虑金属材料的密度，尤其是汽车轻量化是当前的研究重点，如汽车发动机中要求质量小、运动惯性小的活塞等，多选用密度小的铝合金材料进行制造，汽车发动机舱盖同样为了减轻重量而选择铝合金板。

2. 熔点

材料的熔化温度称为熔点。金属材料都有固定的熔点，合金的熔点取决于它的化学成分，一般陶瓷材料的熔点高于金属材料的熔点，高分子材料没有固定的熔点。熔点低的金属材料及其合金可用来制造焊锡丝或熔丝，而熔点高的金属（如钨、钼等）及其合金可用来制造耐高温零件。熔点是金属材料及其合金在冶炼、铸造和焊接时的重要的工艺参数。

3. 热膨胀性

通常用线膨胀系数表示热膨胀性。线膨胀系数是一个非常重要的性能参数。陶瓷材料的线膨胀系数最低，金属材料次之，高分子材料最高。活塞与缸套的材料匹配及多数金属材料的焊接等都需要考虑材料的热膨胀性，以减小零部件的变形与开裂。因此，对精密仪器零件或异种材料焊接来说，热膨胀性是非常重要的性能指标。

4. 导电性

材料的导电性一般用电阻率表示。通常金属材料的电阻率随温度升高而增大。纯金属材料的导电性比其合金好；高分子材料不导电，但部分高分子复合材料却具有良好的导电性；陶瓷材料不导电，但某些含有特殊成分的陶瓷却是具有一定导电性的半导体。

5. 导热性

导热性用热导率表示，热导率越大，说明导热性越好。导热性是金属材料的重要性能之一，金属材料及其合金的热导率远高于非金属材料。金属越纯，导热性越好，非金属的导热性差。导热性高的材料常用来制造热交换器等传热设备中的零件。同时，在不同材料的匹配过程中，也必须考虑不同材料的导热性的不同。

6. 磁性

金属材料能导磁的性能称为磁性。一些金属材料（如铁、镍、钴、钆等）具有较高的磁性，也有许多金属材料（铝、铜、铅等）是无磁性的；非金属材料一般无磁性。磁性只存在于一定的温度范围内，若高于一定温度，磁性就会消失，如铁在 770℃ 以上就会失去磁性，这一温度称为居里温度。

常用金属材料的物理性能见表 1-5。

表 1-5 常用金属材料的物理性能

金属名称	符号	密度(20℃)/(kg/m³)	熔点/℃	热导率/[W/(m·K)]	线膨胀系数(0~100℃)/K⁻¹	电阻率(20℃)/Ω·m
铁	Fe	7.84×10³	1538	75.4	11.76×10⁻⁶	9.7×10⁻⁸
铜	Cu	8.96×10³	1083	393.5	17.0×10⁻⁶	1.67×10⁻⁸ ~ 1.68×10⁻⁸
铝	Al	2.698×10³	660.1	221.9	23.6×10⁻⁶	2.655×10⁻⁸
镁	Mg	1.74×10³	650	153.7	24.3×10⁻⁶	4.47×10⁻⁸
银	Ag	10.49×10³	960.8	418.6	19.7×10⁻⁶	1.5×10⁻⁸
铬	Cr	7.19×10³	1903	67	6.2×10⁻⁶	12.9×10⁻⁸
锰	Mn	7.43×10³	1244	4.98(-192℃)	37×10⁻⁶	185×10⁻⁸
镍	Ni	8.90×10³	1453	92.1	13.4×10⁻⁶	6.84×10⁻⁸
钛	Ti	4.508×10³	1.677	15.1	8.2×10⁻⁶	42.1×10⁻⁸ ~ 47.8×10⁻⁸
锡	Sn	7.298×10³	231.91	62.8	2.3×10⁻⁶	11.5×10⁻⁸
钨	W	19.3×10³	3380	166.2	4.6×10⁻⁶(20℃)	5.1×10⁻⁸

1.3 金属材料的化学性能

化学性能是指金属材料在常温或高温时抵抗各种化学作用的能力。据相关资料介绍，全世界每年由于腐蚀而报废的设备约相当于全年设备产量的 1/3，此外，设备因腐蚀而需进行检修或停工减产的损失及采取各种防腐措施的费用等也很多。

1. 金属材料腐蚀的基本过程

金属材料腐蚀分为化学腐蚀和电化学腐蚀两种。金属材料与周围介质接触时，由于化学作用而引起的腐蚀称为化学腐蚀，如金属材料与空气中的水蒸气、O_2 等形成氧化物，从而使金属零件因腐蚀而损坏；金属材料与电解质溶液（如酸、碱、盐等）构成原电池而引起的腐蚀称为电化学腐蚀，如金属材料在海水中或土壤中的腐蚀均属于电化学腐蚀。

2. 金属材料的耐蚀性和高温抗氧化性

（1）**耐蚀性** 耐蚀性是抵抗化学腐蚀或电化学腐蚀的能力。腐蚀是机械、化工等行业中造成一些隐蔽性和突发性事故的重要原因。化工设备、医疗器械、食品器械、制药器械等应采用耐酸碱腐蚀及耐空气、水溶液等腐蚀的材料，如不锈钢等。

（2）**高温抗氧化性** 高温抗氧化性又称为热稳定性，是指材料在迅速氧化后，能在表面形成一层连续、致密并与基体结合牢固的膜，从而阻止材料进一步氧化的能力。工业高温加热炉管、汽轮机、烟气轮机等高温设备应采用具有高温抗氧化性的材料制造。

1.4 金属材料的工艺性能

工艺性能是指使用材料制造机械零件和工具的过程中，采用某种加工方法制成成品的难易程度，包括可铸性、可锻性、焊接性、可加工性和热处理工艺性。

1．可铸性

可铸性是指金属材料及其合金在铸造工艺中获得优良铸件的能力，包括流动性、收缩性、热裂倾向、偏析和吸气性等。不同的金属材料，其可铸性差距很大，灰铸铁的可铸性较好。

2．可锻性

可锻性是指用锻压成形方法获得优良锻件的难易程度，包括冷镦性和锻后冷却性等。低碳钢、铝合金和铜合金的可锻性较好，高碳钢、合金钢的可锻性差，铸铁则不能锻造。

3．焊接性

焊接性是指金属材料对焊接加工的适应能力，与金属材料的化学成分有关，低碳钢的焊接性好，高碳钢、铸铁、铜合金和铝合金的焊接性差。

4．可加工性

可加工性是指切削加工金属材料的难易程度，当硬度在 160～230HBW 范围内，并具有足够的脆性时，金属材料较易切削加工。马氏体、奥氏体的可加工性差，铸铁比钢容易切削加工，一般碳素钢比高合金钢容易切削加工。

5．热处理工艺性

热处理工艺性是金属材料工艺性能中一个非常重要的性能，热处理是指金属或合金在固态范围内，通过一定的加热、保温和冷却方法，改变金属或合金的内部组织，而得到所需性能的一种操作工艺。热处理工艺性就是指金属经过热处理后其组织和性能改变的能力，包括淬硬性、淬透性、回火脆性等。

（1）淬硬性　淬硬性是指以钢在理想条件下淬火所能达到的最高硬度来表征的材料特征。

（2）淬透性　淬透性是指以在规定条件下钢试样淬硬深度和硬度分布表征的材料特征。

（3）回火脆性　回火脆性是指淬火钢回火后出现韧性下降的现象。

思　考　题

1．材料科学与工程的四个基本要素是什么？
2．什么是应力？什么是应变？
3．简述标准拉伸应力-应变曲线的四个阶段及各阶段中应力、应变的变化特点。
4．简述常见的三种硬度测试方法及其各自的优缺点。
5．什么是疲劳曲线？疲劳极限如何确定？
6．疲劳断裂可分为几个过程？简述这几个过程是如何发生的。
7．什么是包辛格效应？包辛格效应是如何影响塑性成形的？
8．金属材料的物理性能一般包括哪些？
9．金属材料的工艺性能包括哪些？

第2章

金属的晶体结构与结晶

【教学目标】

通过本章的学习，学生能够掌握金属的晶体结构与结晶的基础知识，掌握晶体的概念和分类，理解晶体相关的基本内容，如晶格、晶胞、晶格常数等的含义，能够熟练运用金属晶体结构与金属性质之间的内在联系分析和解决实际问题。

【教学要求】

知识要点	能力要求
晶体的定义及分类	掌握晶体的定义及分类
金属晶体结构与金属性质的内在联系	掌握金属晶体的特点；掌握金属晶体的结构与金属性质，如导电性、导热性等内在联系，并能够应用该内在联系解决实际问题
晶体的有关概念及典型的金属晶格结构	掌握晶体的有关概念；深刻理解典型的金属晶格结构的结构形式和特点
金属的结晶	掌握金属结晶的概念及含义；理解过冷现象及其特点；掌握结晶过程的微观、宏观特点；了解金属结晶后晶粒大小的因素；掌握晶粒细化的途径；能够运用该部分知识通过控制晶粒大小实现对金属力学性能的影响

金属材料的性能以力学性能为主，其本质是晶体结构决定力学性能，而晶体结构是以原子的排列方式和空间分布共同来体现的。绝大多数金属材料是在固态下被应用的，其中固态物质是以晶体和非晶体两种结构形式存在的。当同一金属材料由液态转变为固态时，由于结晶条件的不同，同一金属材料所表现的力学性能也不同。所以，掌握金属材料的晶体结构及其对金属材料性能的影响，对于生产、加工和使用金属材料具有重要的意义。

2.1 晶体的有关概念

1. 晶格

为了便于理解和描述晶体中原子排列的情况，可以近似地把晶体中的原子看成是固定不动的刚性小球，并用一些假想的几何线条将晶体中各原子的中心连接起来，构成一个空间格架，即晶格（图 2-1a），各原子的中心就处在格架的各个结点上。

2. 晶胞

如图 2-1b 所示，晶格中具有代表性的最小重复单位称为单元晶胞（简称为晶胞）。晶胞在三维空间无限重复就产生晶体。故晶体的性质是由晶胞的大小、形状和质点的种类及质点间的作用力所决定的。

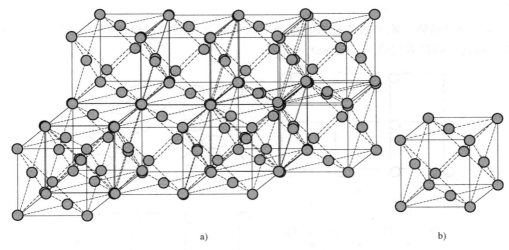

图 2-1 NaCl 的晶格和晶胞
a) 晶格 b) 晶胞

3. 晶格常数

晶胞中各棱边的长度，以 Å（埃）为单位，一般金属为 1~7Å。各种金属晶体的结构和晶格常数不同，其物化性能及力学性能也不同。

4. 晶面

晶面是指晶格中各个方位的原子面。

5. 晶向

晶格中由原子所组成的任一直线都能代表晶体空间的一个方向。

2.2 晶体的分类

固态物质按其原子（或分子）的聚集状态可分为晶体和非晶体两大类。晶体是原子（或分子）按一定的几何规律呈周期性排列，钢、铝和镁等固态金属一般都是晶体。而非晶体则是原子（或分子）无规则地堆积在一起，如普通玻璃、松香和石蜡等。

晶体与非晶体在性能上也有区别，晶体具有固定的熔点，且在不同方向上具有不同的性能，即各向异性。

晶体按照晶格上质点的种类和质点间作用力实质（化学键的键型）的不同，可分为四种基本类型，即离子晶体、分子晶体、金属晶体和原子晶体，如图 2-2 所示。

（1）**离子晶体** 离子晶体是指离子化合物结晶成的晶体，晶格上的结点是正、负离子。离子晶体属于离子化合物中的一种特殊形式，由正、负离子或正、负离子集团按一定比例通过离子键结合形成晶体。强碱（NaOH、KOH）、活泼金属氧化物（Na_2O、MgO）和大多数盐类均为离子晶体。

（2）**分子晶体** 分子晶体是分子间通过分子间作用力（又称为范德华力）构成的晶体，晶格结点是极性分子或非极性分子。

（3）**金属晶体** 金属晶体都是金属单质，构成金属晶体的微粒是金属阳离子和自由电子。

（4）原子晶体　原子晶体是相邻原子之间只通过强烈的共价键结合而成的空间网状结构，晶格上的结点是原子，如 SiO_2 等。

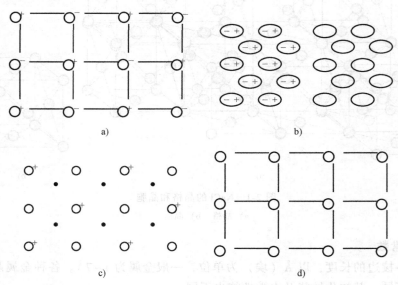

图 2-2　晶体的分类
a）离子晶体　b）分子晶体　c）金属晶体　d）原子晶体

2.3　金属晶体结构与金属性质的内在联系

1. 金属晶体结构与金属导电性的关系

在金属晶体中，存在着许多自由电子，这些自由电子的运动是没有一定方向的，但在外加电场的作用下，自由电子会发生定向运动，因而形成电流，因此金属容易导电。

离子晶体和金属晶体导电的区别见表 2-1。

表 2-1　离子晶体和金属晶体导电的区别

晶体类型	离子晶体	金属晶体
导电时的状态	水溶液或熔融状态下	晶体状态
导电粒子	自由移动的离子	自由电子

2. 金属晶体结构与金属导热性的关系

自由电子在运动时经常与金属离子碰撞，引起两者能量发生交换。当金属某部分受热时，该部分自由电子的能量增加，运动速度加快，通过碰撞把能量传给金属离子。

金属容易导热，是由于自由电子运动时与金属离子碰撞把能量从温度高的部分传到温度低的部分，从而使整块金属达到相同的温度。

3. 晶体的特征

晶体具有各向异性。晶体的导热、导电、光的透射、折射、偏振、压电性、硬度等性质常因晶体取向不同而异。如石墨在与层平行的方向上具有导电性，而在与层垂直的方向上就不具有导电性。若在水晶的柱面上涂一层蜡，用红热的针接触蜡面中央，蜡熔化呈椭圆形而不呈圆形，这是由于水晶柱面长轴方向与短轴方向的传热速度不同。再如，从不同方向观察红宝石或蓝宝石，会发现宝石颜色不同，这是由于方向不同，晶体对光的吸收性质不同。

2.4 金属的三种典型晶格结构

金属有体心立方晶格、面心立方晶格、密排六方晶格三种典型晶格结构，如图2-3所示。

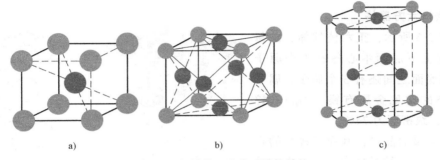

图2-3 金属的三种典型晶格结构
a) 体心立方晶格　b) 面心立方晶格　c) 密排六方晶格

1. 体心立方晶格

体心立方晶格的晶胞是一个个晶格常数相等的立方体，8个顶角各有1个原子，中心有1个原子，如图2-4所示。属于这种晶格的常见金属有铬（Cr）、钨（W）、钼（Mo）、钒（V）、铁（α-Fe）等。

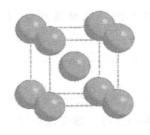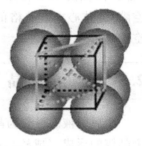

图2-4 体心立方晶格

晶胞中所包含的原子占有的体积与该晶胞体积之比称为致密度（也称为密排系数）。致密度越大，原子排列的紧密程度越大。体心立方晶胞的致密度为

$$\frac{\frac{4}{3}\pi r^3 \times 2}{a^3} \times 100\% = \frac{\frac{4}{3}\pi \left(\frac{\sqrt{3}}{4}a\right)^3 \times 2}{a^3} \times 100\% \approx 0.68 \times 100\% = 68\%$$

式中　r——原子半径；
　　　a——晶胞边长。

即晶胞（或晶格）中有68%的体积被原子所占据，其余为空隙。

2. 面心立方晶格

如图2-5所示，面心立方晶格在立方晶胞的8个顶角和6个面的中心各有1个原子。

属于这种晶格的常见金属有铝（Al）、铜（Cu）、镍（Ni）、铁（γ-Fe）等，致密度为74%。

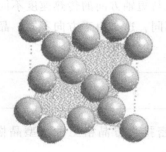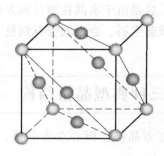

图 2-5　面心立方晶格

3. 密排六方晶格

如图 2-6 所示，正六棱柱体，除每个顶角和上下底面中心各有 1 个原子外，在两底面之间还有 3 个原子，属于这种晶格的常见金属有镁（Mg）、锌（Zn）等，致密度为74%。

不同类型的晶格，其原子排列的致密程度不同。三种晶格中，面心立方晶格和密排六方晶格的原子排列最紧密（晶胞体积的74%为原子占据，26%为空隙）；体心立方晶格的原子排列致密度较小（晶胞体积的68%为原子占据，32%为空隙）。

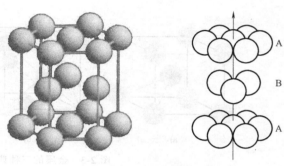

图 2-6　密排六方晶格

2.5　金属的结晶

金属由液态转变为晶体的过程，即金属原子由无序到有序的排列过程。结晶过程是一个晶核的形成（成核）和成长的过程。金属从液态过渡为固态的结晶过程，称为一次结晶；而金属从一种固态到另一种固态的转变，称为二次结晶。

1. 结晶温度

纯金属都有一个固定的结晶温度，可通过热分析试验测定。热分析法测定结晶温度的过程是将纯金属加热熔化为液体，然后缓慢冷却，在冷却过程中每隔一段时间测量一次温度并记录，结束后以温度为纵坐标，时间为横坐标，做出温度-时间的关系曲线，即纯金属冷却曲线，如图 2-7 所示。

由图 2-7 可知，当液态金属从高温开始冷却时，由

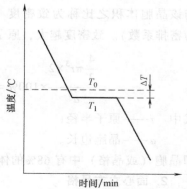

图 2-7　纯金属冷却曲线

于周围环境吸热，其温度均匀下降，但状态保持不变，当温度下降到 T_1 后，金属开始结晶，释放结晶潜热，当释放的结晶潜热补偿了周围空气从金属吸收的热量时，温度停止下降并保持恒定，在冷却曲线上出现一个平台，即恒温过程，结晶完成后，金属继续向外散热，温度继续下降，直至室温。水平线段为结晶阶段，对应的温度 T_1 为实际结晶温度。

2. 过冷现象

理论上，纯金属液体在无限缓慢的冷却条件下结晶，所得到的结晶温度为理论结晶温度，用 T_0 表示。当温度高于 T_0 时，金属处于液态；当温度低于 T_0 时，金属处于固态；当温度为 T_0 时，金属处于液固平衡状态。但在实际生产中，金属自液态向固态结晶时，都有较快的冷却速度，液态金属只有冷却到低于温度 T_0，直至温度 T_1 时才开始结晶。金属的实际结晶温度低于理论结晶温度的现象，称为过冷现象。

金属材料的理论结晶温度 T_0 与其实际结晶温度 T_1 之差（$\Delta T = T_1 - T_0$）称为过冷度。金属结晶时其过冷度与冷却速度成正比，冷却速度越快，金属的实际结晶温度越低，过冷度也就越大。生产中利用改变冷却速度的方法来控制金属的结晶。

3. 结晶过程

(1) 结晶的基本过程 结晶的基本过程是形成晶核及晶核长大的过程。

晶核是指在理论结晶温度以下，液态中某些原子小集团自发聚集形成的结晶核心。晶核长大是指沿着有利于散热的方向按树枝状方式生长。

描述结晶进程的参数是形核率和长大速度。形核率是指单位时间、单位体积液体中形成的晶核数量，用 N 表示。长大速度是指晶核生长过程中，液固界面在垂直界面方向上单位时间内迁移的距离，用 G 表示。

(2) 晶核的类型 实验表明，在液态金属中存在两种晶核：自发晶核和非自发晶核。

1) 自发晶核。在液态金属从高温冷却到结晶温度的过程中，液体内部存在一些晶体，其结构中的原子由不规则排列向规则排列逐渐过渡，不断产生许多类似晶体结构中原子规则排列的小集团（其特点是极不稳定，时聚时散），当液体温度降低到实际结晶温度后，一些尺寸较大的原子小集团逐渐稳定，并能够自发地成长，形成结晶的晶核，称为自发晶核。

2) 非自发晶核。液态金属依附在一些未熔微粒表面所形成的晶核称为非自发晶核。这些未熔颗粒可以是液态金属中本来就存在的杂质，也可以是人为加入的物质。当未熔微粒的晶体结构和晶格与金属的晶体结构和晶格参数相似或相当时，才能成为非自发晶核的基底，生长出晶核。在实际金属的结晶过程中，自发晶核与非自发晶核同时并存，但非自发晶核往往起优先和主导作用。

(3) 晶核的长大 由于结晶条件的不同，晶体主要以两种方式生长，即平面式生长和树枝状式生长。在过冷度较小的情况下，纯金属晶体主要以其结晶表面向前平移的方式长大，即平面式长大；当过冷度较大，特别是液态金属内部存在非自发晶核时，在晶核长大的早期，其内部原子排列规则，但随着晶核的长大，晶体棱角的形成，棱角处的散热条件优于其他部位，因而得到优先生长，如长出树枝状枝干，在枝干上再长出分枝，由此形成树枝状的骨架，故称为枝晶，当相邻枝晶的骨架相遇时，就停止了扩展。金属的结晶多为枝晶，在结晶过程中，如果液态金属供应不充分，最后凝固的枝晶之间的间隙则不能被填满，晶体的树枝状结构就容易显露出来。在实际生产中，很容易在金属的铸锭表面观察到树枝状的"浮雕"。

（4）**影响金属结晶后晶粒大小的因素** 影响形核率 N 和长大速度 G 最主要的因素是结晶时的过冷度和液体中的不熔杂质。

1）过冷度的影响。试验证明，金属结晶时的冷却速度越大，其过冷度也越大，结晶后金属的晶粒便越细小。晶粒大小对金属力学性能的影响：晶粒越细小，金属的强度越高，塑性和韧性越好。

2）液体中不熔杂质的影响。研究证明，液体金属中含有一些杂质，呈固体质点悬浮于金属液中，可显著加速晶核的形成，使金属的晶粒细化，其作用有时甚至远大于增大过冷度的影响。孕育处理：在生产中，向液体金属中加入一些金属或合金，起到"人工晶核"的作用，使晶核显著增加，从而使结晶后金属的晶粒细化。

（5）**晶粒细化的途径**

1）提高冷却速度，以增大过冷度。金属的形核率和长大速度均随过冷度的增加而增加，但两者加快的速度不同，在很大范围内形核率 N 的增长速度比晶核长大速度 G 的增长速度大，如图2-8所示。提高过冷度可以增加单位体积内晶粒的数目，使晶粒细化，从而提高金属的强度、硬度、塑性和韧性等。当然，过冷度过大或温度过低时，由于原子的扩散能力降低，形核率反而减小。在铸造生产中，为了提高铸件的冷却速度，用热导率大的金属型代替砂型，以提高铸件的力学性能。

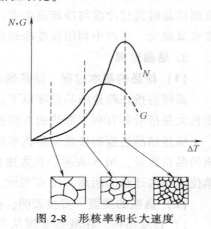

图2-8 形核率和长大速度

2）加入变质液（孕育液），增加外来晶核。如在铝合金中加入钛、锆等及钢水中加入钛、钒、铝等。当铸件的体积过大或形状复杂，其冷却速度不能过快，即无法增大过冷度时，可采用向液态金属中加入一些能起非自发形核作用的变质剂的方法来增大形核率，细化晶粒，如在液态铝中加入少量的硼，形成 AlB_2 质点，增加晶粒数，使晶粒得到细化。此外，可在液态金属中加入某种可溶物质，吸附在晶核表面，阻碍晶核长大，如在铸造铝硅合金时，加入钠盐，使钠附着在硅的表面，阻碍粗大片状硅结晶的生成，进而起到细化晶粒的效果。

3）热处理或塑性变形。

4）振动。机械振动、超声波振动等，破碎生长中的树枝状晶体，形成更多的结晶核心。

5）电磁搅拌。交变电磁场中，因电磁感应，液态金属翻滚，冲断正在结晶的树枝状晶体的晶枝，增加结晶核心。

（6）**晶粒大小对金属力学性能的影响** 金属晶粒大小常用晶粒度（即单位体积或面积内晶粒的数量）表示。晶粒越细，在单位体积金属中的晶粒越多，在总变形量一定的条件下，变形被分散到更多的晶粒内进行，这样每个晶粒的变形减小，不至于产生太大的应力集中现象而导致晶粒破坏，同时由于晶粒多，不规则的晶界也多，不利于裂纹的传播，从而使晶体在断裂前能产生较大的塑性变形，所以细晶粒的金属不仅强度高，塑性和韧性也好。在实际生产中，通常采用适当的方法来获得细小的晶粒，这种强化金属材料的方法称为细晶强化。

思 考 题

1. 什么是晶体和非晶体？晶体分哪几个基本类型？
2. 金属晶体的结构是如何影响金属的性质（如导电性、导热性）的？
3. 什么是晶格、晶胞、晶格常数、晶面、晶向？
4. 三种典型的晶格结构是什么？它们的结构各自有什么特点？
5. 致密度是如何定义的？三种典型晶格结构的致密度分别是多少？
6. 什么是金属的结晶？
7. 什么是过冷现象？
8. 简述结晶的基本过程。
9. 试叙述晶核的类型及其形成过程。
10. 简述影响金属结晶后晶粒大小的因素有哪些。
11. 思考并阐述晶粒细化的途径。
12. 晶粒大小对于金属力学性能的影响有哪些？

第3章

铁碳合金

【教学目标】

通过本章的学习，学生能够掌握铁碳合金的基本知识，了解纯铁的同素异构转变过程，掌握铁碳合金相图的基本概念和特点，熟练掌握典型铁碳合金的结晶过程、室温组织及其性能，能够运用所学知识设计铁碳合金材料以满足实际应用要求。

【教学要求】

知识要点	能力要求
纯铁的同素异构转变	掌握纯铁的同素异构转变过程及其意义
铁碳合金相图的组成及含义	掌握铁和碳之间的相互作用；认识铁碳合金的本质；掌握铁碳合金相图中的基本概念；理解相图中的三个重要的恒温转变的条件、过程和产物；熟练掌握相图中的点、线、面的含义
典型铁碳合金的结晶过程、室温组织及性能	掌握典型成分的铁碳合金的结晶过程；掌握结晶后的产物的室温组织形式；认识组织结构与性能之间的关系；能够根据实际性能需求对材料进行设计
成分对铁碳合金的影响	掌握典型的合金元素对铁碳合金性能的影响；能够根据所学知识，通过调整元素含量，设计并控制铁碳合金材料的性能
铁碳相图的应用	掌握铁碳合金在选材、铸造、锻造、焊接等方面的应用

3.1 铁碳合金的基础知识

钢铁材料是目前及今后很长一段时间内人类社会中最为重要的金属材料。为了熟悉并合理利用钢铁材料，应该了解铁与碳的相互作用，认识铁碳合金的本质及其成分、组织结构与性能之间的关系。

大多数金属在结晶后，其晶格类型不再发生变化，但少数金属，如铁、钛、钴等，在冷却或加热过程中，随着温度的变化，其晶格类型也发生变化。

固态的纯铁随着温度的改变，由一种晶格转变为另一种晶格的现象，称为同素异构转变（图3-1）。该特性是钢铁材料通过热处理获得多种组织结构与性能的理论依据。具有体心立方晶格的δ-Fe，当温度降低到1394℃时，其转变

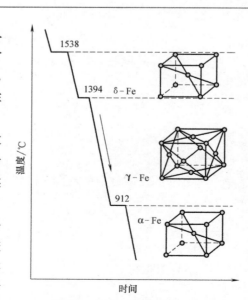

图3-1 纯铁的同素异构转变

为具有面心立方晶格的 γ-Fe；当继续降温到 912℃时，又出现一个平台，其转变为具有体心立方晶格的 α-Fe；再继续冷却到室温，固态纯铁晶格类型不再发生变化，但在 770℃时又出现一个平台，该温度下纯铁的改变不是其晶格类型的改变，此时的转变为磁性转变。同素异构转变是在固态下原子重新排列的过程，也是结晶过程，遵循结晶规律，会发生过冷现象而产生结晶热效应。该转变因原子排列结构的变化而导致排列密度-金属体积的变化。

同素异构转变是纯铁的一个重要特性，是钢铁材料能够进行热处理的重要依据。金属的同素异构转变实质上就是一个重结晶的过程，转变时需要过冷，同时伴有潜热产生，其转变过程也是在恒温下通过晶核的形成和长大来完成的。由于同素异构转变前后晶格类型不同，原子排列发生变化，晶体体积也随之发生变化，因晶粒体积发生变化使金属内部产生的内应力称为组织应力。

3.2 铁碳相图

3.2.1 基本概念

钢铁是铁基合金（黑色金属）的总称，铁和碳是钢铁材料两个最基本的组元。用 w_C 表示碳的质量分数（含碳量），$0.0218\% < w_C < 2.11\%$ 的称为钢，$2.11\% < w_C < 6.69\%$ 的称为铸铁。不特意加入合金元素的钢称为碳素钢（简称碳钢），而特意加入一种或数种一定量合金元素的钢称为合金钢。

1. 合金

合金是指由两种及两种以上金属或金属与非金属组成的具有金属特性的物质，如铁碳合金、铜锌合金等。

2. 组元（简称元）

组成合金的元素或稳定化合物称为组元，如合金中的 Fe_3C。组元是组成合金最基本的、独立的物质。根据组元数目的多少，合金分为二元合金、三元合金和多元合金。例如，普通黄铜是由铜和锌两个组元组成的二元合金；硬铝是由铝、铜、镁或铝、铜、锰组成的三元合金。确定组元后根据不同的比例配制出一系列不同的合金，称为合金系，合金系可分为二元系、三元系和多元系。

3. 相

合金组织中，凡化学成分、晶格构造和物理性能相同的均匀组成部分称为相，如铁碳合金中固溶体、金属化合物、机械混合物。合金中相与相之间有明显的界面，合金在固态下，由一个固相组成时称为单相合金，由两个及两个以上固相组成时，则称为多相合金。

4. 相变

金属或其合金的一种相，在一定条件下可以变成另一种相。如纯铜在熔点温度以上和以下，分别为液相和固相，而在熔点温度时为液、固两相共存。

5. 组织

组织泛指用金相观察方法看到的由形态、尺寸不同和分布方式不同的一种或多种相构成的总体。

3.2.2 合金的相结构

根据合金中各组元之间结合方式的不同，合金的基本结构可分为固溶体和金属化合物两大类。

1. 固溶体

固溶体是溶质原子溶入溶剂晶格中而仍保持溶剂晶格类型的合金相，如铁氧体、奥氏体。溶入的原子称为溶质原子，而基体原子称为溶剂原子。根据溶质原子在溶剂晶格中占据位置的不同，固溶体分为置换式固溶体和间隙式固溶体，如图3-2所示。

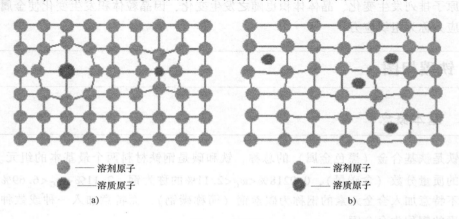

图 3-2 固溶体
a）置换式固溶体 b）间隙式固溶体

（1）**置换式固溶体** 置换式固溶体是指溶质原子置换了溶剂晶格结点上某些原子而形成的固溶体。在生产中加入铬（Cr）、锰（Mn）、硅（Si）、镍（Ni）和钼（Mo）等金属元素都能与铁形成置换式固溶体，即合金钢。

（2）**间隙式固溶体** 间隙式固溶体是指溶质原子嵌入溶剂晶格各结点之间的空隙内形成的固溶体。能够作为间隙式固溶体的溶质原子多为原子半径小于0.1nm的非金属元素，如氮、硼、碳等。由于溶剂晶格的空隙有限，间隙固溶体能溶解的溶质原子数量也是有限的。间隙式固溶体有很多，如碳素钢中的碳原子溶入 α-Fe 晶格空隙中形成的间隙式固溶体，称为铁素体；碳素钢中的碳原子溶入 γ-Fe 晶格空隙中形成的间隙式固溶体，称为奥氏体。

（3）**固溶体的固溶强化作用** 其是指溶质原子的溶入将引起固溶体晶格发生畸变，从而使合金变形阻力增大，以提高合金的强度和硬度。

2. 金属化合物

金属化合物是指合金组元之间相互发生作用而形成具有金属特性的一种新相，其晶格类型、性能完全不同于任一组元，可用分子式表示，如渗碳体 Fe_3C，其特点是硬度高、塑性和韧性很低，脆性大。

金属化合物一般具有较复杂的晶体结构，其特点是熔点高、硬而脆。当合金中出现金属化合物时,通常能提高合金的强度、硬度和耐磨性,但也会降低其塑性和韧性。以金属化合物作为强化相来强化金属材料的方法,称为第二相强化。多数合金都是由固溶体和少量金属化合物组成的混合物,可通过调整固溶体的溶解度和分布在合金中的化合物的形状、数量及大小来调整合金的性能,满足不同材料对性能的要求。

3. 机械混合物

机械混合物是指合金中的一类复相混合物组织,其性能介于组成相的性能之间,如钢、铸铁、铝合金等。

3.2.3 铁碳相图的基本相及其性能

相图用来表示合金成分、温度和组织状态三者之间的关系,是合金在平衡条件下,在不同温度和不同成分时各相关系的图解,因此又称为合金状态图或合金平衡图。相图是制订合金熔炼、锻造及热处理工艺的主要依据。

铁碳相图是研究钢和铸铁的基础,对于钢铁材料的应用及热加工和热处理工艺的制订也具有重要的指导意义。铁和碳可以形成一系列化合物,如 Fe_3C、Fe_2C、FeC 等,有实用意义并被深入研究的只是 Fe-Fe_3C 部分,通常称其为 Fe-Fe_3C 相图。铁碳合金的组元包括 Fe 和 Fe_3C,Fe 是过渡族元素,熔点为 1538℃,密度为 7.874g/cm³。Fe_3C 是一种具有复杂结构的间隙化合物,通常称为渗碳体,含碳量(质量分数,后同)为 6.69%,硬度很高,强度低,塑性、韧性很差,是价稳定化合物,条件适当时,会分解成单质状态的石墨 C,在 Fe-C 中游离,代号为 G,具有简单六方晶格结构,其强度、塑性、硬度都很低,在钢中通常不允许它存在。

1. 基本相

基本相中包括液相、铁素体、高温铁素体、奥氏体和渗碳体。

(1) **铁素体** 铁素体是碳溶于 α-Fe 中的间隙固溶体,具有体心立方晶格结构,虽其总空隙度较大(32%),但每个具体空隙的直径都不大,仅为 0.072nm,远小于碳原子的直径(0.154nm),其原子间空隙很小,溶碳能力极差,因此,室温性能与纯铁相似,强度、硬度不高,但塑性和韧性较好,适于塑性成形,代号为 F 或 α。

(2) **高温铁素体** 高温铁素体是碳溶于 δ-Fe 中的间隙固溶体。

(3) **奥氏体** 奥氏体是碳溶于 γ-Fe 中的间隙固溶体,具有面心立方晶格,虽其总间隙为 26%,小于 α-Fe,但具体间隙直径较大,最大直径为 0.104nm,近于碳原子直径,所以碳原子在 γ-Fe 晶格间隙中的可能位置更多,奥氏体是一种强度不高、塑性很好的高温相,代号为 A 或 γ。

(4) **渗碳体** 渗碳体具有固定的成分(w_C = 6.69%),熔点为 1227℃,具有高硬度、高脆性、低强度和低塑性,也是钢铁材料在室温下的重要相,常作为钢的第二相,弥散强化的强化相。

2. 铁碳相图的恒温转变

铁碳相图中有三个恒温转变过程,即包晶转变、共晶转变和共析转变。

(1) **包晶转变** 包晶转变是指已结晶的固相与剩余液相反应,形成另一固相的恒温转变。在铁碳相图中,当温度下降到1495℃,含碳量为0.17%时,将发生包晶转变,剩余的液相与已结晶的高温铁素体δ相发生反应,完全形成单相奥氏体γ相。同时,当含碳量在0.09%~0.53%范围内,温度下降到1495℃时,也会发生包晶反应,其中,含碳量在0.09%~0.17%范围内,在包晶反应终了时,除了形成奥氏体γ相之外,生成物中还存在部分δ相,其随后通过同素异构转变为奥氏体。含碳量在0.17%~0.53%范围内,在包晶反应终了时,除了形成奥氏体γ相之外,生成物中还存在部分液相,随后的冷却过程中通过匀晶过程成为奥氏体。

(2) 共晶转变　共晶转变是指在一定温度下,一定成分的液相同时转变成两种成分和晶体结构完全不同的新固相的过程。在铁碳相图中,当温度下降到1148℃,含碳量为4.3%时,将发生共晶转变,具有一定成分的液相同时完全转变成奥氏体γ相和渗碳体Fe_3C相,其生成物统称为莱氏体,用Ld表示,继续降温到727℃以下,莱氏体变成低温莱氏体(或称为变态莱氏体),由珠光体、二次渗碳体和共晶渗碳体组成,用L'd表示。同时,当含碳量在2.11%~6.69%范围内,温度下降到1148℃时,也会发生共晶反应,其中,含碳量在2.11%~4.3%范围内,共晶反应终了时,除了形成莱氏体之外,生成物中还存在部分γ相;含碳量在4.3%~6.69%范围内,共晶反应终了时,除了形成莱氏体之外,生成物中还存在部分渗碳体。

由于低温莱氏体中含有大量的渗碳体,所以低温莱氏体的力学性能和渗碳体相似,其硬度很高,塑性、韧性很低。

(3) 共析转变　共析转变是指在一定温度下,一定成分的固相同时转变成两种成分和晶体结构完全不同的新固相的过程。在铁碳相图中,当温度下降到727℃,含碳量为0.77%时,将发生共析转变,具有一定成分的γ相同时完全转变成铁素体α相和渗碳体Fe_3C相,其生成物统称为珠光体,用P表示,珠光体是一种双相组织,一般情况下,两相呈片层状分布,强度较高,硬度适中,有一定塑性。同时,当含碳量在0.0218%~6.69%范围内,温度下降到727℃时,也会发生共析反应,其中,含碳量在0.0218%~0.77%范围内,共析反应终了时,除了形成珠光体之外,生成物中还存在部分铁素体;含碳量在0.77%~6.69%范围内,共析反应终了时,除了形成珠光体之外,生成物中还存在部分渗碳体。

铁碳合金基本组织的力学性能见表3-1。

表3-1　铁碳合金基本组织的力学性能

组织名称	符号	力学性能		
		抗拉强度R_m/MPa	伸长率A(%)	布氏硬度(HBW)
铁素体	F	180~280	30~50	50~80
奥氏体	A	—	40~60	120~220
渗碳体	Fe_3C	30	0	800
珠光体	P	800	20~35	180
莱氏体	Ld	—	0	>700

另外,除了三个恒温转变过程,铁碳相图中还具有变温转变,匀晶转变是一个典型的

变温过程,是指从液相结晶出单相固溶体的结晶过程。铁碳相图中,从具有一定成分的液相中结晶出奥氏体 γ 相的结晶过程,就是匀晶反应。

3. 铁碳相图及其特征点和特征线

铁碳相图是表示在缓慢冷却或缓慢加热的条件下,不同成分的铁碳合金的相或组织随温度变化的图形,是研究铁碳合金的重要工具。

在铁碳合金中,铁和碳可以形成 Fe_3C、Fe_2C、FeC 等一系列化合物,每一个稳定的化合物都可以成为一个独立的组元,所以整个铁碳合金相图可以分解为 $Fe-Fe_3C$、Fe_3C-Fe_2C、Fe_2C-FeC 等一系列铁碳二元合金的合金相图。但是,工业用铁碳合金的碳的质量分数一般不超过5%,因为碳的质量分数过高的铁碳合金,其脆性很大,难以加工,在生产中无实用意义。因此,对铁碳合金的研究集中在对 $Fe-Fe_3C$($w_C = 6.69\%$)相图的研究上。铁碳相图如图3-3所示,图中L表示液相,Fe_3C_I、Fe_3C_{II} 和 Fe_3C_{III} 分别为一次渗碳体、二次渗碳体和三次渗碳体。

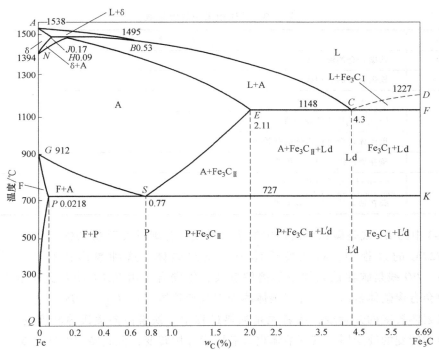

图 3-3 铁碳相图

铁碳相图中的特征点和特征线分别见表3-2和表3-3。

表 3-2 铁碳相图中的特征点

符号	温度/℃	含碳量(%)	含义
A	1538	0	纯铁的熔点
B	1495	0.53	包晶转变时液态合金的成分
C	1148	4.3	共晶点
D	1227	6.69	Fe_3C 的熔点

(续)

符号	温度/℃	含碳量(%)	含义
E	1148	2.11	碳在 γ-Fe 中的最大溶解度
F	1148	6.69	Fe_3C 的成分
G	912	0	α 与 γ 同素异构转变点
H	1495	0.09	碳在 δ-Fe 中的最大溶解度
J	1495	0.17	包晶点
K	727	6.69	Fe_3C 的成分
N	1394	0	γ-Fe 与 δ-Fe 同素异构转变点
P	727	0.0218	碳在 α-Fe 中的最大溶解度
S	727	0.77	共析点
Q	室温	0.0008	室温下碳在 α-Fe 中的溶解度

表 3-3 铁碳相图中的特征线

特征线	含义
ABCD	铁碳合金的液相线
AHJECF	铁碳合金的固相线
HJB	L+δ→γ
ECF	L→γ+Fe_3C 共晶转变线
GS	奥氏体转变为铁素体的开始线
ES	碳在奥氏体中的溶解度线
PSK	γ→α+Fe_3C 共析转变线
PQ	碳在铁素体中的溶解度线

图 3-3 中的 ES 线是碳在奥氏体中的溶解度线。含碳量大于 0.77% 的合金，从 1148℃ 冷却到 727℃ 的过程中，将从奥氏体中析出渗碳体，这种渗碳体称为二次渗碳体（Fe_3C_{II}）。PQ 线是碳在铁素体中的溶解度线，铁碳合金由 727℃ 冷却到室温的过程中，铁素体中会有渗碳体析出，这种渗碳体称为三次渗碳体（Fe_3C_{III}）。GS 线是冷却过程中奥氏体向铁素体转变的开始线，或者说是加热过程中，铁素体向奥氏体转变的终了线（具有同素异构转变的纯金属，其固溶体也具有同素异构转变，但其转变温度有变化）。

3.3 典型铁碳合金的结晶过程、室温组织及性能

为了便于学习，将 Fe-Fe_3C 铁碳相图中的左上角部分（实际应用很少）简化，形成图 3-4 所示的简化了的铁碳相图，忽略了高温铁素体部分。

1. 工业纯铁（w_C<0.0218%）

工业纯铁的室温组织为铁素体加少量 Fe_3C_{III}。

2. 钢（0.0218%<w_C<2.11%）**和铸铁**（2.11%<w_C<6.69%）

图 3-4 中描述了室温条件下不同含碳量的混合组织，当含碳量小于 0.0218%，是铁素

体和三次渗碳体的混合组织；当含碳量在 0.0218%～0.77% 范围内时，是铁素体和珠光体的混合组织，称为亚共析钢；当含碳量为 0.77% 时，是珠光体组织，称为共析钢；当含碳量在 0.77%～2.11% 范围内时，是珠光体和二次渗碳体的混合组织，称为过共析钢；当含碳量在 2.11%～4.3% 范围内时，是珠光体、二次渗碳体和低温莱氏体的混合组织，称为亚共晶白口铸铁；含碳量为 4.3% 时，是低温莱氏体组织，称为共晶白口铸铁；当含碳量在 4.3%～6.69% 范围内时，是一次渗碳体和低温莱氏体的混合组织，称为过共晶白口铸铁。

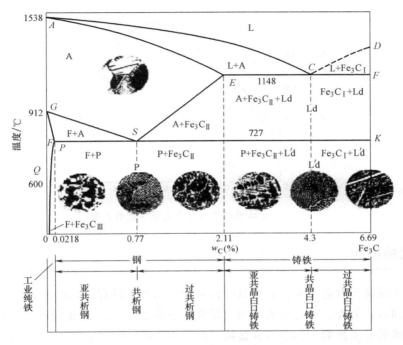

图 3-4 简化了的铁碳相图

以共析钢为例，当含碳量为 0.77% 时，铁碳合金从液相开始降温，降温过程中首先从液相中开始析出奥氏体 γ 相，最后全部形成 γ 相；然后，当温度降到 727℃ 时，发生共析反应，形成珠光体，室温下获得共析钢。以亚共析钢为例，设定含碳量为 0.45% 时，铁碳合金从液相开始降温，降温过程中首先从液相中开始析出（高温铁素体），当降温到 1495℃ 时，将发生包晶转变，生成奥氏体 γ 相，并且还有剩余的液相，继续降温，剩余的液相会发生匀晶转变，随着温度的降低，将全部转变为奥氏体 γ 相，当温度降到 GS 线以下时，奥氏体 γ 相开始析出铁素体，当温度降到 727℃ 时，将发生共析反应，奥氏体相生成珠光体，与多余的铁素体共存。

3.4 成分对铁碳合金的影响

3.4.1 碳的影响

在含碳量<1%时，随着含碳量的增加，钢的强度、硬度增加，但塑性、韧性降低；

当含碳量>1%后,随着含碳量的增加,钢的硬度增加,但强度、塑性、韧性降低,这是因为 Fe_3C_{II} 呈连续网状分布,进一步破坏了铁素体基体之间的连接作用。图 3-5 所示为含碳量对铁碳合金力学性能的影响。

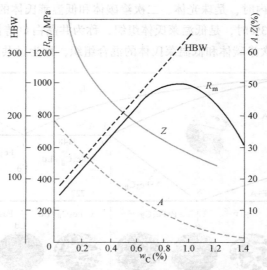

图 3-5 含碳量对铁碳合金力学性能的影响

3.4.2 锰的影响

锰对钢来说属于有益元素,它与氧有较强的亲和力,具有较好的脱氧能力,在炼钢时作为脱氧剂加入。另外,锰与硫的亲和力很强,在钢液中与硫形成 MnS,起到去硫作用,大大降低了硫的有害影响。钢中的含锰量一般为 0.25%~0.80%,它可溶入铁素体起到固溶强化作用,提高铁素体的强度,锰还可溶入渗碳体形成合金渗碳体 $(Fe,Mn)_3C$,使钢具有较高的强度。锰与硫形成 MnS,与氧形成 MnO,这些非金属夹杂物大部分进入炉渣。

3.4.3 硅的影响

硅对钢来说也属于有益元素,由于它与氧有很强的亲和力,具有很好的脱氧能力,在炼钢时作为脱氧剂加入。硅与氧化铁反应生成二氧化硅($Si+2FeO=2Fe+SiO_2$),非金属夹杂物大部分进入炉渣,消除了 FeO 的有害作用。但如果非金属以夹杂物的形式存在于钢中,将影响钢的性能。碳钢中的含硅量一般≤0.4%,它大部分溶入铁素体,起固溶强化作用,提高铁素体的强度,而使钢具有较高的强度。

3.4.4 硫的影响

硫在钢中是有害的杂质。液态时 Fe、S 能够互溶,固态时 Fe 几乎不溶解硫,而与硫形成熔点为 1190℃ 的化合物 FeS。形成的共晶体(γ-Fe+FeS)分布在 γ-Fe 晶界处。若将含有硫化铁共晶体的钢加热到轧制、锻造温度,共晶体熔化,进行轧制或锻造时,钢将沿晶界开裂，这种现象称为钢的"热脆"或"红脆"。

3.4.5 磷的影响

磷在钢中一般属于有害元素。在1049℃时，磷在Fe中的最大溶解度可达2.55%，在室温时溶解度仍为1%左右，因此，磷具有较高的固溶强化作用，使钢的强度、硬度显著提高，但也使钢的塑性、韧性显著降低，特别是使钢的韧脆转变温度急剧升高，这种现象称为"冷脆"。

3.4.6 氮的影响

氮在钢中一般属于有害元素。氮在γ相中的最大溶解度在850℃时为2.8%，在α相中的最大溶解度在590℃时约为0.1%，而在室温时的溶解度很小，低于0.001%，因此，将钢由高温快速冷却后，可得到溶氮过饱和的铁素体。这种溶氮过饱和的铁素体是不稳定的，在室温条件下长时间放置时N将以Fe_4N的形式析出，使钢的强度、硬度升高，塑性、韧性降低，这种现象称为时效硬化。为了减轻氮的有害作用，必须减少钢中的含氮量，或加入Al、V、Nb、Ti等元素，使它们优先形成稳定的氮化物，以减小氮所造成的时效敏感性。

3.4.7 氢的影响

氢在钢中也是有害元素，它是由潮湿的炼钢原料和炉气产生而进入钢中的。氢在钢中的溶解度甚微，但严重影响钢的性能，氢溶入钢中形成间隙固溶体，使钢的塑性大大降低，脆性大大升高，这种现象称为氢脆。钢中含有的氢，在加热热轧时溶入，冷却时溶解度降低，析出的氢结合成氢分子，使钢的塑性大大降低，脆性大大升高，加之热轧时产生内应力，当它们的综合作用力大于钢的强度时，钢中就会产生许多微细裂纹，如发丝一样，也称为发裂，这种组织缺陷称为白点。

3.4.8 氧的影响

氧在钢中也是有害元素，由于炼钢是一个氧化过程，氧在钢液中起到去除杂质的积极作用，但在随后的脱氧过程中不能完全将它除净，氧在钢中的溶解度很小，在700℃时为0.008%，500℃时在铁素体中的溶解度<0.001%。氧溶入铁素体一般降低钢的强度、塑性和韧性，氧在钢中主要以氧化物的形式存在，如FeO、Fe_2O_3、Fe_3O_4、MnO、SiO_2、Al_2O_3等，因此它对钢的性能的影响主要取决于这些氧化物的性能、数量、大小和分布等。

3.5 铁碳相图的应用

3.5.1 在选材方面的应用

铁碳相图总结了铁碳合金的组织和性能随成分的变化规律，对生产具有重要的指导意义。例如，由铁碳相图可知，低碳钢是塑性和韧性都较好的钢铁材料，中碳钢是强度和硬度高、塑性较好的钢铁材料，而高碳钢是硬度高、耐磨性好的钢铁材料。在实际生产中，可以根据零部件的工作要求和性能要求选择适当的材料。

3.5.2 在铸造方面的应用

由铁碳相图可确定铁碳合金的浇注温度，其中，具有共晶成分的铁碳合金，其熔点最低，结晶温度范围最小，故具有良好的铸造性能。在实际生产中，根据铁碳相图中液相线的位置，可确定各种铸钢和铸铁的浇注温度。

3.5.3 在锻造方面的应用

铁碳合金的可锻性是指铁碳合金材料在进行压力加工时，能改变其形状而不产生裂纹的能力。由于奥氏体具有良好的塑性，而由铁碳相图可知，亚共析钢加热到高温时可获得单相奥氏体组织，因此，亚共析钢的可锻性好，适合进行锻造加工。图 3-6 所示为铁碳相图与铸锻工艺的关系。

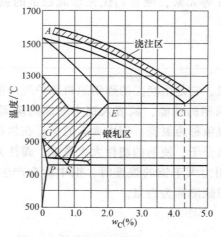

图 3-6 铁碳相图与铸锻工艺的关系

3.5.4 在焊接方面的应用

由铁碳相图可知，各区域的加热温度不同，铁碳合金的组织就不同，在随后的冷却过程中就会出现不同的组织并具有不同的性能。因此，铁碳合金材料在焊接后还需要用热处理的方法改善性能。

思 考 题

1. 什么是同素异构转变？简述纯铁的同素异构转变。
2. 什么是组元？钢铁材料的两个最基本的组元是什么？如何依据组元的含量来判断

是钢和还是铁？

3. 什么是相？组成铁碳合金的基本相有哪些？何为相变？
4. 什么是固溶体？固溶体的类型有哪些？
5. 什么是金属化合物？金属化合物的作用是什么？
6. 什么是相图？
7. 铁碳相图中的恒温转变包括哪些？详述其转变过程。
8. 绘制铁碳相图，并详细分析其中的点、线、面特征含义。
9. 简述典型铁碳合金的室温组织和产物。
10. 碳元素对铁碳合金的性能有何影响？
11. 举例分析铁碳合金相图在工程中的应用。

第4章

钢的热处理

【教学目标】
通过本章的学习,学生能够掌握钢的热处理的基本知识,了解典型的热处理工艺,掌握热处理中钢的组织转变过程和特点,了解汽车用钢的发展历程及各系列典型汽车用钢的微观、宏观特点,能够依据所学知识对汽车零部件的用钢进行实际应用设计。

【教学要求】

知识要点	能力要求
钢的热处理工艺	掌握钢的热处理工艺的组成;掌握四种典型的热处理工艺的含义、特点以及应用;能够通过热处理工艺的选择控制钢的力学性能,同时能够依据性能需求,科学地选择合适的热处理工艺
钢在加热时的组织转变	掌握加热过程中钢的组织转变,晶粒的形成与长大过程
钢在冷却时的组织转变	掌握C曲线的含义和特点;掌握冷却过程中钢的组织转变,晶粒的形成与长大过程;掌握珠光体、贝氏体、马氏体的组织特点;能够根据C曲线设计降温路径,以实现对材料产物和性能的控制
钢的化学热处理	掌握钢的化学热处理的特点和基本过程;掌握钢的化学热处理的目的和方法
先进汽车用钢及其发展历程	掌握先进汽车用钢的定义和分类;掌握影响汽车用钢的强度和塑性的因素;了解汽车用钢的发展历程;熟练掌握各系列汽车用钢的微观组织、宏观性能特点;能够对汽车零部件的应用科学选择和设计汽车用钢

4.1 钢的热处理工艺

钢的热处理是将钢件在固态下,通过加热、保温和冷却来改变钢件的内部组织,从而获得所需性能的一种工艺。热处理工艺能显著提高钢的力学性能,延长零部件的使用寿命,降低成本。热处理是机械制造业中非常重要的一个环节,由加热、保温和冷却三个阶段所组成,如图4-1所示,图中,T_c为临界温度。因此,要了解热处理方法对钢性能的改变情况,就必须先了解钢的内部组织在加热、保温和冷却过程中的变化规律,然后再根据这些规律确定各种热处理工艺。

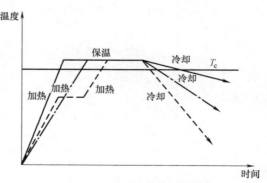

图4-1 热处理工艺曲线示意图

4.1.1 钢的临界温度

根据铁碳相图，A_1线（PSK线）、A_3线（GS线）和A_{cm}线（ES线）是钢在极其缓慢地加热和冷却时，其组织转变的临界线。但实际生产中，热处理的加热和冷却都是按一定速率进行的，因此，相变是在非平衡条件下进行的，从而产生滞后现象，即加热时临界点移向高温，而冷却时临界点却移向低温。如图4-2所示，实际加热时产生相变的临界温度用Ac_1、Ac_3和Ac_{cm}表示，而冷却时发生相变的临界温度用Ar_1、Ar_3和Ar_{cm}表示。

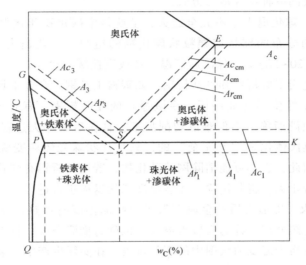

图4-2 碳钢的各种退火和正火的加热温度范围

4.1.2 退火、正火、淬火、回火

退火、正火、淬火、回火是整体热处理中的"四把火"，其中淬火与回火关系密切，常常配合使用，缺一不可。

1. 退火

退火是将钢加热到一定温度并保温一定时间，然后缓慢冷却（如炉冷、空冷等）的热处理工艺。退火后的组织，对亚共析钢来说，获得铁素体+片状珠光体；对共析钢和过共析钢来说，获得粒状珠光体，也称为"球化体"。

根据退火的材料成分、工艺特点和目的的不同，常用的退火工艺可分为完全退火、等温退火、球化退火、去应力退火和均匀化退火。

(1) 完全退火 完全退火是指把钢加热到Ac_3线以上30~50℃并保温一定时间，然后，随炉缓慢冷却（一般冷却速度为30~120℃/h）的退火工艺。完全退火主要用于亚共析成分的碳素钢和合金钢的铸件、锻件、热轧型材或焊接结构件，目的是改善钢的组织，以进一步改善切削加工性能。但是过共析钢完全退火时，二次渗碳体会以网状的形式析出，影响钢的性能。

(2) 等温退火 等温退火是指亚共析钢加热到 Ac_3 线以上 30~50℃或将共析钢和过共析钢加热到 Ac_1 线以上 20~30℃，保温一定时间后以较快的速度冷却到珠光体区的某一温度，并保温一段时间，使奥氏体转变为珠光体组织，然后进行空冷的退火工艺。等温退火在生产中主要用于高碳钢、高合金钢等。

等温退火与完全退火相比，两者的加热工艺相同，但完全退火为保证奥氏体在珠光体转变区以上部分发生转变，其冷却速度缓慢，所需时间长；等温退火由于在恒温条件下完成奥氏体向珠光体的转变，同时等温处理前后奥氏体和珠光体都可较快地冷却，因此，明显缩短了退火周期，特别是对于某些奥氏体比较稳定的合金钢，从时间上看，等温退火是完全退火和球化退火的一种特殊冷却方式。

(3) 球化退火 球化退火是不完全退火，是使钢中碳化物球化而进行的退火，得到在铁素体基体上均匀分布的球状或颗粒状碳化物的组织。球化退火的加热温度为 Ac_1+(20~40)℃或 A_{cm}-(20~30)℃，保温后等温冷却或直接缓慢冷却。

球化退火主要适用于共析钢和过共析钢，如碳素工具钢、合金工具钢、轴承钢等，对于一些需要改善冷塑性变形（如冲压、冷镦等）的亚共析钢，有时也可采用球化退火。球化退火生成的组织硬而脆，不但难以切削加工，且在后续淬火过程中也容易变形和开裂。在球化退火时奥氏体化是"不完全"的，只是片状珠光体转变成奥氏体，以及少量过剩碳化物溶解。因此，它不可能消除网状碳化物，若过共析钢有网状碳化物存在，则在球化退火前须先进行正火，将其消除，才能保证球化退火正常进行。

(4) 去应力退火 冷形变后的金属在低于再结晶温度时加热，以去除内应力，但仍保留冷作硬化效果的热处理，称为去应力退火，也称为低温退火。在去应力退火中金属组织及性能的变化，相当于温度曲线图中的恢复阶段。在实际生产中，去应力退火工艺的应用比上述定义广泛得多。热锻轧、铸造、各种冷变形加工、切削、焊接、热处理，甚至机器零部件装配后，在不改变组织状态，保留冷作、热作或表面硬化的条件下，对钢材或机器零部件进行较低温度的加热，以去除内应力，减小变形开裂倾向的工艺，都可称为去应力退火。由于材料成分、加工方法、内应力大小及分布不同，以及去除程度的差异，去应力退火的温度范围很宽。

(5) 均匀化退火 均匀化退火是将钢加热到略低于固相线温度（Ac_3 或 A_{cm} 以上 150~300℃），长时间保温（10~15h），然后随炉冷却，以使钢的化学成分和组织均匀化。均匀化退火能耗高，易使晶粒粗大。为细化晶粒，均匀化退火后应进行完全退火或正火。这种工艺主要用于质量要求高或偏析较严重的合金钢铸锭、铸件或锻坯。

2. 正火

正火又称为常化处理，是将钢件加热到 Ac_3（对于亚共析钢）和 A_{cm}（对于过共析钢）以上 30~50℃，保温适当时间后，在自由流动的空气中均匀冷却，得到珠光体类组织（一般为索氏体）的热处理工艺。其目的是使晶粒细化和碳化物分布均匀化。正火后的组织：亚共析钢为铁素体+珠光体；共析钢为珠光体；过共析钢为珠光体+二次渗碳体，且为不连续。

正火与退火的不同点是正火的冷却速度比退火的冷却速度稍快，因而，正火组织要比退火组织更细一些，其力学性能也有所提高。另外，正火是炉外冷却，不占用设备，生产率较高,因此,生产中尽可能采用正火来代替退火。对于形状复杂的重要锻件,在正火后还需进行高温回火(550~650℃),高温回火的目的是消除正火冷却时产生的应力,提高韧性和塑性。

正火的主要应用范围有:

1)用于低碳钢,正火后硬度略高于退火,韧性也较好,可作为切削加工的预处理。

2)用于中碳钢,可代替调质处理(淬火+高温回火)作为最后热处理,也可作为用感应加热方法进行表面淬火前的预备处理。

3)用于工具钢、轴承钢、渗碳钢等,可以消除或抑制网状碳化物的形成,从而得到球化退火所需的良好组织。

4)用于铸钢件,可以细化铸态组织,改善切削加工性能。

5)用于大型锻件,可作为最后热处理,从而避免淬火时较大的开裂倾向。

6)用于球墨铸铁,使硬度、强度、耐磨性得到提高,如用于制造柴油机的曲轴、连杆等重要零件。

退火与正火属于同一类型的热处理,在实际生产中,退火与正火的选择主要从以下三个方面来考虑:

1)从切削加工性方面考虑。金属的切削加工性能,包括硬度、切屑脆性、加工表面粗糙度及对刀具的磨损等。一般说来,金属的硬度在170~230HBW的范围内时,切削性能较好。硬度过高,不但难以加工,而且使刀具很快磨损;硬度过低,切削时易造成粘刀及切屑缠绕,缩短刀具的寿命,且切削表面粗糙。在一般生产中,低、中碳结构钢以正火作为预备热处理较为合适,高碳结构钢(如轴承钢)和工具钢则以退火(球化退火)为好。对于合金钢,由于含有合金元素,钢的硬度有所提高,所以在大多数情况下,中碳以上的合金钢常选用退火。

2)从使用性能方面考虑。如果对钢件的性能要求不太高,可采用正火作为最终热处理。但如果零件尺寸较大或形状较复杂,正火有可能使零件产生较大的残余力或变形、开裂,这时应选用退火。对力学性能要求较高,必须进行淬火+回火最终热处理的零件,从减小变形和开裂的角度来说,预备热处理应选用退火。

3)从经济性方面考虑。正火比退火的生产周期短,且操作简便。条件允许时,特别是在大批量生产时应优先考虑以正火代替退火。

图 4-3 所示为各种退火及正火的加热范围。

3. 淬火

淬火是将钢加热到临界温度 Ac_3(亚共析钢)或 Ac_1(过共析钢)以上温度,保温一段时间,使之全部或部分奥氏体

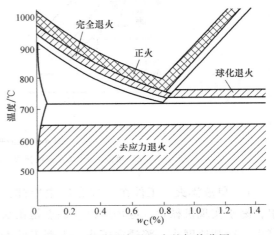

图 4-3 各种退火及正火的加热范围

化,然后以大于临界冷却速度的冷速快冷到 M_s(图4-4)以下(或 M_s 附近等温,M_s 为马氏体转变开始温度)进行马氏体正(M)或贝氏体(B)转变的热处理工艺。通常也将铝合金、铜合金、钛合金、钢化玻璃等材料的固溶处理或带有快速冷却过程的热处理工艺称为淬火。最常见的有水冷淬火、油冷淬火、空冷淬火等。

淬火的目的是使过冷奥氏体进行马氏体或贝氏体转变,得到马氏体或贝氏体组织,然后配合不同温度的回火,以大幅提高钢的刚度、硬度、耐磨性、疲劳强度及韧性等,从而满足各种机械零件和工具的不同使用要求,也可以通过淬火满足某些特种钢材的铁磁性、耐蚀性等特殊的物理、化学性能要求。

(1) **淬火工艺** 根据冷却方法,淬火工艺分为单液淬火、双液淬火、分级淬火和等温淬火,如图4-4所示,图中 M_f 为马氏体转变终了温度。

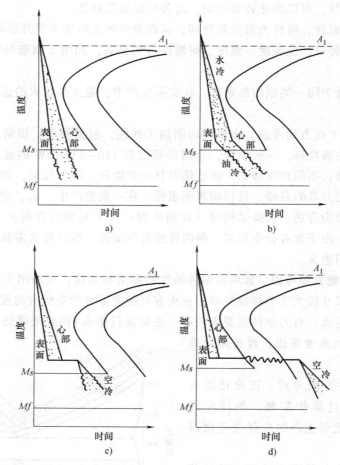

图 4-4 四种淬火工艺

a) 单液淬火 b) 双液淬火 c) 分级淬火 d) 等温淬火

1) 单液淬火。工件在一种介质中冷却,如水冷淬火、油冷淬火。其优点是操作简单,易于实现机械化,应用广泛。缺点是在水中淬火应力大,工件容易变形开裂;在油中淬火,冷却速度小,淬透深度小,大型工件不易淬透。

2）双液淬火。工件先在冷却能力较强的介质中冷却到300℃左右，再在一种冷却能力较弱的介质中冷却，如：先水冷淬火后油冷淬火，可有效减小马氏体转变的内应力，减小工件变形开裂的倾向。双液淬火可用于形状复杂、截面不均匀的工件，其缺点是难以掌握双液转换的时刻，转换过早容易淬不硬，转换过迟又容易淬裂。为了克服这一缺点，发展了分级淬火法。

3）分级淬火。工件在低温盐浴或碱浴炉中淬火，盐浴或碱浴的温度在 Ms 点附近，工件在这一温度停留 2~5min，然后取出空冷，这种冷却方式称为分级淬火。分级冷却的目的是使工件内外温度较为均匀，同时进行马氏体转变，可以大大减小淬火应力，防止变形开裂。分级温度以前都定为略高于 Ms 点，工件内外温度均匀后进入马氏体区。改进为在略低于 Ms 点的温度分级，实践表明，在 Ms 点以下分级的效果更好。例如，高碳钢模具在160℃的碱浴中分级淬火，既能淬硬，变形又小，所以应用很广泛。

4）等温淬火。工件在等温盐浴中淬火，盐浴温度在贝氏体区的下部（稍高于 Ms），工件等温停留较长时间，直到贝氏体转变结束，取出空冷。等温淬火用于中碳以上的钢，目的是获得下贝氏体，以提高强度、硬度、韧性和耐磨性。

（2）淬火加热温度 以钢的相变临界点为依据，加热淬火时要形成细小、均匀奥氏体晶粒，淬火后获得细小马氏体组织。碳素钢的淬火加热温度范围见表4-1。

表 4-1 碳素钢的淬火加热温度范围

牌　号	临界点/℃		淬火温度/℃
	Ac_1	$Ac_3(Ac_{cm})$	
20	735	855	890~910
45	724	780	830~860
60	727	760	780~830
T8	730	750	760~800
T12	730	820	770~810
40Cr	743	782	830~860
60Si2Mn	755	810	860~880
9SiCr	770	870	850~870
5CrNiMo	710	760	830~860
3Cr2W8V	810	1100	1070~1130
GCr15	745	900	820~850
Cr12MoV	810	—	980~1150
W6Mo5Cr4V2	830	—	1225~1235

表4-1给出的淬火温度选择原则也适用于大多数合金钢，尤其是低合金钢。亚共析钢加热到 Ac_3 温度以上30~50℃。由表4-1可知，高温下钢的状态处在单相奥氏体（A）区内，故称为完全淬火。若亚共析钢的加热温度高于 Ac_1、低于 Ac_3，则高温下部分先共析铁素体未完全转变成奥氏体，即不完全（或亚临界）淬火。过共析钢淬火到 Ac_1 温度以上30~50℃，该温度范围处于奥氏体与渗碳体（A+C）双相区。因而过共析钢的正常淬火仍

属于不完全淬火,淬火后得到马氏体基体上分布渗碳体的组织。这一组织具有高硬度和高耐磨性。对于过共析钢,若加热温度过高,先共析渗碳体溶解过多,甚至完全溶解,则奥氏体晶粒将长大,奥氏体含碳量也增加。淬火后,粗大马氏体组织使钢件淬火态微区内应力增加,微裂纹增多,零件的变形和开裂倾向增加。由于奥氏体含碳量高,马氏体 Ms 点下降,残留奥氏体量增加,使工件的硬度和耐磨性降低。实际生产中,加热温度要根据具体情况加以调整。若亚共析钢中含碳量为下限,当装炉量较多,欲增加零件淬硬层深度时可选用温度上限;若工件形状复杂,变形要求严格时要采用温度下限。

(3) 淬火保温和冷却

1) 保温。由设备加热方式、零件尺寸、钢的成分、装炉量和设备功率等多种因素确定。对整体淬火而言,保温的目的是使工件内部温度均匀,趋于一致。对各类淬火,其保温时间最终取决于在要求淬火的区域获得良好的淬火加热组织。加热与保温是影响淬火质量的重要环节,奥氏体化获得的组织状态直接影响淬火后的性能。一般钢件奥氏体晶粒控制在 5~8 级。

2) 冷却。要使钢中高温相——奥氏体在冷却过程中转变成低温亚稳相——马氏体,冷却速度必须大于钢的临界冷却速度 v_k。工件在冷却过程中,表面与心部的冷却速度有一定差异,如果这种差异足够大,则可能造成冷却速度大于临界冷却速度的部分转变成马氏体,而冷却速度小于临界冷却速度的心部不能转变成马氏体的情况。为了保证整个截面上都转变为马氏体,需要选用冷却能力足够强的淬火冷却介质,以保证工件心部有足够高的冷却速度。但是冷却速度过大,工件内部由于热胀冷缩不均匀而产生内应力,可能使工件变形或开裂。因而要综合考虑上述两种因素,合理选择淬火冷却介质和冷却方式。冷却阶段不仅要使零件获得合理的组织,达到所需要的性能,还要保持零件的尺寸和形状精度,是淬火过程的关键环节。

通常情况下,不同的冷却速度获得的组织结构不同,如图 4-5 所示。冷却速度为 v_1 时,炉冷之后获得珠光体组织;冷却速度为 v_2 时,空冷获得索氏体;冷却速度为 v_3 时,油冷获得托氏体+马氏体+残留奥氏体;冷却速度为 v_4 时,水冷获得马氏体+残留奥氏体。图 4-5 中,v_k 为临界冷却速度。

碳钢的淬火加热温度范围如图 4-6 所示。碳钢加热温度为 Ac_3、$Ac_1+(30~50)$℃,保温。淬火冷却过程:水冷,获得细小马氏体+残留奥氏体。合金钢的淬火冷却过程:油冷或空冷,获得马氏体+渗碳体+残留奥氏体。

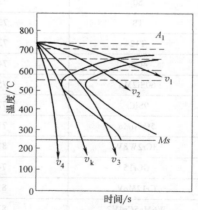

图 4-5 过冷奥氏体等温转变图

钢的理想淬火工艺是淬火速度接近 v_k,如图 4-7 所示,这样既能节能减排,又能获得目标组织结构,即马氏体+残留奥氏体。

(4) 淬火工艺的应用 淬火工艺在现代机械制造工业中得到广泛的应用。机械中的重要零件,尤其是汽车、飞机、火箭中应用的钢件几乎都经过淬火处理。为满足不同的技术要求,发展了各种淬火工艺。例如,按接受处理的部位,有整体淬火、局部淬火和表面淬火;按加热时相变是否完全,有完全淬火和不完全淬火(对于亚共析钢,该法又称为亚临界淬火)。

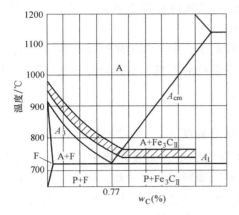

图 4-6　碳钢的淬火加热温度范围

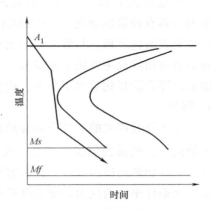

图 4-7　钢的理想淬火曲线

此外,由于不同的淬火方法各有其特点及局限性,故均在一定条件下获得应用,其中应用最普遍的是感应淬火及火焰淬火。激光束加热和电子束加热是目前发展迅速的高能密度加热淬火方法。

1) 感应淬火的特点与应用。感应淬火的淬火温度高,达 $Ac_3+(80\sim150)$ ℃;表面硬、脆性低、疲劳强度高,表面产生体积膨胀而形成压应力;表面质量好、变形小,不易氧化、脱碳;生产过程易于控制,适用于大批量生产。但是,感应淬火设备较贵、复杂零件的感应器不易制造。

感应淬火的主要应用:

① 高频为 70~1000kHz,常用 200~300kHz,淬硬深度为 0.5~2mm。适用于模数较小的齿轮、轴类零件等。

② 中频为 0.5~10kHz,常用 2.5~8kHz,淬硬深度为 2~10mm,适用于直径较大的轴类和模数较大的齿轮等。

③ 工频为 50Hz,淬硬深度达 10~15mm,适用于直径大于 300mm 的轧辊及轴类零件等。

④ 超音频为 20~40kHz(音频<20kHz),淬硬深度在 2mm 以上,适用于模数为 3~6 的齿轮及链轮、花键轴、凸轮等。

2) 火焰淬火的特点与应用。火焰淬火常用氧-乙炔火焰对零件表面进行加热。常用的材料为中碳钢和中碳合金钢,如 35、45、40Cr、65Mn 等,还可用于灰铸铁、合金铸铁等铸铁件。火焰淬火的淬硬深度一般为 2~6mm。主要适用于单件或小批量生产的大型零件和需要局部淬火的工具及零件等。其缺点是加热不均,易造

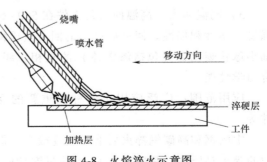

图 4-8　火焰淬火示意图

成工件表面过热,淬火质量不稳定。图 4-8 所示为火焰淬火示意图。

表面淬火广泛应用于中碳调质钢或球墨铸铁制的机器零件。因为中碳调质钢经过预先处理(调质或正火)以后,再进行表面淬火,既可以保持心部有较高的综合力学性能,又可使表面具有较高的硬度(>50HRC)和耐磨性。

高碳钢表面淬火后,尽管表面硬度和耐磨性提高了,但心部的塑性及韧性仍较低,因此高碳钢的表面淬火主要用于承受较小冲击和交变载荷的工具、量具及高冷硬轧辊。由于低碳钢表面淬火后强化效果不显著,故很少应用。

4. 回火

回火是将经过淬火的工件重新加热到低于下临界温度 Ac_1(加热时珠光体向奥氏体转变的开始温度)的适当温度,保温一段时间后在空气或水、油等介质中冷却,或将淬火后的合金工件加热到适当温度,保温若干时间,然后缓慢或快速冷却。回火一般用于减小或消除淬火钢件中的内应力,或者降低其硬度和强度,以提高其延性或韧性。淬火后的工件应及时回火,淬火和回火相配合,才可以获得所需的力学性能。

回火一般紧接着淬火进行,其目的是:

1)消除工件淬火时产生的残余应力,防止变形和开裂。
2)调整工件的硬度、强度、塑性和韧性,达到使用性能要求。
3)稳定组织与尺寸,保证精度。
4)改善和提高加工性能。

因此,回火是工件获得所需性能的重要工序。

(1)回火的分类 按回火温度范围,回火可分为低温回火、中温回火和高温回火。

1)低温回火。低温回火是工件在 150~250℃ 进行的回火,目的是保持淬火工件高的硬度和耐磨性,降低淬火残余应力和脆性。回火后得到的回火马氏体指淬火马氏体在低温回火时得到的组织。力学性能:硬度为 58~64HRC,高的硬度和耐磨性。

应用范围:主要应用于各类的高碳钢制造的工具、刃具、量具、模具、滚动轴承、渗碳及表面淬火的零件等。

2)中温回火。中温回火是工件在 350~500℃ 范围内进行的回火,目的是得到较高的弹性和屈服强度及适当的韧性。回火后得到的回火托氏体指马氏体回火时形成的铁素体基体内分布着极其细小球状碳化物(或渗碳体)的复相组织。力学性能:硬度为 35~50HRC,较高的弹性极限、屈服强度和一定的韧性。

应用范围:主要用于弹簧、发条、锻模、冲击工具等。

3)高温回火。高温回火是工件在 500~650℃ 范围内进行的回火,目的是得到较高的强度、塑性和韧性。回火后得到的回火索氏体指马氏体回火时形成的铁素体基体内分布着细小球状碳化物(包括渗碳体)的复相组织。力学性能:硬度为 25~35HRC,较好的综合力学性能。

应用范围:广泛应用于各种较重要的受力结构件,如连杆、螺栓、齿轮及轴类零件等。

中碳钢和高碳钢淬火后通常硬度很高,但脆性很大,一般需经回火处理才能使用。钢中的淬火马氏体,是碳在 α-Fe 中的过饱和固溶体,具有体心正方结构。马氏体组织在热力学上是不稳定的,有向稳定组织过渡的趋势。许多钢在淬火后还有一定量的残留奥氏体,其也是不稳定的,回火过程中将发生转变。因此,回火过程在本质上是在一定温度范围内加热淬火钢,使钢中的热力学不稳定组织结构向稳定状态过渡的复杂转变过程。转变的内容和形式则视淬火钢的化学成分和组织,以及加热温度而有所不同。

(2) **碳钢的回火过程** 淬火碳钢在回火过程中的组织转变具有代表性。回火过程包括马氏体分解,碳化物的析出、转化、聚集和长大,铁素体回复和再结晶,残留奥氏体分解。根据它们的反应温度,可描述为相互交叠的四个阶段。

1) 第一阶段回火(250℃以下)。马氏体在室温下是不稳定的,间隙的碳原子可以在马氏体内进行缓慢的移动,产生某种程度的碳偏聚。随着回火温度的升高,马氏体开始分解,在中、高碳钢中沉淀出 ε-碳化物。高碳钢在 50~100℃ 回火后硬度增高,就是 ε-碳化物在马氏体中产生沉淀硬化的结果。ε-碳化物具有密排六方结构,呈狭条状或细棒状,和基体有一定的取向关系。初生的 ε-碳化物很可能和基体保持共格。在 250℃ 回火后,马氏体内的含碳量仍约为 0.25%。含碳量低于 0.2% 的马氏体在 200℃ 以下回火时不发生 ε-碳化物沉淀,只有碳的偏聚,而在更高的温度下回火直接分解出渗碳体。

2) 第二阶段回火(200~300℃)。回火到 200~300℃ 的温度范围,淬火钢中原来没有完全转变的残留奥氏体,此时将会发生分解,形成贝氏体组织。在中碳钢和高碳钢中该转变比较明显。含碳量低于 0.4% 的碳钢和低合金钢,由于残留奥氏体很少,这一转变基本上可以忽略不计。

3) 第三阶段回火(200~350℃)。马氏体分解完成,ε-碳化物转化为渗碳体(Fe_3C)。这一转化是以 ε-碳化物的溶解和渗碳体重新形核长大的方式进行的。最初形成的渗碳体和基体保持严格的取向关系。渗碳体往往在 ε-碳化物和基体的界面上、马氏体界面上、高碳马氏体片中的孪晶界上和原始奥氏体晶粒间界上形核。形成的渗碳体开始时呈薄膜状,然后逐渐球化成为颗粒状的 Fe_3C。

4) 第四阶段回火(350~700℃)。渗碳体球化和长大,铁素体回复和再结晶。渗碳体从 400℃ 开始球化,600℃ 以后发生集聚性长大,在此过程中,较小的渗碳体颗粒溶于基体,而将碳输送给选择生长的较大颗粒。位于马氏体晶界和原始奥氏体晶粒间界上的碳化物颗粒球化和长大的速度最快,因为在这些区域扩散容易得多。

铁素体在 350~600℃ 范围内发生回复过程,此时,在低碳钢和中碳钢中,板条马氏体的板条内和板条界上的位错通过合并和重新排列,密度显著降低,并形成和原马氏体内板条束密切关联的长条状铁素体晶粒。原马氏体板条界可保持稳定到 600℃。在高碳钢中,针状马氏体内孪晶消失而形成的铁素体,此时也仍然保持其针状形貌。在 600~700℃ 间,铁素体内发生明显的再结晶,形成了等轴铁素体晶粒。此后,Fe_3C 颗粒不断变粗,铁素体晶粒逐渐长大。

(3) **淬火钢回火时力学性能与回火温度的关系**

1) 硬度与回火温度的关系。中、低碳钢在 250℃ 以下回火时,力学性能无明显变化,这是因为只有碳的偏聚,而无其他组织变化。高碳钢则不同,由于 ε 相共格析出,引起弥散强化,硬度略有升高。

250~400℃ 回火时,一方面由于马氏体分解、正方度减小及碳化物转变和聚集长大,硬度趋于降低；另一方面，由于残留奥氏体转变为下贝氏体，硬度则有所升高。二者综合影响，使得中、低碳钢的硬度下降，而高碳钢的硬度升高。

回火温度在400℃以上升高时，产生α相的回复与再结晶及碳化物聚集并球化，这些均使硬度下降。

2) 强度和塑性与回火温度的关系。碳钢回火时，弹性极限随回火温度上升而增加，在350℃左右时出现峰值。这与回火过程中碳的偏聚、ε-碳化物的析出、α相中碳过饱和度下降及渗碳体析出α相回复等组织结构变化相联系。钢的塑性一般随回火温度的升高而加大。

3) 冲击韧性与回火温度的关系。随着回火温度的升高，碳钢的冲击值是增加的。但是，高碳钢经扭转冲击试验，可测出250℃左右回火后冲击值下降的脆化现象。

4) 断裂韧性与回火温度的关系。在400℃以下，随回火温度升高，断裂韧性和冲击韧性均降低。400℃以上回火时，断裂韧性增大。

(4) 碳钢回火脆性 回火脆性是指淬火钢回火后出现韧性下降的现象。淬火钢在回火时，随着回火温度的升高，硬度降低，韧性升高，但是在许多钢的回火温度与冲击韧性的关系曲线中出现了两个低谷，一个在200~400℃范围内，另一个在450~650℃范围内。

第一类回火脆性又称为不可逆回火脆性，主要发生在回火温度为250~400℃时，其具有不可逆性，与回火后的冷却速度无关，断口为沿晶脆性断口。防止方法如下：

1) 降低钢中杂质元素的含量。
2) 用Al脱氧或加入Nb、V、Ti等合金元素细化奥氏体晶粒。
3) 加入Mo、W等。
4) 加入Cr、Si调整温度范围（推向高温）。
5) 采用等温淬火代替淬火回火工艺。

第二类回火脆性又称为可逆回火脆性，发生的温度在400~650℃范围内，其具有可逆性，与回火后的冷却速度有关；回火保温后，缓冷出现，快冷不出现；出现脆化后可重新加热后快冷消除；与组织状态无关，但以马氏体的脆化倾向大；在脆化区内回火，回火后脆化与冷却速度无关，断口为沿晶脆性断口。影响第二类回火脆性的因素有化学成分、奥氏体晶粒大小、热处理后的硬度。防止方法如下：

1) 提高钢材的纯度，尽量减少杂质。
2) 加入适量的Mo、W等有益合金元素。
3) 对尺寸小、形状简单的零件，采用回火后快冷的方法。
4) 采用亚温淬火（Ac_1~Ac_3）：细化晶粒，减少偏聚。加热后为A+F（F为细条状），杂质会在F中富集，且F溶解杂质元素的能力较大，可抑制杂质元素向A晶界偏聚。
5) 采用高温形变热处理，使晶粒超细化，晶界面积增大，降低杂质元素偏聚的浓度。

4.2 钢在加热时的转变，奥氏体的形成（P→A）

4.2.1 奥氏体晶粒的形成和长大

热处理的第一道工序是加热，也是奥氏体形成的过程。影响奥氏体晶粒的形成和长大的因素如下：

（1）**加热温度** 加热温度越高，晶粒长大速度越快，奥氏体晶粒也越粗大，热处理时必须规定合适的加热温度范围。

（2）**保温时间** 随着保温时间的延长，晶粒不断长大，但晶粒长大的速度越来越慢，且不会无限制地长大。

（3）**加热速度** 加热速度越快，奥氏体化的实际温度越高，奥氏体的形核率大于长大速度，获得细小的起始晶粒。生产中常用快速加热和短时保温的方法来细化晶粒。

（4）**冶炼和脱氧条件** 冶炼时用 Al 脱氧，或加入 Nb、Zr、V、Ti 等强碳化物形成元素，形成难溶的碳化物颗粒。第二相微粒能阻止奥氏体晶粒长大，在一定温度下晶粒不易长大，只有当超过一定温度时，第二相微粒溶入奥氏体后，奥氏体才突然长大。

（5）**含碳量**（有临界值） 随着奥氏体含碳量的增加，Fe、C 原子的扩散速度增大，奥氏体晶粒长大的倾向增加。当超过奥氏体饱和碳浓度以后，由于出现了残留渗碳体，产生机械阻碍作用，晶粒长大倾向减小。

4.2.2 残留渗碳体的溶解

在保温的过程中，随着保温过程的延续，渗碳体逐渐溶入奥氏体，直至全部消失。

4.2.3 奥氏体的均匀化（Fe、C 原子的扩散）

因为新生成奥氏体中的碳原子分布不均匀，与原渗碳体相接部分的含碳量相对较高，而与铁素体相接部分的含碳量相对较低，所以必须通过持续加热或延长保温时间，使奥氏体内的碳原子按浓度梯度的方式扩散，进而使奥氏体成分均匀化。图 4-9 所示为珠光体向奥氏体转变过程示意图。

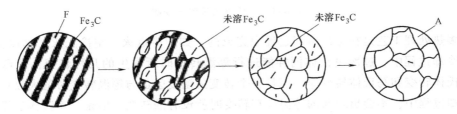

图 4-9 珠光体向奥氏体转变过程示意图

4.3 钢在冷却时的组织转变

冷却作为钢热处理过程中的关键工序，决定着钢在冷却后的组织和力学性能。在生产中，过冷奥氏体常用的热处理冷却方式有两种，即等温冷却和连续冷却，如图 4-10 所示。

等温转变图是表示不同温度下过冷奥氏体转变量与转变时间关系的曲线。由于通常不需要了解某时刻转变量的多少，而比较注重转变的开始和结束时间，经常将这种曲线绘制成温度-时间曲线。图 4-11 所示为共析钢的等温转变图，图中，S 代表索氏体，T 代表托氏体；$B_上$ 代表上贝氏体，$B_下$ 代表下贝氏体，B 代表贝氏体，M 代表马氏体。

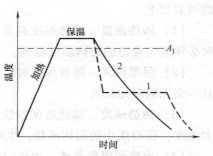

图 4-10 过冷奥氏体的两种冷却方式
1—等温冷却　2—连续冷却

过冷奥氏体等温转变图可综合反映过冷奥氏体在不同过冷度下的等温转变过程，反映了转变开始和转变终了时间、转变产物的类型及转变量与时间、温度之间的关系等。因其形状通常像英文字母"C"，故称为 C 曲线。由于过冷奥氏体在转变过程中不仅有组织转变和性能变化，还有体积膨胀和磁性转变，可以采用膨胀法、磁性法、金相-硬度法等建立过冷奥氏体的等温转变图。

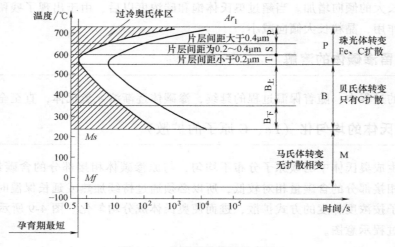

图 4-11 共析钢的等温转变图

许多热处理工艺是在连续冷却过程中完成的，如炉冷退火、空冷正火、水冷淬火等。在连续冷却过程中，过冷奥氏体同样能进行等温转变时所发生的几种转变，即珠光体转变、贝氏体转变和马氏体转变等，而且各个转变的温度区也与等温转变时的大致相同。在连续冷却过程中，不会出现新的等温冷却转变时所没有的转变。但是，奥氏体连续冷却转变不同于等温转变，因为连续冷却过程要先后通过各个转变温度区，所以可能先后发生几种转变，而且冷却速度不同，可能发生的转变也不同，各种转变的相对量也不同，因而得到的组织和性能也不同。因此，连续冷却转变较复杂，转变的规律性也不像等温转变那样明显，形成的组织也不容易区分。过冷奥氏体等温转变的规律可以用等温转变图表示。

珠光体的转变是 Fe 和 C 的扩散性相变，温度为 550℃ ~ Ar_1，转变为 A→P（F+Fe_3C），如图 4-12 所示。

1）在 650℃ ~ Ar_1 形成的珠光体，因为过冷度小，片间距较大（大于 $0.4\mu m$），在 500 倍以上的光学显微镜下，能分辨其片层状形态，即为粗珠光体，习惯上称为珠光体（P）。

2）在 600~650℃ 形成的片间距较小（0.2 ~ $0.4\mu m$）的珠光体，在光学显微镜下（800~1500 倍）能分辨出其为铁素体薄层和碳化物（渗碳体）薄层交替重叠的复相组织，

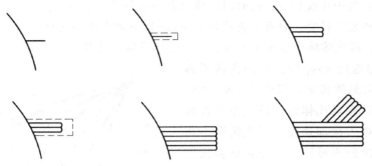

图 4-12 片状珠光体形成示意图

称为细珠光体或索氏体,用字母 S 表示。

3) 在 550~600℃形成的片层间距极小(小于 0.2μm)的珠光体,在光学显微镜下高倍放大已无法分辨出其内部构造,在电子显微镜下可观测到很薄的铁素体层和碳化物(渗碳体)层交替重叠的复相组织,称为极细珠光体或托氏体,用字母 T 表示。

贝氏体转变是 C 的扩散性相变,即半扩散相变,温度为 550℃ ~ M_s,转变为 A→B,如图 4-13 所示。

马氏体转变是非扩散性相变,温度在 M_s 点温度以下,转变为 A→M。低碳(<0.2%)马氏体呈板条状,韧性高;高碳(>1.0%)马氏体呈片状,硬而脆。马氏体组织示意图如图 4-14 所示。

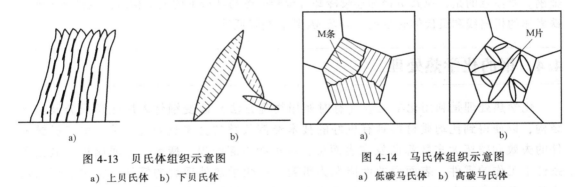

图 4-13 贝氏体组织示意图
a) 上贝氏体 b) 下贝氏体

图 4-14 马氏体组织示意图
a) 低碳马氏体 b) 高碳马氏体

以共析钢为例,用若干组共析钢小圆片试样,经同样的奥氏体化后,每组试样各以一个恒定速度连续冷却,每隔一段时间取出一个试样淬入水中,将高温分解的状态固定到室温,然后进行金相测定,求出每种转变的开始温度、开始时间和转变量。将各个冷却速度下的数据综合绘在"温度-时间对数"坐标中,便得到共析钢的连续冷却等温转变图,如图 4-15 所示。珠光体转变区由三条曲线构成,左边一条是转变开始线,右边一条是转变终了线,下面一条是转变中止线。马氏体转变区则由两条曲线构成,一条是温度上限 M_s 线,另一条是冷却速度线 v'_k。从图 4-15 中可以看出:

1) 当冷却速度 $v<v'_k$ 时,冷却曲线与珠光体转变开始线相交便发生 γ→P 转变,与终了线相交时,转变结束,形成珠光体。

2) 当冷却速度 $v'_k<v<v_k$ 时,冷却曲线只与珠光体转变开始线相交,而不再与转变终

了线相交，但会与中止线相交，这时奥氏体只有一部分转变为珠光体。冷却曲线一旦与中止线相交就不再发生转变，只有一直冷却到 Ms 线以下才发生马氏体转变。并且随着冷却速度 v 的增大，珠光体转变量越来越少，而马氏体量越来越多。

3）当冷却速度 $v>v_k$ 时，冷却曲线不再与珠光体转变开始线相交，即不发生 γ→P 转变，而全部过冷到马氏体区，只发生马氏体转变。此后再增大冷却速度，转变情况不再变化。由上面的分析可知，v_k 是保证奥氏体在连续冷却过程中不发生分解而全部过冷到马氏体区的最小冷却速度，称为"上临界冷却速度"，通常也称为"淬火临界冷却速度"。v'_k 则是保证奥氏体在连续冷却过程中全部分解而不发生马氏体转变的最大冷却速度，称为"下临界冷却速度"。

4）共析钢的连续冷却转变只发生珠光体转变和马氏体转变，不发生贝氏体转变，也就是说，共析钢在连续冷却时得不到贝氏体

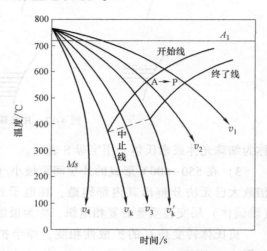

图 4-15 共析钢连续冷却等温转变图

组织。但有些钢在连续冷却时会发生贝氏体转变，得到贝氏体组织，如某些亚共析钢、合金钢。要注意的是，亚共析钢的连续冷却等温转变图与共析钢的大不相同，主要是出现了铁素体的析出线和贝氏体转变区，以及 Ms 线右端降低等。

4.4 钢的化学热处理

化学热处理是利用化学反应（有时兼用物理方法）改变钢件表层化学成分及组织结构，以便得到比均质材料具有更好的技术经济效益的金属热处理工艺。由于机械零件的失效和破坏大多数都萌发在表面层，在可能引起磨损、疲劳、金属腐蚀、氧化等条件下工作的零件，表面层的性能尤为重要。经化学热处理后的钢件，实质上可以认为是一种特殊复合材料，心部为原始成分的钢，表层则是渗入了合金元素的材料。心部与表层之间是紧密的晶体型结合，它比电镀等表面防护技术所获得的心部、表层的结合要强得多。

1. 化学热处理的主要特点

经化学热处理后，金属表层不仅有组织的变化，而且有成分的变化，故性能改变的幅度大。其主要作用是强化和保护金属表面。

2. 化学热处理的基本过程

（1）加热　将工件加热到一定温度使之更好地吸收渗入元素活性原子。

（2）分解　由化合物分解或离子转变而得到渗入元素活性原子。

（3）吸收　活性原子被吸附并溶入工件表面形成固溶体或化合物。

（4）扩散　渗入原子在一定温度下，由表层向内部扩散形成具有一定深度的扩散层。

3. 化学热处理的目的

(1) 提高零件的耐磨性 采用钢件渗碳淬火法可获得高碳马氏体硬化表层,合金钢件用渗氮方法可获得合金氮化物的弥散硬化表层。用这两种方法获得的钢件的表面硬度分别可达 58~62HRC 及 800~1200HV。另一方法是在钢件表面形成减摩、抗粘结薄膜,以改善摩擦条件,提高耐磨性。例如,蒸汽处理表面产生的四氧化三铁薄膜有抗粘结的作用;表面硫化获得硫化亚铁薄膜,可兼有减摩与抗粘结的作用。近年来发展起来的多元共渗工艺,如氧氮共渗、硫氮共渗、碳氮硫氧硼五元共渗等,能同时形成高硬度的扩散层与抗粘或减摩薄膜,有效地提高零件的耐磨性,特别是抗粘结磨损性。

(2) 提高零件的疲劳强度 渗碳、渗氮、氮碳共渗和碳氮共渗等方法,都可使钢零件在表面得到强化的同时,在零件表面形成残余压应力,有效地提高零件的疲劳强度。

(3) 提高零件的耐蚀性与抗高温氧化性 例如,渗氮可提高零件的抗大气腐蚀性能;钢件渗铝、渗铬、渗硅后,与氧或腐蚀介质作用形成致密、稳定的 Al_2O_3、Cr_2O_3、SiO_2 保护膜,提高耐蚀性及抗高温氧化性。

通常,钢件硬化的同时会带来脆化。用表面硬化的方法提高表面硬度时,仍能保持心部处于较好的韧性状态,因此,它比零件整体淬火硬化方法能更好地解决钢件硬化与其韧性的矛盾。化学热处理使钢件表层的化学成分与组织同时改变,因此它比高频、中频感应淬火,火焰淬火等表面淬火硬化方法的效果更好。如果渗入元素选择适当,可获得满足零件多种性能要求的表面层。

4. 化学热处理方法

渗碳、碳氮共渗可提高钢的硬度、耐磨性及疲劳性质,渗氮、渗硼、渗铬可显著提高工件表面硬度,提高耐磨性和耐蚀性。渗铝可提高耐热抗氧化性,渗硅可提高耐酸性等。常用的化学热处理方法是渗碳、渗氮和碳氮共渗及氮碳共渗。

(1) 钢的渗碳 渗碳是将钢件在渗碳介质中加热并保温使碳原子渗入表层的化学热处理工艺。其目的是使低碳($w_C = 0.10\% \sim 0.25\%$)钢件得到高碳($w_C = 1.0\% \sim 1.2\%$)表面,经适当的热处理(淬火+低温回火)后获得具有高硬度、高耐磨性的表面,而心部仍保持一定强度及较高的塑性、韧性,适用于同时受磨损和较大冲击载荷的低碳、低合金钢零件,如齿轮、活塞销、套筒及要求很高的喷油器偶件等。

1) 气体渗碳。

方法:滴注式渗碳。

介质:苯、醇、煤油等液体。

工艺:将工件装在密封的渗碳炉中,加热到 900~950℃(常用930℃),向炉内滴入煤油、苯、甲醇、丙酮等有机液体,分解成 CO、CO_2、H_2 及 CH_4 等气体,组成渗碳气氛,在高温下与工件接触时便在工件表面进行下列反应,生成活性碳原子:

$$2CO \rightarrow [C] + CO_2$$
$$CH_4 \rightarrow [C] + 2H_2$$
$$CO + H_2 \rightarrow [C] + H_2O$$

随后,活性碳原子被钢表面吸收而溶入奥氏体中,并向内部扩散而形成具有一定深度的渗碳层。

气体渗碳的优点是生产率高,劳动条件好,渗碳过程容易控制,容易实现机械化、自动化,适用于大批量生产。

2)固体渗碳。

方法：工件+渗碳剂密封装入渗碳箱中,加热至 900~950℃保温。

固体渗碳剂：碳粉和碳酸盐（$BaCO_3$ 或 Na_2CO_3）的混合物。

化学反应：

$$2C+O_2 \rightarrow 2CO$$
$$BaCO_3(或 Na_2CO_3) \rightarrow BaO(或 Na_2O)+CO_2$$
$$CO_2+C \rightarrow 2CO$$
$$2CO \rightarrow [C]+CO_2$$

图 4-16 所示为固体渗碳装箱示意图。

(2) 渗碳层的组织及热处理 以亚共析组织为例,表面的含碳量最高为 1.0%左右,由表及里,含碳量逐渐降低,直至原始含碳量。

组织由表及里为

$$P+Fe_3C_{II} \rightarrow P \rightarrow P+F \rightarrow F+P$$

渗碳层的深度：

1)碳钢：从表面到过渡区亚共析组织一半处的深度为渗碳层的深度。

2)合金钢：从表面到过渡区亚共析组织终止处的深度为渗碳层的深度。

图 4-17 所示为亚共析钢渗碳后表面形貌。

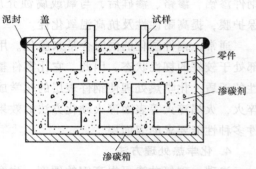

图 4-16 固体渗碳装箱示意图

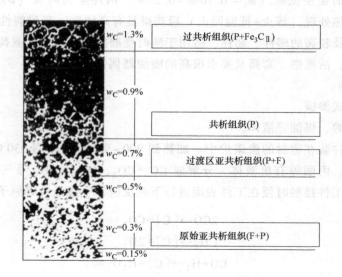

图 4-17 亚共析钢渗碳后表面形貌

4.5 先进汽车用钢及其发展历程

4.5.1 先进汽车用钢

汽车用高强度钢板倾向于分为两类：普通高强度钢板和先进高强度钢板。普通高强度钢板是指抗拉强度或屈服强度相对较低，或采用传统工艺或传统工艺经少许改进即能生产出来的高强度钢板，如烘烤硬化钢板、含磷钢板、高强度无间隙原子钢板（IF 钢板）及高强度低合金钢板（HSLA 钢板）等。先进高强度钢板是指需要采用先进设备及工艺方法才能生产出来的钢板，这种钢板的生产难度较大，强度也较高，如双相钢板（DP 钢板）、复相钢板（CP 钢板）、相变诱发塑性钢板（TRIP 钢板）和马氏体钢板（M 钢板或 Mart 钢板）等。

日本将抗拉强度不低于 340MPa 的冷轧钢板和抗拉强度不低于 490MPa 的热轧钢板统称为高强度钢板（HSS）。德国将屈服强度大于或等于 180MPa，低于 300MPa 的钢板称为高强度钢板（HSS）；将屈服强度大于或等于 300MPa，低于 600MPa 的钢板称为先进高强度钢板（AHSS）；将屈服强度大于或等于 600MPa 的钢板称为超高强度钢板（UHSS）。

高强度化是钢铁材料的发展趋势，高强度钢的大量使用可以降低钢材的消耗，减轻设备的重量，是实现节能减排的重要途径。然而，随着钢强度水平的提高，其塑性通常降低，使表征安全性的强塑积（$R_m A$）很难提高，如何提高钢的塑性是钢铁材料面临的重要问题，尤其是在钢铁材料高强度化的发展趋势下，生产高强度、高塑性的汽车用钢是发展目标。

不同种类合金钢的抗拉强度（R_m）和断后伸长率（A）的关系的汇总结果如图 4-18 所示，晶体结构为面心立方晶格的合金钢塑性较高，强塑积可达 60GPa%，但抗拉强度小于 1000MPa；晶体结构为体心立方晶格的合金钢的抗拉强度可达 2300MPa，但随着抗拉强度的增加，塑性水平大幅度下降，当抗拉强度超过 1500MPa 时，断后伸长率为 10% 左右，强塑积很难超过 20GPa%。

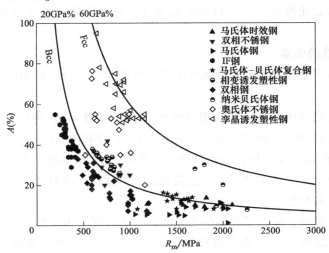

图 4-18 合金结构钢力学性能汇总

1. 提高钢强度的因素

获得高强度较容易实现，常见的强化方法主要有间隙固溶强化、第二相粒子析出强化、细晶强化、相变强化等。

C 原子的间隙固溶强化是钢铁材料中最经济、最有效的强化方式，其主要微观机制是溶质原子使晶体发生畸变，产生的弹性应力场与位错周围的弹性应力场相互作用，形成气团，增加位错运动阻力，使材料产生强化。

第二相粒子与位错交互作用，阻碍位错的继续滑移，使材料强化。马氏体时效钢在时效过程中产生金属间化合物，并与基体保持半共格关系，当析出物的粒子半径 R 与位错伯氏矢量大小 b 的比值 $R/b \geqslant 15$ 时，位错绕过析出相粒子，当沉淀物间距达到某一临界值时，将产生最大的强化效果。低合金超高强度钢和二次硬化钢都利用了碳化物的析出强化作用。第二相强化产生的强度增量与第二相体积分数 f 和颗粒尺寸 d 之间的关系可以描述为切过机制和绕过机制，可见，第二相颗粒的强化作用十分显著。

细化晶粒使晶界所占比例增高，阻碍位错滑移，产生强化，细化有效晶粒尺寸可有效提高钢的强度水平，低碳马氏体钢的有效晶粒尺寸为板条马氏体束的尺寸，马氏体-贝氏体复合组织由于下贝氏体分割原奥氏体晶粒，等效奥氏体晶粒和马氏体板条束细化，组织的细化导致强度的升高。

硬相的存在增加了软相的变形程度和位错密度，产生强化作用。研究表明，随马氏体相（硬相）比例的增加及马氏体相中含碳量的升高，双相钢的强度水平升高。

奥氏体在变形过程中发生马氏体转变，使材料发生硬化，提高钢的强度，同时提高塑性。相变诱发塑性（TRIP）属于典型的相变强化机制，而由淬火+配分（Q&P）工艺获得的 M+A 组织也存在相变强化的作用。

各种强化机制的实质是溶质原子、第二相粒子、晶界、相界与位错发生交互作用，阻碍位错运动，产生加工硬化，从而提高钢材的强度。金属晶体中的位错由相变和塑性变形引入，位错与邻近位错能够发生交互作用，使运动受阻而产生强化，位错密度越高，金属抵抗塑性变形的能力就越高，强度增量与位错密度成正比关系，位错密度为 $10^8 \sim 10^9/\mathrm{mm}^2$ 时，位错强化提供 $203 \sim 641\mathrm{MPa}$ 的强度，可见位错强化是钢铁材料中有效的强化方式。

2. 提高钢塑性的因素

影响钢塑性的因素较复杂，综合起来主要有晶粒尺寸、钢的洁净度、奥氏体相及其稳定性。

增加组织中软相的比例可以提高钢材的塑性。双相钢（DP 钢）中存在大量铁素体，断后伸长率可以达到 30%，而均匀伸长率可达 20%（DP450 钢），塑性水平远高于单相马氏体和马氏体+析出物构成的钢，随着铁素体量增加，DP 钢的塑性水平增大。

细化晶粒不但可以提高钢的强度，还能提高钢的塑性。晶粒尺寸减小，晶粒可以通过转动协调变形，提高钢的塑性。

碳化物沿晶界析出，降低了界面结合能，在应力作用下发生塑性变形时，在析出物处产生应力集中，形成微孔。在晶界滑移的作用下，微孔连接形成裂纹，从而降低钢的塑性。研究表明，夹杂物无论其类型、数量、尺寸、形状和分布如何，对钢的塑性都有影响。因此，从提高塑性的角度来讲，应该提高钢的洁净度，以减小夹杂物对塑性的影响，还应控制析出物的形状和尺寸。

奥氏体产生 TRIP 或孪晶诱发塑性（TWIP）效应提高钢的塑性。TRIP 钢在变形过程中，残留奥氏体发生马氏体转变，使局部产生强化，促使变形在其他位置继续发生，进而推迟了颈缩的产生，提高钢材的塑性水平。TWIP 钢中具有稳定的残留奥氏体相和低层错能，使其变形机制以孪晶为主，孪晶的形成强烈地阻碍位错运动，使局部产生强化，推迟颈缩产生，提高了 TWIP 钢的均匀伸长率。TRIP 钢的塑性水平随残留奥氏体量的增加而增加。

能够同时提高钢强度和塑性的方法有晶粒细化和使用奥氏体相。工业生产中，通过明显的晶粒细化实现高强度和高塑性较为困难。通过对不同种类合金钢的强塑积与奥氏体量关系的汇总结果（图 4-19）进行分析可知，IF 钢、DP 钢和马氏体钢等没有奥氏体或含有少量奥氏体，TRIP 钢含有 5%～15% 的奥氏体，纳米贝氏体钢含有约 30% 的奥氏体，TWIP 钢具有 100% 的奥氏体，它们的强塑积从 10～15GPa%、20～25GPa%、40～50GPa% 变化到 50～70GPa%。可见，随着奥氏

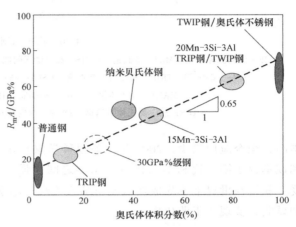

图 4-19　奥氏体量与钢的强塑积的关系

体含量的增加，钢材的强塑积几乎成线性增加，所以提高钢中奥氏体的含量是提高钢的塑性和强塑积的一个有效措施。根据这个趋势，30GPa% 级钢中应具有约 20%～30% 的奥氏体相。

通过上述分析可知，要同时获得高抗拉强度、高塑性，钢板应该具有以下组织特征：

（1）**多相化**　由单相组织构成的钢只具有高强度（马氏体钢）或高塑性（奥氏体钢），在硬基体上增加软相能提高钢的塑性。

（2）**亚稳化**　奥氏体相在变形过程中转变成马氏体，提供持续的加工硬化，这不仅能提高钢的塑性，还能提高钢的强度。

（3）**组织的细化**　通过组织的分割细化有效晶粒尺寸（马氏体-贝氏体复合钢），这不仅能起到强化作用，还能增加裂纹扩展的途径，增大裂纹扩展阻力，提高钢的塑韧性。

4.5.2　汽车用高强度钢的发展历程

汽车用钢的性能如图 4-20 所示。

第一代汽车用钢强度越高，可塑性越低，强塑积一般为 15GPa% 的水平，很难同时获得高强度和高可塑性，难以适应未来汽车轻量化和安全性的需求。目前，全球车企普遍采用的 DP 钢、CP 钢、TRIP 钢、热成形硼钢，都属于第一代汽车用钢。第二代汽车用钢实现了强度和可塑性的同步提高，强塑积达到较高的 50GPa% 水平，但由于是高合金钢，成

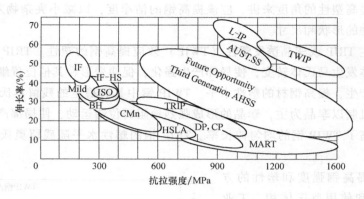

图 4-20 汽车用钢的性能
IF—无间隙原子钢　Mild—低碳钢　IF-HS—高强度无间隙原子钢　ISO—各向同性钢　BH—烘烤硬化钢
CMn—CMn 钢　TRIP—相变诱变塑性钢　HSLA—高强度低合金钢　DP—双相钢　CP—复相钢
MART—马氏体钢　Third Generation AHSS—第三代先进高强度钢
AUST.SS—奥氏体不锈钢　TWIP—孪生诱发塑性钢　L-IP—诱导塑性轻钢

本高,至今应用较少。2007 年,美国科学家提出开发第三代汽车用钢,这类钢材的性能和成本介于第一代和第二代汽车用钢之间,强度高、可塑性强,性价比更容易被企业接受。我国在世界上率先成功研发出第三代汽车用钢,并在全球首度进入工业化产品的开发和试制,实现了工业化生产。

4.5.3 典型汽车用钢

(1) IF 钢 IF 钢即无间隙原子钢,有时也称为超低碳钢,具有极优异的深冲性能,伸长率在 50% 以上,在汽车工业上得到了广泛的应用。在 IF 钢中,由于 C (质量分数为 0.005%)、N (质量分数为 0.003%) 含量低,再加入一定量的 Ti、Nb 等强碳氮化合物形成元素,将超低碳钢中的碳、氮等间隙原子完全固定为碳氮化合物,从而得到的无间隙原子的洁净铁素体钢,即为超低碳无间隙原子钢。图 4-21 所示为 IF 钢的显微组织。

IF 钢的发展经历了几个阶段。为了使 IF 钢具有高强度,传统工艺采用固溶强化机制,添加固溶强化元素 Si、Mn 和 P。新日本制铁公司于 20 世纪 80 年代开发出了总伸长率为 38.3%,极限抗拉强度 (UTS) 为 440MPa 的高强度钢板。但当 IF 钢只采用固溶强化时,由于缺乏晶界强化,容易产生二次加工脆性。新日本制铁公司通过研究发现,加入百万分之一的 B 元素可以阻止晶界脆性,但是鉴于 B 元素对塑性应变比 (r 值) 有不利影响,其加入量必须尽可能地少。固溶强化元素中,特别是 Si,严重损害深冲性能和涂层的表面质量,不适于用在需要复杂成形的外板零件上。

20 世纪 90 年代初期,NKK 公司成功地开发了抗拉强度为 390~440MPa 级高强度冷轧板,主要采用 Mn 的固溶强化。该钢中,Mn 不抑制热镀合金化涂层的粘接性,但是较高的 Mn 含量也会产生不利影响,如 Mn 在晶界上偏聚,会增加钢的脆性断裂趋势;另外,锰在钢表面富集和局部氧化,会降低钢的表面性能。因此,进一步改善此类钢的成形性和热镀合金化涂层的表面质量受到限制。

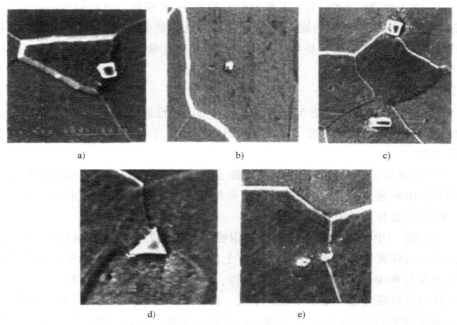

图 4-21 IF 钢的显微组织（铁素体+析出物）
a) Ti（CN） b) TiS c) Ti（CN） d) TiS e) $Ti_4C_2S_2$

在日本、北美和欧洲，高强度 IF 钢包括冷轧退火和热镀锌钢板已经被广泛工业化生产。同时，要求具有较好力学性能、成形性能和表面质量的热镀锌钢板的抗拉强度均已达到 440MPa 级别。而且在满足强度要求的同时，其深冲性能不断提高，以满足汽车工业对材料要求日益增长的需要。

目前，在高强度 IF 钢生产中，国内可以批量供应抗拉强度为 340~440MPa 级别的深冲冷轧钢板及抗拉强度小于 390MPa 级别的热镀锌深冲钢板。其主要应用于外板和内板及车身覆盖件，以达到零件减薄和提高抗凹陷性的目的。

IF 钢的发展方向：以减重节能为目标的高强度钢板系列，以提高成形性能为目标的深冲钢板系列，以提高防腐能力为目标的镀层钢板系列。

IF 钢目前主要有三种，Ti-IF 钢、Nb-IF 钢和（Nb+Ti）-IF 钢。

1) Ti-IF 钢。合金成分对 Ti-IF 钢伸长率的影响没有 Nb-IF 钢敏感，一般伸长率较高。高的卷取温度和退火温度会得到粗大的 TiC 颗粒，因此，强度级别低。对 Ti-IF 钢性能产生重要影响的 TiS 和 TiC_2S_2 等析出物一般在加热过程和热轧初始阶段就开始析出，所以工艺参数对 Ti-IF 钢的影响不是很敏感，工艺过程的可操作性强，性能稳定。但是这种成分体系的钢的平面各向异性大且镀层抗粉化性能较差，不适用于镀锌板。

2) Nb-IF 钢。与 Ti-IF 钢相比，由于细小 NbC 粒子析出，可以提高钢的强度，故 Nb-IF 钢具有更高的强度水平。Nb 的添加，改善了钢的织构，各向异性小。Nb 偏析到晶界，可防止冷加工脆性，可镀性和抗粉化性能较好。但由于 Nb-IF 钢的析出过程发生在热轧冷却阶段或退火阶段，故 Nb-IF 钢对工艺参数比较敏感，而且 Nb-IF 钢较高的再结晶温度，使其不适合许多镀锌生产线。

3)（Nb+Ti）-IF 钢。(Nb+Ti)-IF 钢的伸长率比 Ti-IF 钢低，具有较强的成形性。(Nb+Ti)-IF 钢比 Ti-IF 钢具有更好的涂层粘附性，具有良好的合金化热镀锌钢板抗粉化性能，而且力学性能对工艺不敏感，整卷性能均匀，适合在连续退火工艺下生产高强钢及热镀锌钢。

IF 钢有以下优势：

1) IF 钢的最高伸长率可达 50%，具有极好的成形性能，尤其是深冲性能远远优于常规的低碳钢。而且加工硬化指数（n 值）和塑性应变比（r 值）均较高（n 值、r 值越大，越不容易冲裂）。

2) 没有时效性。材料的使用性能不会随着时间的变化而变化。一般的钢板会随着库存时间变长而出现屈服和抗拉强度明显上升的现象，或冲压时出现拉伸应变痕（滑移线），但 IF 钢不会有这样的现象发生。

(2) DP 钢 DP 钢是低碳钢或低合金钢经临界区热处理或经控制轧制而得到的高强度钢，其组织由铁素体基体和在铁素体晶界上的岛状马氏体构成，也称为马氏体双相钢。其基本成分为 C 和 Mn，有时为了提高淬透性，还添加一定量的 Cr 和 Mo。

钢铁材料的高强度化不限于薄板，厚板、钢管、棒线材等都进行了高强度化。早期利用向铁素体基体中添加 Mn 和 Si 等金属元素使材质变硬，然而，此法因加入较多合金而增加了成本，且此高强度化也以 440MPa 为抗拉强度极限。若需进一步提高到 590MPa 级别，则需利用轧制时对温度变化的精细控制，改变析出物组织的析出强化与淬火组织强化（也称为位错强化）等热处理技术才能实现。在部分钢材的开发中，为了提高韧性，还引入了晶粒细化技术。汽车用钢板的开发也应用了基本的冶金学原理，虽已实现了 ≤590MPa 的高强度化，但使其材质变硬而延性变差。

汽车覆盖件成形工艺主要是弯曲、剪切和焊接，而在重视结构性的汽车用钢板上要求能进行延伸、深冲等复杂变形，故合适的延性就成了必须具备的重要特性。因此，在提高钢材硬度（高强度化）的同时，为了确保必要延伸的柔软度，必然要求进行技术创新。这样就产生了将软质与硬质混在一起的设想，针对软质和硬质部分，提倡钢板内形成分散的硬晶体与软晶体的复合组织。在将硬质和软质混在一起的晶体组织的分散方法中，有多种能适应所要求钢材特性的选择。DP 钢即铁的柔软组织铁素体（F）和硬质组织马氏体（M）两者在板内平衡分布的钢材。铁在高温和低温时的组织不同，在从高温冷却到低温过程中的组织状态（即实际的晶体构造）会发生变化，如 F 在 650~850℃ 的较高温度下生成，而 M 在 300℃ 以下的低温生成。

DP 钢在热处理的高温下首先生成 F，若完全生成，钢的硬度就会过低，在后续的急冷条件下，F 以外的部分就相变为 M 组织。在热处理中利用冶金学原理可进行精细的温度控制，从而生产出复合组织钢板。DP 钢自 20 世纪 70 年代起就作为汽车用钢板并很快普及。其后，利用复合组织化加速了新的汽车用高强度钢板的开发。DP 钢的典型用途是制作车底十字构件、防撞加强构件、轨、前翼构件、后侧外部构件和悬架构件。

(3) CP 钢 在研发 DP 钢的基础上，人们通过控制晶体变化，生产出复合组织钢板，即 CP 钢。硬软共存的复合组织不但是 F 和 M 的组合，而且还含有微量的 Ti 和 Si 等元素，但基本上由 Fe 原子和 C 原子构成，并且这两种原子的存在状态决定了钢的显微组织状态。

例如，若从高温缓慢冷却，Fe 和碳化物就会整齐排列成珠光体（P）；若温度变化较快，就变成了排列较乱、碳化物细小分散的贝氏体（B）。若进入急冷，C 来不及从 Fe 的组织中析出。F 的硬度最低，其次是 P 和 B，M 的硬度最高。可有效利用这些特性的相对差异构成复合组织，如 F（软质）和 B（硬质）组合也是可能的。在 DP 钢的成形性较强度更受关注的场合，应增加复合组织中的 F 量；而要求难变形时，则应增加 B 和 M 组织，进行超越原双相组合的复合组织化。在 F 中加入 Mn 和 Si，或加入 Nb 而析出强化，材质就会变硬。因添加元素的方法不同，各种组织的强化也会不同。例如，由于特定的添加物阻碍从 F 中析出的 C 变成铁碳化合物，一般增加了高温存在的奥氏体（A）的浓度，使之在冷却后也能残留下来。新日本制铁公司从上述各温度区域产生的各组织硬度、添加物的种类和数量及组织自身的尺寸等很多组合中，获得了能满足特性要求的最佳值，从而不断向市场提供高附加值的高强度钢板。

（4）TRIP 钢　目前，大多数汽车车身构件在制作过程中必须进行深冲、拉延以及加工凸缘和翻边等操作，这就要求作为汽车车身构件的钢板同时具有高强度和高塑性。具有相变诱发塑性效应的 TRIP 钢板可以满足上述要求。当钢由奥氏体区域以一定的冷却速度冷却并通过 $Ms \sim Md$（Md 为马氏体相变的最高温度）之间的温度范围时，施加一定的载荷，可促使过冷奥氏体向马氏体转变。随着相变的进行，钢材可获得很大的塑性，使此种相变超塑性成为相变诱发塑性，简称 TRIP 现象。只有存在足够的残留奥氏体的钢板才具有 TRIP 现象。冷轧 TRIP 钢板：采用临界加热、下贝氏体等温淬火的工艺方法来获取 TRIP 所需的大量残留奥氏体。热轧 TRIP 钢板：通过控制轧制和控制冷却来获得大量的残留奥氏体。两种工艺生产的 TRIP 钢板的显微组织都是由铁素体、贝氏体和残留奥氏体三相组成的。TRIP 钢具有高塑性，奥氏体塑性变形，表现为宏观的高塑性；TRIP 钢还具有高强度，当残留奥氏体完全转化为马氏体时，材料的强度由马氏体决定，因此，材料也具有高的强度。

1）C 元素的影响。奥氏体中的含碳量升高，奥氏体的稳定性升高，Ms 点下降，残留奥氏体增多，提高奥氏体的稳定性。另外，C 元素也可以提高钢的强度。TRIP 钢作为成形用钢，其含碳量不能太高，否则影响成形性和焊接性能。

2）Si 元素的影响。当加热到两相区（$\alpha+\gamma$）时，Si 元素可提高 C 在铁素体中的活度，起到净化铁素体中 C 原子的作用，使奥氏体富 C，提高过冷奥氏体的稳定性。在冷却过程中，Si 元素抑制碳化物的形核与析出，使珠光体转变曲线右移，滞缓了珠光体的形成。在贝氏体转变区等温转变时，由于 Si 元素为非碳化物形成元素，又以置换固溶体的形式存在，扩散很困难，碳化物形核困难，导致贝氏体、铁素体和过冷奥氏体中均无碳化物析出。

3）微合金元素的影响。

① Nb。Nb 可有效控制 TRIP 钢的奥氏体化、再结晶、晶粒长大及元素迁移，还可控制热轧、临界区退火、冷却、贝氏体形成温度范围内的等温和应变过程中的各种相变，影响奥氏体向铁素体和贝氏体中的转变及残留奥氏体的体积分数和稳定性。

② Mo。Mo 是强烈稳定奥氏体元素，同时具有重要的固溶强化作用。此外，Mo 能显

著延迟碳化物的析出，能起到部分 Si 的作用。

此外，微合金元素 Nb、V、Ti 能起到析出强化和细化晶粒的作用。

4) TRIP 钢的成分特征。以 C-Mn-Si 合金系为主，它的成分特征是低碳、低合金化、钢质纯净。

① 低碳。含碳量高，残留奥氏体数量增多，有利于 TRIP 效应产生，然而焊接性能恶化，轧制过程中产生晶体缺陷的可能性增大，并且固溶强化作用增强导致强度增加而塑性降低。含碳量低，产生的影响恰好相反。因此，选取的含碳量一般为 0.1%~0.2%。

② 低合金化。Si 和 Mn 加入过多，将降低钢的塑性和韧性，并且导致焊接性能恶化。因此，TRIP 钢的含硅量和含锰量均控制在 1%~2% 的范围内。

③ 钢质纯净。除了进行必要的合金化之外，应尽可能清除 TRIP 钢中的夹杂物。钢中 O、N、P、S、Al 等元素的含量均可按照低合金钢标准加以控制。应注意硫化物形态，以防止对钢的性能产生不利影响。

5) TRIP 钢的影响因子。

① 铁素体对 TRIP 钢的影响。铁素体硬度较低，塑性好，是 TRIP 钢成形性能的关键相，一般体积分数在 50% 以上。在拉延成形时，铁素体可吸收残留奥氏体转变为马氏体，体积变化产生能量，从而强化铁素体。

② 贝氏体对 TRIP 钢的影响。贝氏体是在中温转变区形成的，具有良好的强度、塑性和韧性。

③ 残留奥氏体对 TRIP 钢的影响。TRIP 钢中的残留奥氏体主要对钢的塑性产生影响，受力产生应变时诱发马氏体相变过程，可提高钢的强度。残留奥氏体对 TRIP 钢性能的影响取决于该相所占的体积分数。

6) TRIP 钢的高速变形冲击强度。汽车用钢板即使在以与冲压成形等一般变形（静态变形）约 100 万倍的速度变形（动态变形）冲撞时，其强度必须高才能确保汽车的冲撞安全性。因此，理想的汽车用钢板应在冲压时"柔软"，而在冲撞（动态变形）的瞬间迅速变硬（提高强度）。高速变形的钢本身就具有强度增高的特性，这是由于钢中各种各样的障碍物阻止位错移动，即使在缓慢变形中不阻碍变形的小障碍物，在高速变形中也会成为阻碍变形的障碍物。因此，利用缓慢变形时位错移动障碍物少的柔软 F 的复合组织钢在进行高速变形时就能有效提高强度。需要注意"在常温组合 F 和 A，变形时 A 变为硬质 M，不断裂而易延伸"这一原理。然而，要产生这样的相变，需加入较多的 Mn 和 Ni，故难以实用化和大量生产。

钢中的 C 虽在高温下溶于铁中，但若冷却可生成 A 中的渗碳体（Fe_3C），基本没有溶于铁中的 C。为了在溶 C 的情况下将之残留而稳定 A，可以微量加入 Si 和 Al 抑制 Fe_3C 的生成，冷却后保持 A 中的固溶 C。在此 TRIP 钢的开发中，精确控制影响成形性和焊接性的 C、Si 和 Al 含量的同时，还导出了最佳的钢组成成分和热处理条件。在 TRIP 钢中，常温下残留奥氏体在冲压成形时提高了延性。冲撞（动态变形）中，在相变为硬质 M 的情况下，保持了 DP 钢以上的高强度。为了防止软钢板材质劣化，还确立了以捕获固溶 C 为目标，在 300~400℃ 的温度范围内进行的过时效热处理技术。

（5）马氏体钢　马氏体钢的显微组织几乎全部为马氏体组织，马氏体的转变是指钢从奥氏体状态快速冷却（即淬火）而发生的无扩散型相变，转变产物称为马氏体。其成分和高温奥氏体相同，只发生晶格转变，因此其是碳溶于 α-Fe 中的过饱和间隙固溶体。图 4-22 所示为马氏体钢的微观晶粒示意图。

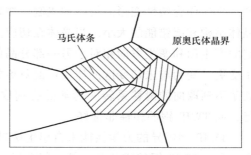

图 4-22 马氏体钢的微观晶粒示意图

低碳钢中的马氏体组织是由许多成群的、相互平行排列的板条所组成的，故称为板条马氏体。其亚结构主要为高密度的位错，故称为位错马氏体，也称为低碳马氏体。每个马氏体单元呈窄而细长的板条，它在奥氏体一定的结晶面上形成，此结晶面称为惯习面。马氏体板条自奥氏体晶界向晶内相互平行排列成群，其中的板条束由惯习面相同的平行板条组成，板条宽度为 0.1~0.2μm，长度为 10μm，板条间有一层奥氏体膜，每个奥氏体晶粒内包含几个板条群。随着含碳量和微量元素的不同，马氏体可以是片状、薄板状和蝶状等。但我们要研究的汽车用马氏体钢的含碳量较低，几乎都为板条状马氏体。

当前，汽车用马氏体钢一般都是通过温热成形制造，自 2007 年以来，国内热成形硼钢逐渐成为汽车 A 柱、B 柱等结构件的主流材料。以热成形硼钢为例，具体的工艺为：原始钢板经过开卷、冲裁处理之后，放入热处理炉中进行加热，加热到奥氏体化温度以上（900~950℃）时，保温 5min，然后将钢板转移到带有水冷管道的模具上冲压成形，并以不低于 30℃/s 的淬火速率进行淬火降温处理到室温。

2004 年，神龙汽车公司在东风标致 307 车型上首次采用了 22MnB5 热成形高强钢，后续车型东风标致 408、东风标致 508 和雪铁龙世嘉、雪铁龙 C5 等车型也均有使用，主要用于车门防撞杆，前后保险杠和 A、B、C 柱等安全件，热成形技术在国外汽车行业已成为热门技术，发展迅速。阿塞洛、蒂森克虏伯、本特勒以及麦格纳、海斯坦普等公司均拥有热成形技术与成套生产线。

热成形钢的主要优点：零件成形后强度大幅度提高；高温下零件成形没有回弹，可以实现高精度成形；如果使用 Al-Si 涂层板，可以防止在热冲压过程中出现脱碳等氧化现象，并可以省略后期的抛丸处理，零件拥有更好的抗腐蚀能力。

（6）TWIP 钢　TWIP 钢属于第三代汽车用钢，具有高强度、高塑性，在使用时无外载荷，冷却到室温下的组织是稳定的残留奥氏体，但如果施加一定的外部载荷，由于应变诱导产生机械孪晶，会产生大的无颈缩延伸，显示出非常优异的力学性能。由于加入了大量的 Al，钢的密度也会有所下降。1997 年，Grassel 等人在研究 Fe-Mn-Si-Al 系 TRIP 钢时发现，当 Fe-Mn-Si-Al 系钢锰含量达到 25%（质量分数，后同），铝含量超过 3%，硅含量在 2%~3% 范围内时，具有中等的抗拉强度（约为 600MPa）和极高的伸长率（大于 80%），其抗拉强度和伸长率的乘积在 50GPa% 以上，是高强韧性 TRIP 钢的两倍。该类合金的高强韧性来自形变过程中孪晶的形成而不是 TRIP 钢中的相变，故命名为孪生诱发塑性钢，即 TWIP 钢。TWIP 钢中机械孪晶的形成及其对力学性能的影响改变了人们对孪晶的传统看法，深化人们对孪生在形变过程中作用的科学认识。

TWIP 钢经轧制并退火、水冷淬火处理后的基本组织为奥氏体，并伴有大量退火孪晶。孪生作为塑性变形的另一种机制，在发生孪生的过程中孪晶出现的频率和尺寸取决于晶体结构和层错能的大小。当晶体在切应力的作用下发生孪生变形时，晶体的一部分沿一定的孪生面和孪生方向相对于另一部分晶体均匀切变，但它使均匀切变区中的晶体取向发生变更，变为与未切变区晶体成镜面对称的取向。变形部分的晶体位向发生改变，但原来处于不利取向的滑移系转变为新的有利取向，可以进一步激发滑移。孪生和滑移交替进行，使TWIP钢的塑性非常好。

TWIP钢优异的力学性能来自孪生诱导塑性，这种孪生在形变中的作用与传统概念完全不同。TWIP钢的成分要求是，其在形变过程中诱发孪晶，抑制马氏体相变，从而产生TWIP效应。

孪晶是指两个晶体（或一个晶体的两部分）沿一个公共晶面构成镜面对称的位向关系，这两个晶体称为"孪晶"，此公共晶面称为孪晶面，如图4-23所示。

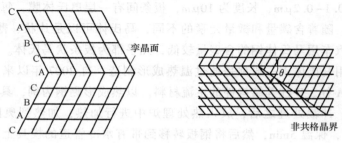

图4-23 孪晶面示意图

TWIP钢中的合金元素有两个作用，一是对奥氏体的稳定性产生影响，二是对奥氏体的层错能产生影响。除Co、Al等少数合金元素外，其他合金元素都能使奥氏体的稳定性得到不同程度的增加。改变合金元素的种类和数量，奥氏体的层错能也随之变化。定性地说，Ni、C、Cu、Nb等使奥氏体的层错能增加，Cr、Si有使奥氏体层错能显著降低的倾向。马氏体相变与奥氏体基体的层错能有关，非常低的层错能有利于马氏体相变，而较高的层错能则抑制马氏体相变。加入Al可增加层错能，强烈抑制马氏体相变，起到稳定奥氏体的作用；与之相反，Si的加入将降低层错能，因而在冷却和形变过程中有利于马氏体相变。Mn是奥氏体稳定化元素，它的加入使M_s点降低。Mn既能以固溶状态存在，也可以进入渗碳体中取代一部分Fe原子，还能形成硫化物。Mn对TWIP钢的层错能有重要影响，能使其在形变过程中产生密集的孪晶，显著地提高TWIP钢的伸长率，但Mn含量过高易形成带状组织，且焊接性能大幅下降，不利于TWIP钢综合性能的改善。Si是铁素体形成元素，在亚临界加热时，倾向于向铁素体中扩散，有利于改善铁素体的延展性能，对铁素体母相起置换固溶强化作用，Si在碳化物中不易溶解，可以抑制碳化物的析出。Si含量过高会导致铸造困难、焊接困难、热镀锌困难、表面质量差等。C是奥氏体稳定化元素，起间隙固溶强化作用，含碳量升高，奥氏体稳定性也升高，M_s点下降。

（7）第三代汽车用钢 奥氏体的热稳定化现象指的是在马氏体转变过程中（M_s以下）或转变前（M_s以上）进行等温或时效处理，会使未转变奥氏体向马氏体的继续转变出现"滞后"，使室温残留奥氏体量增加，最终获得马氏体+残留奥氏体的组织结构。奥氏体的热稳定化现象在碳钢、铬钢、镍钢和一些其他合金钢及Fe-Ni（含碳）合金中都经常发生，奥氏体稳定化处理的时效工艺示意图，如图 4-24 所示。

奥氏体稳定化实质上是热稳定化、化学稳定化、相稳定化和宏观热应力稳定化等诸多机制的综合作用。Cottrell 气团理论认为等温过程中有 C 原子偏聚，位错能吸收大量杂质原子（C、N）而形成 Cottrell 气团，提高奥氏体相的强度，阻碍马氏体或准贝氏体相变，导致奥氏体的热稳定化。马氏体相变过程中 C 原子向奥氏体中富集，降低奥氏体的 Ms 点，导致奥氏体化学稳定化。马氏体相变时体积变大，使镶嵌在中间的软的奥氏体受到类似于静水压力的作用，可以引起奥氏体变形硬化，导致奥氏体的稳定化。

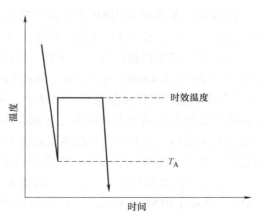

图 4-24　奥氏体稳定化处理的时效工艺示意图

截至目前，已经具有成熟技术并且产业化的第三代汽车用钢生产技术分为以下三类：纳米钢、Q&P 钢和中锰钢，其中 Q&P 钢和中锰钢都具有一定量的奥氏体，而利用奥氏体产生 TRIP 效应，从而使汽车用钢获得高强度、高塑性。

1）纳米钢。美国纳米钢公司首先提出用粉末冶金技术生产第三代汽车用高强钢。粉末冶金技术可以制备出强塑积为 25~35GPa% 的钢坯，该技术主要是形成纳米基体与纳米奥氏体的复合组织，但由于其工业化难度较大，价格昂贵而不利于推广。

2）Q&P 钢。2003 年美国科罗拉多矿业大学 Speer 团队在无碳化物贝氏体钢的研究基础上提出淬火+配分（Quenching and Partitioning，Q&P）工艺，目的是在马氏体基体上获得一定量的残留奥氏体，进而获得高强度和高塑韧性。先将合金奥氏体化，然后淬火到 Ms~Mf 之间的某一淬火温度（Quenching Temperature，QT），得到先形成马氏体和未转变奥氏体，再在这个温度或高于此温度，即配分温度（Partitioning Temperature，PT）进行保温，使碳从先形成马氏体向未转变奥氏体中扩散并使之稳定化，最后淬火到室温，得到由马氏体和富碳奥氏体组成的具有高强度和较好塑韧性的复杂组织。工艺中 PT=QT 时为一步法 Q&P 工艺，PT>QT 时为两步法 Q&P 工艺。该工艺通过加入 Si 或（和）Al 等元素来抑制碳化物析出，保证 C 的充分扩散。在实际工业生产中，相关企业量产的 QP980/QP1180 钢采用两相区退火模式，并通过两步法，获得微观组成为铁素体、残留奥氏体（体积分数为 10% 左右）和马氏体的多相微观组织，其中铁素体和残留奥氏体的存在对提升 Q&P 钢的塑性有重要作用。

按 Q&P 工艺理论模型，在完全奥氏体化情况下，淬火至 QT 时，先形成马氏体和未转变奥氏体的含碳量等于钢的平均含碳量，在配分结束后，先形成马氏体的含碳量小于平均含碳量，而未转变奥氏体的含碳量大于平均含碳量，最终淬火至室温时，部分不稳定的未转变奥氏体发生马氏体转变，生成新鲜马氏体，其含碳量与残留奥氏体的含碳量均高于平均含碳量，而先形成马氏体的含碳量最低。因此，先形成马氏体易于被腐蚀，新鲜马氏体反之，在力学性能上，与先形成马氏体相比，由于新鲜马氏体的含碳量较高而具有较高的硬度。

2007年，徐祖耀在Q&P工艺的基础上，提出了淬火-碳配分-回火（Quenching- Partitioning-Tempering, Q-P-T）工艺，即淬火至Ms~Mf后除进行碳配分外，还在一定温度回火一定时间，使组织析出复杂碳化物，以增加强化作用。钟宁等人在此思路下对碳的质量分数为0.2%和0.485%、加入Nb、Mo的试验钢进行Q-P-T工艺处理，结果表明，由于Nb的合金化使原奥氏体晶粒尺寸更细小，从而获得更细小的马氏体板条，马氏体板条内含高密度位错并弥散分布着复杂碳化物，Q-P-T工艺处理后获得体积分数为4%~6%的薄膜状残留奥氏体。Q-P-T钢的高强度取决于马氏体组织的细化和马氏体中弥散析出的复杂碳化物，塑性主要取决于残留奥氏体和马氏体基体的软化。

Q-P-T工艺处理后的钢获得了抗拉强度为1500MPa、断后伸长率大于15%（Fe-0.2C-1.5Mn-1.5Si-0.05Nb-0.13Mo）及抗拉强度大于2000MPa、总伸长率大于10%（Fe-0.485C-1.2Mn-1.2Si-0.21Nb-0.98Ni）的高强度、高塑性力学性能，其与双相钢、TRIP钢、一般马氏体型钢、Q&P钢的比较结果如图4-25所示。

3) 中锰钢。中锰钢是一种既适于温热成形，又适于冷成形的超细晶第三代汽车用钢。汽车用高强中锰钢主要添加元素为碳和锰，合金元素的添加量不到第二代汽车用钢的1/3，具有超细晶铁素体和奥氏体的双相微观组织，如图4-26所示，图中深色条状组织为过冷奥氏体，其体积分数一般控制为20%~40%，白色组织为铁素体。形变过程中，过冷奥氏体组织由于TRIP效应相变为马氏体，使材料塑性增强，因此具备良好的力学性能、加工性能及相对较低的生产成本。

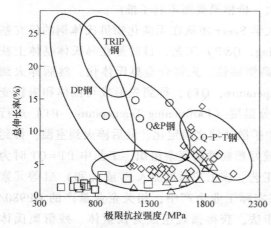 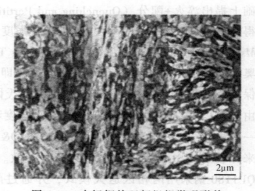

图4-25 各汽车用钢的力学性能比较　　　　图4-26 中锰钢的双相组织微观形貌

温热成形方面，与当前的主流热成形超高强度22MnB5钢相比，国内推出的中锰钢经过温热成形工艺处理后，能够获得细化致密的马氏体组织结构，得到屈服强度不低于1000MPa的汽车用钢。图4-27所示分别为原始22MnB5钢板、具有Al-Si涂层的22MnB5钢板和中锰钢（0.1C5Mn）的微观形貌，可以看出中锰钢比硼钢具有更为细化的微观结构。

利用图4-27中工业化的三种钢板温热成形某款汽车的B柱，中锰钢以不低于10℃/s的加热速度加热到奥氏体温度（800℃），保温5min，使之变成全奥氏体组织结构，转移到模具上冲压成形，淬火速度不低于5℃/s即可，获得具有一定形状的B柱零件；类似地，将22MnB5钢加热到奥氏体化温度950℃，并保温5min，出炉转移到带有冷却水道的模具冲压

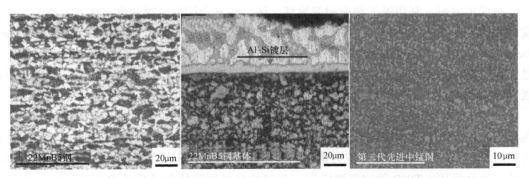

图 4-27 原始 22MnB5 钢板、具有 Al-Si 涂层的 22MnB5 钢板和中锰钢的微观形貌

成形并淬火,淬火速度不低于 30℃/s,获得最终的形状。如图 4-28 所示,可以看出硼钢和中锰钢的脱碳情况,原始 22MnB5 钢板在没有气体保护的情况下,经过热成形之后出现了明显的脱碳层,单侧面脱碳层的厚度约为 140μm;在工业生产中,通常有氮气保护,单侧面脱碳层厚度约为 40~50μm;带有 Al-Si 涂层的 22MnB5 钢涂层的厚度约为 30μm;中锰钢表面并未发现有明显的脱碳现象,仍是致密的微观结构,从而得知中锰钢在温热成形之前不需要涂层保护,这既利于节省生产成本,又利于温热成形之后提高钢板的有效使用厚度。

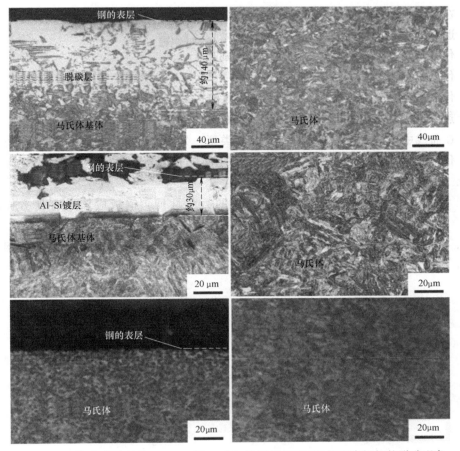

图 4-28 温热成形处理后 22MnB5 钢、Al-Si 涂层的 22MnB5 钢和中锰钢的脱碳现象

冷成形方面，利用第二种逆相变原理，碳、锰复合配分来控制奥氏体含量的中锰钢研发思路，根据美国 Morris 在 20 世纪 80 年代提出的奥氏体逆转变（austenite reverted transformation，ART）工艺，并结合 TRIP 钢的制造工艺，研发出中锰高强钢。中国钢铁研究总院结合新型中锰合金化和奥氏体逆转变技术，于 2009 年成功研制出了第三代汽车用高强中锰钢。该中锰钢的强塑积可达 30GPa%，并且相对易于生产。

第三代汽车用高强中锰钢在含中、低质量分数的锰元素时，逆相变退火后的基体中存在着大量的残留奥氏体和超细晶铁素体。在形变初期主要通过残留奥氏体的应变诱导相变，即 TRIP 效应来抑制局部应力集中，从而获得均匀变形。在形变后期，残留奥氏体基本转变为马氏体，TRIP 效应逐渐消失，此时超细晶铁素体和马氏体之间的协调变形及其对位错的阻碍作用为进一步加工硬化提供了可能。此外，中锰钢在变形过程中的相变情况与它的应变路径有关，对于含有过冷奥氏体的中锰钢，其成形性能对工艺参数的变化更加敏感。

思 考 题

1. 什么是钢的热处理工艺？包含哪三个阶段？
2. 在实际生产中，钢通过热处理产生相变的临界温度有哪些？
3. 退火处理包括哪些类型？各自的特点是什么？
4. 什么是正火处理？其与退火处理的区别是什么？
5. 什么是淬火处理？常用的淬火工艺有哪些？
6. 什么是回火处理？回火处理的目的是什么？回火分哪几类？
7. 热处理中，影响奥氏体晶粒的形成和长大的因素有哪些？
8. C 曲线中，珠光体转变可细分成几种类型？分别是在什么条件下发生转变？
9. 什么是钢的化学热处理？化学热处理的基本过程是什么？目的是什么？
10. 常用的化学热处理方法有哪些？
11. 如要同时获得高抗拉强度、高塑性的力学性能，钢板应该具有什么样的组织特征？
12. 试分析汽车用钢的发展历程及特点，并进一步分析思考未来汽车用钢的发展趋势。

第5章

车用铝合金

【教学目标】

通过本章的学习,学生能够掌握车用铝合金的基本知识,了解车用铝合金的分类,掌握铝合金加工方法的分类和特点,理解铝合金在成形加工时的组织与性能变化,了解铝合金的发展和应用,能够依据所学知识对汽车零部件的用铝进行实际应用设计。

【教学要求】

知识要点	能力要求
铝合金的分类及特点	掌握铝合金的分类和命名方法;掌握各系列铝合金的成分组成和性能特点
铝合金加工方法的分类与特点	掌握常用的铝合金加工方法;掌握铝合金在加工过程中的组织与性能变化;了解国内外铝合金加工技术的现状和发展趋势
变形铝合金的特性	掌握变形铝合金的定义和分类;掌握各种变形铝合金的组成、性能以及成分对于性能的影响规律;能够依据汽车零部件的实际需求对变形铝合金进行选型和性能设计
铸造铝合金的特性	掌握铸造铝合金的定义和分类;掌握各种铸造铝合金的组成、性能以及成分对于性能的影响规律;能够依据汽车零部件的实际需求对铸造铝合金进行选型和性能设计
铝合金的发展及应用	掌握汽车用铝合金的发展历程;了解铝合金在汽车上的应用

汽车轻量化并非简单地将汽车上原有材料的尺寸减小或者减小质量,必须在保证汽车的碰撞安全性,满足结构舒适性的前提下,从材料、结构、制造等方面有目标地进行。归纳起来,国内外汽车的轻量化主要有以下三种实现途径:

(1) **选用轻质高强材料** 选用质量小但强度高的新型材料来替代现有传统材料,目前主要选用高强度钢、铝合金、镁合金、工程塑料及复合材料等。

(2) **优化汽车结构设计** 设计轻结构的先进方法主要有两个方面:一是开发新的更适用的设计方法,以优化零部件的造型;二是设计轻结构的形状,力图按实际工况来优化零件的形状。将汽车结构视为一个整体,进行优化和分析,可使汽车零部件精简化、一体化。结构的优化设计需要考虑各零部件与整车的协调性及优化后二者之间出现的新的配合特点。

(3) **运用先进制造工艺** 新的制造工艺与新材料的发展相辅相成,近年来,针对新出现的轻质材料,发展了一系列的先进制造技术,如激光拼焊、液压成形、半固态金属加工、注射成形及喷射成形等。

虽然上述新材料、新工艺、新技术已越来越多地应用于汽车轻量化方面,但汽车轻量化工程目前仍存在一些问题:局部应用新材料后,与传统材料的连接问题仍有待解决;新的加工工艺对于现阶段汽车的大规模生产来说成本仍然居高不下;汽车轻量化之后的整体动力学性能、碰撞减振性能及噪声控制等整体性问题仍需协调考虑。

由于汽车功能及舒适性的限制，优化结构设计较难，且先进制造工艺的大量运用有待于生产成本的降低，汽车行业更为普遍重视的是利用新型的轻质材料来实现汽车的轻量化。在轻质材料中，复合材料等塑料制品存在着回收中的环境污染等问题，而镁合金材料的成本及其安全性也限制了其应用。铝合金则由于其产量较大、冶炼加工工艺较成熟、可回收利用性能好，应用成本较低，成为目前实现汽车轻量化最为理想的材料之一。

5.1 铝的特性

铝是元素周期表中第三周期主族元素，具有面心立方点阵，无同素异构转变。铝的密度为 2.72g/cm^3，约为铁的 1/3，因此铝基合金的密度都比较小，一般在 2.5~2.88g/cm^3 范围内，但比强度高，可与合金钢相当。铝的熔点与其纯度有关，随铝的纯度的提高而升高，当纯度为 99.996% 时，熔点为 660.24℃。

铝具有优良的导电性、导热性，其导电性仅次于银和铜，约为纯铜电导率的 62%。为节约铜，目前在电器工业中大量用铝代替铜制作导线；在电机制造业中，用铝制作转子的导条，甚至定子的绕组，也可制作电器、电子设备的散热片。铝在大气中具有优良的耐蚀性。因为铝和氧的亲和力很强，在室温下即能与空气中的氧发生氧化反应，表面生成一层薄而致密并与基体金属牢固结合的氧化膜，阻止氧向金属内部扩散而起到保护作用。铝的这一特性为铝及其合金的生产工艺带来方便，即在熔炼与铸造、锻造与热处理过程中，无须采用特殊的防氧化措施。但在碱和盐的溶液中，铝的氧化膜很快被破坏，耐蚀性不好。此外，铝的氧化膜在热的稀硝酸、稀硫酸中也极易溶解。

铝及其合金也易进行阳极氧化处理，表面形成一层坚固的、有各种色彩的保护膜，可起到装饰与保护作用。大部分铝合金可进行热处理强化，提高其强度和硬度等力学性能，满足不同用途的需要。纯铝的物理性能见表 5-1。工业纯铝的力学性能除与纯度有关外，还与材料的加工状态有关，不同状态工业纯铝的力学性能见表 5-2。由于铝的塑性很好，富有延展性，便于各种冷、热压力加工。纯铝的热加工温度为 400~500℃，冷加工时的中间退火温度为 350~500℃。

表 5-1 纯铝的物理性能

性能	高纯铝(铝的质量分数为 99.996%)	工业铝(铝的质量分数为 99.5%)
晶格常数(20℃)/m	4.0494×10^{-10}	4.04×10^{-10}
密度(20℃)/(kg/m^3)	2.698	2.710
密度(700℃)/(kg/m^3)	—	2.373
熔点/℃	660.24	650
沸点/℃	2060	—
溶解热/(J/kg)	3.961×10^5	3.891×10^5
燃烧热/(J/kg)	3.094×10^7	3.108×10^7
凝固体积收缩率(%)	—	6.6

(续)

性能	高纯铝(铝的质量分数为99.996%)	工业铝(铝的质量分数为99.5%)
比热容(100℃)/J/(kg·K)	934.92	964.74
热导率(25℃)/W/(m·K)	235.2	222.6
线膨胀系数(20~100)/[μm/(m·K)]	24.58	23.5
线膨胀系数(100~300)/[μm/(m·K)]	25.45	25.6
弹性模量/MPa	—	70000
切变模量/MPa	—	2625
电导率/(S/m)	64.94	59
电阻率(20℃)/(μΩ·m)	0.0267	0.02022
电阻温度系数/(1/℃)	0.1	
磁导率/(H/m)	1.0×10^{-5}	
反射率(波长 $\lambda = 2.5 \times 10^{-7}$ m)(%)	—	87
反射率(波长 $\lambda = 5 \times 10^{-7}$ m)(%)	—	90
反射率(波长 $\lambda = 2 \times 10^{-6}$ m)(%)	—	97
折射率(白光)	—	0.78~1.48
吸收率(白光)	—	2.85~3.92
辐射能(25℃,大气中)/(W/m²)	—	0.035~0.06

表5-2 不同状态工业纯铝的力学性能

力学性能	铸态	压力加工	
		退火	未退火
抗拉强度/MPa	90~120	80~110	150~250
弹性极限/MPa	—	30~40	—
屈服极限/MPa	—	50~80	120~240
伸长率(%)	11~25	32~40	4~8
断面收缩率(%)	—	70~90	50~60
布氏硬度/HBW	24~32	15~25	40~55
抗剪强度/MPa	42	60	100
弯曲疲劳强度/MPa	—	50	40

铝具有良好的塑性、加工性能和耐低温性能，对光热电波的反射率高，表面性能好，无磁性，基本无毒，有吸声性，耐酸性好，抗核辐射性能好，弹性系数小，同时具有良好的力学性能，优良的铸造性能和焊接性能，以及良好的抗撞击性。此外，铝材的高温性能、成形性能、切削加工性能、铆接性能、胶合性能及表面处理性能等也很好。因此，铝材在航天、航空、航海、汽车、交通运输、桥梁、建筑、电子电气、能源动力、冶金化工、农业排灌、机械制造、包装防腐、电器家具、日用文体等各个领域都有广泛的应用。铝及其合金的基本特性及主要应用领域见表5-3。

表 5-3 铝及其合金的基本特性及主要应用领域

基本特性	主要特点	主要应用领域举例
密度小	铝的密度与铜或铁相比较小。铝制品或用铝制造的物品质量小,可以节省搬运费用和加工费用	用于制造飞机、轨道车辆、汽车、船舶、桥梁、高层建筑和轻型容器等
强度高	铝的力学性能不如钢铁,但它的比强度高,可以添加铜、镁、锰、铬等合金元素,制成铝合金,再经热处理得到很高的强度	用于制造桥梁(特别是吊桥、可动桥)、飞机、压力容器、集装箱、建筑结构材料等
加工容易	铝的延展性优良,易于挤出形状复杂的中空型材并适于拉深加工及其他各种冷热塑性成形	受力结构部件框架、一般用品及各种容器、光学仪器及其他形状复杂的精密零件
美观、适于各种表面处理	铝及其合金的表面有氧化膜,呈银白色,如果经过氧化处理,其表面的氧化膜更牢固,而且还可以用染色和涂刷等方法,制造出具有各种颜色和光泽的表面	建筑用壁板、器具装饰、装饰品、标牌、门窗、幕墙、汽车和飞机蒙皮、仪表外壳及室内外装修材料等
耐蚀性、耐气候性好	铝及其合金因为表面能生成硬而且致密的氧化膜,很多物质对它不产生腐蚀作用	门板、车辆及船舶外部覆盖材料、厨房器具、化学装置、屋顶瓦板、电动洗衣机、海水淡化装置、化工石油装置、材料包装、化学药品包装等
耐化学药品	与硝酸、乙酸、过氧化氢等化学药品不反应,有非常好的耐药性	化学装置、酸和化学制品包装等
导热性、导电性好	具有很好的导热性和导电性	电线、母线接头、电饭锅、热交换器、汽车散热器、电子元件等
对光、热、电波的反射性好	对光的反射率,抛光铝为70%,高纯度铝经过电解抛光后为94%,比银(92%)还高,铝对热辐射和电波也有很好的反射性能	照明器具、反射镜、屋顶瓦板、抛物面天线、冷藏库、冷冻库、投光器、冷暖器的隔热材料
没有磁性	铝是非磁性体	船上用的罗盘、天线、操舵室的器具等
无毒	铝本身没有毒性,它与大多数食品接触时溶出量很少。同时,由于表面光滑,容易清洗,细菌不易停留繁殖	食具、食品包装、鱼罐、鱼仓、医疗机器、食品容器
吸声性	铝对声音是非传播体,有吸收声波的性能	室内天棚板等
耐低温	铝在低温条件下的强度也较高,且无脆性,因此它是理想的低温装置材料	冷藏库、冷冻库、极地雪上车辆、氧及氢的生产装置

5.2 铝合金

5.2.1 铝合金的基础知识

铝合金是以铝为基体,并含有合金元素及杂质的工程合金。铝合金中的合金元素,是为了使该合金具有某些特性而有意加入或保留的,而杂质是指存在于该合金中的并非有意加入或保留的金属或非金属元素。由于纯铝的强度较低,其用途受到一定限制,工业上更多采用铝合金。

5.2.2 铝合金的分类

纯铝硬度较低,富有延展性,易于塑性成形。如果要求具有更高的强度或需要改善材料的组织和其他各种性能,可以在纯铝中添加各种合金元素,生产出满足各种性能和用途要求的铝合金。铝合金中加入的合金元素不同,其强化效果、耐蚀性及铸造、压力加工与热处理等工艺性能都有不同。根据合金成分和加工工艺性能的特点,铝合金分为变形铝合金和铸造铝合金两大类。

国际合金命名系统(International Alloy Designation System)是行业内广为接受的变形铝合金牌号命名体系。该命名方法规定,每个合金由四位数字组成,其中第一位数表示主要合金元素。国家标准 GB/T 16474—2011《变形铝及铝合金牌号表示方法》也采用了四位数字的国际命名体系。表 5-4 归纳了该命名牌号下的各系列铝合金的主要特点及其应用领域。

表 5-4　各系列铝合金的主要特点及其应用领域

合金系列	主要合金成分	特点	应用领域
1×××	纯铝(铝的质量分数≥99.0%)	可应变硬化,具有良好的成形性,耐蚀性、导电导热性好,抗拉强度为 70~185MPa,易于焊接,可钎焊、熔焊	化工管道(1060)、食品铝箔、导线(1350)
2×××	铜	可热处理,可析出硬化,室温及高温状态下均有较高的强度,抗拉强度为 190~430MPa,通常可机械连接,少数牌号可焊接	车身外部面板(2008)、汽车发动机舱盖、行李舱盖(2036)、机翼结构件(2024)、飞机发动机零件(2618)
3×××	锰	成形性好、耐腐蚀、强度中等,抗拉强度为 110~285MPa,易于机械连接	空调管道及热交换零件(3003)、饮料罐包装(3004)、建筑板材、护墙板(3005)
4×××	硅	可热处理、强度中等,具有良好的流动特性,抗拉强度为 175~380MPa,易于连接,尤其是钎焊或熔焊	飞机铸造活塞、焊接填充材料(4043)
5×××	镁	可应变硬化、强度中等偏低,具有良好的耐蚀性、韧性、焊接性,抗拉强度为 125~350MPa	汽车车身及车架(5182、5754)、车身内板(5083)、拖车车身(5456)、离岸站油罐(5083)
6×××	镁、硅	可热处理、强度中等偏低,具有较高的耐蚀性和良好的挤压成形性,抗拉强度为 125~400MPa,易于焊接(气体保护焊)	车身外板(6911)、货车结构梁(6070)、汽车车门防撞梁(6061、6063)
7×××	锌	可热处理,具有较高的强度和较强的韧性,抗拉强度为 220~610MPa,易于机械连接	汽车保险杠(7129)、飞机机翼及机身蒙皮(7050、7475)、飞机机翼结构件(7050)
8×××	锂及其他元素	可热处理、硬度高、强度高,具有良好的导热导电性,抗拉强度为 120~240MPa	航天器零部件

铝合金的分类见表5-5。

表5-5　铝合金的分类

加工材		铸造材	
非热处理型铝合金	热处理型铝合金	非热处理型铝合金	热处理型铝合金
纯铝1×××系，如1035合金	—	纯铝系	Al-Si系合金，如ZL107合金
Al-Mn系合金3×××系，如3004合金	Al-Cu系合金2×××系，如2024合金	Al-Si系合金，如ZL102合金	Al-Si系合金，如ZL110合金
Al-Si系合金4×××系，如4043合金	Al-Mg-Si系合金6×××系，如6063合金	—	Al-Mg系合金，如ZL305合金
—	Al-Zn-Mg-Cu系合金7×××系，如7075合金	—	—
—	Al-Li系合金8×××系，如8079合金	—	—

变形铝合金的分类方法很多，目前，世界上绝大部分国家通常按以下三种方法进行分类：

1. 按合金状态图及热处理特点分类

按合金状态图及热处理的特点，可分为可热处理强化铝合金和不可热处理强化铝合金两大类。不可热处理强化铝合金包括Al-Mg、Al-Si系合金等，可热处理强化铝合金包括Al-Cu、Al-Zn系合金等。

2. 按合金性能和用途分类

按合金性能和用途可分为工业纯铝、防锈铝合金、切削铝合金、耐热铝合金、低强度铝合金、中强度铝合金、高强度铝合金（硬铝）、超高强度铝合金（超硬铝）、锻造铝合金及特殊铝合金等。

3. 按合金中所含主要元素成分分类

（1）**1×××系铝合金**　1×××系铝合金包括1050、1060、1070等，1×××系列铝板又被称为纯铝板，在所有系列中1000系列属于含铝量最多的一个系列，纯度可以达到99%（质量分数）以上。由于不含有其他金属元素，生产过程比较单一，价格相对比较便宜，是目前常规工业中最常用的一个系列。目前，市场上流通的大部分为1050及1060系列。1×××系列铝板根据最后两位阿拉伯数字来确定这个系列的最低含铝量，如1050系列的最后两位阿拉伯数字为50，根据国际牌号命名原则，铝的质量分数必须达到99.5%以上才为合格产品。同理，1060系列铝板的铝的质量分数必须达到99.6%以上。

（2）**2×××系铝合金**　2×××系铝合金中，Cu和Mg是主要的合金元素。2×××系列铝板的特点是硬度较高，其中以铜元素含量最高，占3%~5%（质量分数）。2×××系列铝板属于航空铝材，目前在常规工业中应用较少。

（3）**3×××系铝合金**　3×××系列铝板，又可以称为防锈铝板，我国的3×××系列铝板的生产工艺较好。3×××系列铝板的合金元素主要为锰，质量分数为1%~1.5%，是防锈功能较好的系列，一般应用在空调、冰箱、车底等潮湿环境中，价格高于1×××系列，是较为常用的合金系列。

（4）4×××系铝合金　4×××系列铝板属于含硅量较高的系列，通常硅的质量分数为4.5%~6.0%，多作为建筑、机械零件、锻造、焊接用材料，4×××系列铝合金熔点低、耐蚀性好，同时具有耐热、耐磨的特性。

（5）5×××系铝合金　5×××系列铝板属于较常用的合金铝板系列，主要合金元素为镁，镁的质量分数在3%~5%范围内，又可以称为铝镁合金。其主要特点为密度小、抗拉强度高、伸长率高。在相同面积下，铝镁合金的质量低于其他系列，故常用在航空方面，如飞机油箱，在常规工业中的应用也较为广泛。加工工艺为连铸连轧，属于热轧铝板系列，因此能进行氧化深加工。

（6）6×××系铝合金　6×××系铝合金主要含有镁和硅两种合金元素，因此其具有4×××系列和5×××系列的优点。6061是一种冷处理铝锻造产品，可制作耐蚀性、氧化性要求高的产品。6061具有优良的接口特征、容易涂层、强度高、可使用性好、耐蚀性强，主要用于制造飞机零件、照相机零件、耦合器、船舶配件、电子配件和接头、装饰用品、铰链头、磁头、制动活塞、水利活塞、电器配件、阀门和阀门零件。

（7）7×××系铝合金　7×××系列铝合金的主要合金元素为锌，也属于航空系列，是铝镁锌铜合金，可热处理，属于超硬铝合金，有良好的耐磨性。7075铝板是经消除应力的，加工后不会变形、翘曲。所有超大超厚的7075铝板全部经超声波探测，可以保证无砂眼和杂质。7075铝板的热导性好，可以缩短成形时间，提高工作效率。其主要特点是硬度大，是高硬度、高强度铝合金，常用于制造飞机结构等，以及要求强度高、耐蚀性强的高应力结构件、模具。

5.3　铝合金加工技术

5.3.1　概述

世界原铝及再生铝中的大部分被加工成板材、带材、条材、箔材、管材、棒材、型材、线材、自由锻件、模锻件、铸件、压铸件、冲压件及其深加工件等铝及铝合金产品。目前，生产铝及铝合金材料的方法主要有铸造法、塑性成形法和深加工法。

1. **铸造法**

铸造法是利用铸造铝合金的良好流动性和可填充性，在一定温度、速度和外力的条件下，将铝合金熔体浇注到各种铸型中，以获得具有所需形状与组织性能的铝合金铸件和压铸件的方法。图5-1所示为铝合金铸造法的主要类型。

2. **塑性成形法**

铝及铝合金的塑性成形法就是利用铝及铝合金的良好塑性，在一定的温度、速度条件下，施加各种形式的外力，克服金属对于变形的抵抗，使其产生塑性变形，从而得到各种形状、规格尺寸和组织性能的铝及铝合金板、带、条、箔、管、棒、线和锻件等的加工方法。

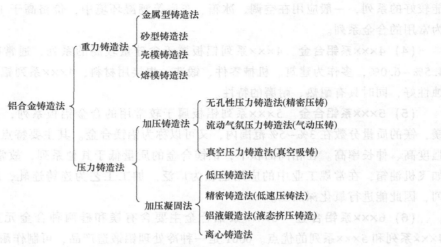

图 5-1 铝合金铸造法的主要类型

3. 深加工法

深加工法是将铸造法或塑性成形法所获得的半成品进一步通过表面处理或表面改性处理、机械加工或电加工、焊接或其他接合方法、剪断、冲切、拉深、弯曲，以及其他冷加工、复合或腐蚀等方法加工成成品零件或部件的方法。

5.3.2 铝及铝合金塑性成形方法的分类与特点

铝及铝合金的塑性成形方法很多，分类标准也不统一。目前，最常见的是按照工件在加工时的温度特征和工件在变形过程中的应力-应变状态来进行分类。

1. 按加工时的温度特征分类

按工件在加工过程中的温度特征，铝及铝合金的加工方法可分为热加工、冷加工和温加工。

（1）**热加工** 热加工是指铝及铝合金锭坯在再结晶温度以上所完成的塑性成形过程。热加工时，锭坯的塑性较高，而变形抗力较低，可以用吨位较小的设备生产变形量较大的产品。为了保证产品的组织性能符合要求，应严格控制工件的加热温度、变形温度、变形速度、变形程度及变形终了温度和变形后的冷却速度。常见的铝合金热加工方法有热挤压、热轧制、热锻压、热顶锻、液体模锻、半固态成形、连续铸轧、连铸连轧、连铸连挤等。

（2）**冷加工** 冷加工是指在不产生回复和再结晶的温度以下所完成的塑性成形过程。冷加工的实质是冷加工和中间退火的组合工艺过程。冷加工可得到表面光洁、尺寸精确、组织性能良好和能满足不同性能要求的最终产品。最常见的冷加工方法有冷挤压、冷顶锻、管材冷轧、冷拉拔、板带箔冷轧、冲压、冷弯、旋压等。

（3）**温加工** 温加工是介于冷加工与热加工之间的塑性成形过程。温加工大多是为了降低金属的变形抗力和提高金属的塑性性能（加工性）而采用的一种加工方式。最常见的温加工方法有温挤、温轧、温顶锻等。

2. 按变形过程中的应力-应变状态分类

按工件在变形过程中的受力与变形方式（应力-应变状态），铝及铝合金的加工方法可分为轧制、挤压、拉拔、锻造、旋压、成形加工（如冲压、冷变、深冲等）及深度加工等，如图5-2所示。

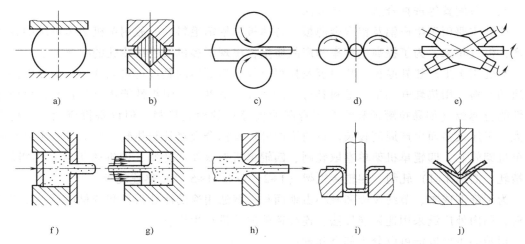

图5-2 铝及铝合金加工按工件的受力和变形方式的分类
a) 自由锻造 b) 模锻 c) 纵轧 d) 横轧 e) 斜轧 f) 正向挤压
g) 反向挤压 h) 拉拔 i) 冲压 j) 弯曲

铝及铝合金通过熔炼和铸造生产出铸锭，作为塑性加工的坯料，铸锭内部结晶组织粗大而且很不均匀。铸锭本身的强度较低，塑性较差，在很多情况下不能满足使用要求。因此，在大多数情况下，铸锭都要进行塑性加工变形，以改变其断面的形状和尺寸，改善其组织与性能。为了获得高质量的铝材，铸锭在熔铸过程中，必须进行化学成分纯化、熔体净化、晶粒细化、组织性能均匀化，以保证得到高的冶金质量。

（1）轧制 轧制是铸锭依靠摩擦力被拉进旋转的轧辊间，借助于轧辊施加的压力，使其横断面减小，形状改变，厚度变薄而长度增加的一种塑性变形过程。根据轧辊选择方向的不同，轧制又可分为纵轧、横轧和斜轧。纵轧时，工作轧辊的转动方向相反，轧件的纵轴线与轧辊的轴线相互垂直，是铝合金板材、带材、箔材平辊轧制中最常用的方法；横轧时，工作轧辊的转动方向相同，轧件的纵轴线与轧辊轴线相互平行，在铝合金板材和带材轧制中很少使用；斜轧时，工作轧辊的转动方向相同，轧件的纵轴线与轧辊轴线成一定的角度。在生产铝合金管材和某些异形产品时常用双辊或多辊斜轧。根据辊系不同，铝合金轧制可分为两辊（一对）系轧制、多辊系轧制和特殊辊系轧制（如行星式轧制、V形轧制等）。根据轧辊形状的不同，铝合金轧制可分为平辊轧制和孔型辊轧制等。根据产品品种的不同，铝合金轧制又可分为板材、带材、箔材轧制，棒材、扁条和异形型材轧制，以及管材和空心型材轧制等。

在实际生产中，目前多采用一对平辊纵向轧制铝及铝合金板材、带材、箔材。铝合金板材和带材的生产可以分为以下几种：

1) 按轧制温度可分为热轧、中温轧制和冷轧。

2) 按生产方式可分为块片式轧制和带式轧制。

3) 按轧机排列方式可分为单机架轧制、多机架半连续轧制、连续轧制、连铸连轧和连续铸轧等。

在生产实践中，可根据产品的合金、品种、规格、用途、数量与质量要求，以及市场需求及设备配置等选择合适的生产方法。

冷轧主要用于生产铝及铝合金薄板、特薄板和铝箔毛料，一般用单机架多道次的方法生产，但近年来，为了提高生产率和产品质量，出现了多机架连续冷轧的生产方法。

热轧用于生产热轧厚板、特厚板及拉深厚板，但更多的是进行热轧开坯，为冷轧提供高质的毛料。用热轧开坯生产毛料具有生产率高、宽度大、组织性能优良的特点，可作为高性能特薄板（如易拉罐板和汽车车身深冲板等）的冷轧坯料，但设备投资大，占地面积大，工序较多而生产周期较长。目前国内外铝及铝合金热轧与热轧开坯的方法主要有两辊单机架轧制、四辊单机架单卷取轧制、四辊单机架双卷取轧制、四辊两机架（热粗轧+热精轧，简称1+1）轧制、四辊多机架（1+2、1+4、1+5等）热连轧等。

为了降低成本、节约投资和减小占地面积，普通用途的冷轧板材和带材用毛料和铝箔毛料，国内外广泛采用连铸连轧法和连续铸轧法等进行生产。

铝箔的生产方法可以分为如下几种：

1) 叠轧法。采用多层块式叠轧的方法来生产铝箔，这是一种比较落后的方法，仅能生产厚度为 0.01~0.02mm 的铝箔，轧出的铝箔长度有限，生产率很低，除了个别特殊产品外，目前很少采用。

2) 带式轧制法。采用大卷径铝箔毛料连续轧制铝箔，这是目前生产铝箔的主要方法。现代化铝箔轧机的轧制速度可达 2500m/min，轧出的铝箔表面质量好，厚度均匀，生产率高。一般在最后的轧制道次采用双合轧制，可生产宽度达 2200mm、最小厚度达 0.004mm、卷重达 20t 以上的高质量铝箔。根据铝箔的品种、性能和用途，大卷铝箔可分切成不同宽度和不同卷重的小卷铝箔。

3) 沉积法。在真空条件下使铝变成铝蒸气，然后沉积在塑料薄膜上而形成一层很薄（最薄可达 0.004mm）的铝膜，这是近年来发展起来的一种铝箔生产新方法。

4) 喷粉法。将铝制成不同粒度的铝粉，然后均匀地喷射到某种载体而形成一层极薄的铝膜，这也是近年来开发成功的新方法。

轧制铝箔所用的毛料：一是用热轧开坯后经冷轧所制成的厚为 0.3~0.5mm 的铝带卷；二是采用连铸连轧或连续铸轧所获得的铸轧卷经冷轧后，加工成的厚为 0.5mm 左右的铝带卷。

(2) 挤压 挤压是将铸锭装入挤压筒中，通过挤压轴对金属施加压力，使其从给定形状和尺寸的模孔中挤出，产生塑性变形而获得所要求的挤压产品的一种加工方法。按挤压时金属流动方向的不同，挤压又可分为正向挤压、反向挤压和联合挤压。正向挤压时，挤压轴的运动方向和挤出金属的流动方向一致。而反向挤压时，挤压轴的运动方向与挤出金属的流动方向相反。按铸锭的加热温度，挤压可分为热挤压和冷挤压。热挤压是将铸锭加热到再结晶温度以上进行挤压，冷挤压是在室温下进行挤压。

(3) 拉拔 拉拔是用拉拔机通过夹钳把铝及铝合金坯料（线坯或管坯）从给定形状

和尺寸的模孔中拉出来，使其产生塑性变形而获得所需的管材、棒材、型材、线材的加工方法。根据所生产的产品品种和形状不同，拉拔可分为线材拉拔、管材拉拔、棒材拉拔和型材拉拔。管材拉拔又可分为空拉拔、带芯头拉拔和游动芯头拉拔。拉拔加工的主要要素是拉拔机、拉拔模和拉拔卷筒。根据拉拔配模可分为单模拉拔和多模拉拔。

（4）**锻造** 锻造是锻锤或压力机通过锤头或压头对铝及铝合金铸锭或锻坯施加压力，使金属产生塑性变形的加工方法。铝合金锻造有自由锻和模锻两种基本方法。自由锻是将工件放在平砧（或型砧）间进行锻造，模锻是将工件放在给定尺寸和形状的模具内进行锻造。

（5）**铝材的其他塑性成形方法** 铝及铝合金除了采用以上4种常用的加工方法来获得不同品种、形状、规格及各种性能、功能和用途的铝加工材料以外，目前，还研究开发出了多种新型的加工方法，它们主要是：

1）压力铸造成形法。如低压、中压、高压成形，挤压成形等。
2）半固态成形法。如半固态轧制、半固态挤压、半固态拉拔、液体模锻等。
3）连续成形法。如连铸连挤、高速连续铸轧、Conform连续挤压法等。
4）复合成形法。如层压轧制法、多坯料挤压法等。
5）变形热处理法。
6）深度加工。深度加工是指将塑性加工所获得的各种铝材，根据最终产品的形状、尺寸、性能或功能、用途的要求，继续进行（一次、两次或多次）加工，使之成为最终零件或部件的加工方法。铝材的深度加工对于提高产品的性能和质量，扩大产品的用途，提高产品的附加值和利润，以及进行综合利用等都有十分重大的意义。

铝及铝合金加工材料的深度加工方法主要有以下几种：

① 表面处理法。包括氧化上色、喷涂等。
② 焊接及其他接合方法。
③ 冲压成形加工。包括落料、切边、深冲（拉深）、切断、弯曲、缩口、胀口等。
④ 切削加工。
⑤ 复合成形等。

5.3.3 铝材在进行塑性成形加工时的组织与性能变化

1. 热变形对铝材组织性能的影响

（1）**热变形对铸态组织的影响** 铝合金在高温下塑性高、变形抗力小，加之原子扩散过程加剧，伴随有完全再结晶，有利于组织的改善。在三向压缩应力状态占优势的情况下，热变形能有效地改变铝及铝合金的铸态组织。给予适当的变形量，可以使铸态组织发生下述有利的变化：

1）一般热变形是通过多道次的反复变形来完成的。由于在每一道次中硬化和软化过程是同时发生的。变形破碎了粗大的柱状晶粒，通过反复的变形，材料的组织成为较均匀细小的等轴晶粒。同时，还能使某些微小的裂纹得以愈合。

2）应力状态下静水压力的作用可促进铸态组织中存在的气泡焊合，缩孔压实，疏松压密，变为较致密的组织结构。

3）由于高温下原子热运动能力增强，在应力作用下，借助原子的自由扩散和异扩散减小铸锭化学成分的不均匀性。

通过热变形，铸锭组织变成了变形组织（或加工组织），使其具有较高的密度、均匀细小的等轴晶粒及比较均匀的化学成分，因而塑性和变形抗力都有明显的提高。

（2）热变形制品晶粒度的控制　热变形后制品晶粒度的大小取决于变形程度和变形温度（主要是加工终了温度）。在完全软化的温度范围内加工铝及铝合金材料时，为了获得均匀细小的晶粒，每道次的变形量应大于临界变形程度。通常每道次的变形量应大于10%，如2024合金的临界变形程度，在变形速度大（如冲击变形）时为2%～8%，在变形速度小（如在液压机上模锻或挤压）时应大于10%。

（3）热变形时的纤维组织　在热变形过程中，金属内部的晶粒、杂质和第二相及各种缺陷将沿最大主变形方向被拉长、拉细，导致纤维方向的强度高于材料其他方向的强度（当有挤压效应时更为明显），材料表现出不同程度的各向异性。此外，热变形时也可能同时产生变形结构及再结晶结构，它们也会使材料出现方向性及不均匀性。

（4）热变形过程中的回复与再结晶　热变形过程中，在应力作用下，铝及铝合金材料一般发生动态回复与再结晶。

1）铝及铝合金在热变形过程中的回复。铝及铝合金在热变形过程中的堆垛层错能较大，自扩散能较小。在高温下，位错的滑移和攀移比较容易进行。因此，动态回复是它们在热变形过程中的唯一软化机制。高温变形后，立即观察铝合金材料，在组织中可看到大量的回复亚晶。将动态回复的组织保持下来，已成功地用来提高6063合金建筑挤压型材的强度。

研究表明，发生动态回复有一个临界变形程度，只有达到此临界变形程度时才能形成亚晶，形成亚晶的变形程度与变形温度和变形速度有关。当变形达到稳态后，亚晶也保持为平衡形状（针状、条状或等轴状等）。亚晶的取向一般分散在1°～7°的宽广范围内，热变形达到稳态后，亚晶的平均尺寸有一个平衡值。铝材在热变形后的力学性能仅取决于最终的亚晶尺寸，而与其他变形条件无关，因而有可能采用控制变形条件的方法来获取所需要的亚晶尺寸，然后通过足够快的冷却速度来抑制产生静态再结晶，而将该组织保持下来。

2）铝及铝合金热变形过程中的再结晶。热变形进入稳态后，铝材内部发生全面的动态再结晶，随着变形的继续，回复与再结晶反复进行，其组织状态已不随变形量的增加而变化。但是，由动态再结晶导致软化的铝材，其组织一般难以保持，因为在热变形完结后，静态再结晶即迅速发生而替代了"加工结构"。所以，热变形过程中的再结晶包括与变形同时发生的动态再结晶和各道次之间变形完结后冷却时所发生的静态再结晶，但热变形时起软化作用的主要是动态再结晶。研究表明：①动态再结晶的临界变形程度很大。②动态再结晶易于在晶界及亚晶界处形核。③由于动态再结晶的临界变形程度比静态再结晶大得多，变形停止后会立即发生静态再结晶。④温度越高，发生动态再结晶与静态再结晶所需的时间就越短。应控制变形条件，以获得最佳的组织结构。

2. 冷变形对铝材组织性能的影响

（1）冷变形时铝材内部组织的变化

1）晶粒形状的变化。铝材在冷加工后，随着外形的改变，晶粒均沿最大主变形方向被拉长、拉细或压扁。冷变形程度越大，晶粒形状的变化也越大。在晶粒被拉长的同时，晶间的夹杂物也随之拉长，使冷变形后的金属出现纤维组织。

2）亚结构。金属晶体经过充分冷塑性变形后，在晶粒内部出现了许多取向不同、大小为 $10^{-6} \sim 10^{-3}$ cm 的小晶块，这些小晶块的取向差不大（小于1°），所以它们仍然维持在同一个大晶粒范围内，这些小晶块称为亚晶，这种组织称为亚结构（或镶嵌组织）。亚晶的大小、完整程度、取向差与材料的纯度、变形量和变形温度有关。当材料中含有杂质和第二相时，在变形量大和变形温度低的情况下，所形成的亚晶小，亚晶间的取向差大，亚晶的完整性差（即亚晶内晶格的畸变大）。冷变形过程中，亚晶结构对金属的加工硬化起重要作用，由于各晶块的方位不同，其边界又为大量位错缠结，对晶内的进一步滑移起阻碍作用。因此，亚结构可提高铝及铝合金材料的强度。

3）变形织构。铝及铝合金在冷变形过程中，内部各晶粒间的相互作用及变形发展方向因受外力作用的影响，晶粒要相对于外力轴产生转动，而使其动作的滑移系有向作用力轴的方向（或最大主变形方向）做定向旋转的趋势。在较大冷变形程度下，晶粒位向由无序状态变成有序状态的情况，称为择优取向。由此所形成的纤维状组织，因具有严格的位向关系，称为变形织构。变形织构可分为丝织构（如在拉丝、挤压、旋锻条件下形成的织构）和板织构（如轧制织构）。具有冷变形织构的材料在进行退火时，由于晶粒位向趋于一致，总有某些位向的晶块易于形核长大，往往形成具有织构的退火组织，这种组织称为再结晶织构。

冷变形材料中形成的变形织构的特性取决于变形程度、主变形和合金的成分与组织。变形程度越大，变形状态越均匀，则织构越明显。主变形对产生织构有决定性的影响，如拉深、拉丝和圆棒挤压可得到丝织构，而宽板轧制、带材轧制和扁带拉伸时可得到板织构等。织构使材料具有明显的各向异性，在很多情况下会出现织构硬化。在实际生产中，要控制变形条件，充分利用其有利的方面，而避免其不利的方面。

4）晶内及晶间的破坏。因滑移（位错的运动及其受阻、双滑移、交叉滑移等）、双晶等过程的复杂作用及晶粒所产生的相对移动与转动，在晶粒内部及晶粒界处出现一些显微裂纹、空洞等缺陷，使铝材密度减小，这是造成显微裂纹和宏观破断的根源。

（2）冷变形时铝材性能的变化

1）理化性能。

① 密度。冷变形后，因晶内及晶间出现了显微裂纹或宏观裂纹、裂口空洞等缺陷，铝材密度减小。

② 电阻。晶间物质的破坏使晶粒直接接触、晶粒位向有序化、晶间及晶内破裂等都对电阻有明显的影响。前两者使电阻随变形程度的增加而减小，后者则相反。

③ 化学稳定性。冷成形后，材料内能增加，使其化学性能更不稳定而易被腐蚀，特别是易于产生应力腐蚀。

2）力学性能。铝材经冷成形后，由于发生了晶内及晶间的破坏、晶格产生畸变及出现了第二类残余应力等，塑性指标急剧下降，在极限状态下可能接近于完全脆性状态；另一方面，由于晶格畸变、位错增多、晶粒被拉长细化及出现亚结构等，其强度指标大为提高，即出现加工硬化现象。

3) 结构与各向异性。铝材经较大冷成形后,由于出现织构而使材料呈现各向异性。例如,铝合金薄板在深冲时易出现明显的制耳。应合理控制加工条件,以充分利用织构与各向异性的有利方面,而避免或消除其不利方面。

5.3.4 铝加工技术的发展趋势

新时期对节能、环保、安全提出了新要求,发展铝工业是缓解这三大问题的重要途径之一。

1) 地壳中铝元素较丰富,废弃的铝及铝材又可回收重熔,既节能又可减小污染。

2) 铝及铝材是一种节能和储能材料。在安全和环保的条件下,铝的节能、储能性能高于钢铁和其他许多材料。

3) 铝材是航空航天和现代交通运输(包括高速列车、轻轨列车、豪华客车、双层客车、轿车、舰艇、船舶、摩托车、自行车、集装箱等)轻量化、高速化的关键材料。轻量化可使飞机和航天器飞得更高、更快、更远,也可减小汽车牵引力,从而节省能源。

5.4 变形铝合金

变形铝合金是指需经过不同的压力加工方式生产成材的铝合金。这些变形铝合金是机械工业和航空工业中重要的结构材料。由于密度小,比强度高,在航空工业中占有特殊的地位。

变形铝合金分为两大类,一类是非热处理强化变形铝合金,另一类是热处理强化变形铝合金。非热处理强化变形铝合金是防锈铝合金,它耐腐蚀、易加工成形且焊接性好,强度较低,适宜制作耐腐蚀和受力不大的零部件及装饰材料。热处理强化铝合金通过固溶处理和时效处理,大体可分为三种:第一种是硬铝,以 Al-Cu-Mg 合金为主,应用广泛,有强烈的时效强化能力,可制作飞机受力构件;第二种是锻铝,以 Al-Mg-Si 合金为主,冷热加工性好,耐磨蚀,低温性能好,适合制作飞机上的锻件;第三种是超硬铝,以 Al-Zn-Mg-Cu 合金为主,是强度最高的铝合金。此外,还有新发展的铝合金,如铝锂合金、快速凝固铝合金等。

5.4.1 非热处理强化变形铝合金

铝锰合金和铝镁合金是不能用热处理强化的变形铝合金,其化学成分和组织比较单一,没有理想的沉淀强化相,可通过形成固溶体而进行强化,这两个合金系的特点是具有优良的耐蚀性,又称为防锈铝合金。

1. 铝锰防锈铝合金

锰在铝中的最大溶解度为 1.82%(质量分数,后同),锰和铝形成的金属化合物 $MnAl_6$ 的沉淀强化效应小,但其弥散析出质点可阻止晶粒长大,能细化合金的晶粒。锰溶于 α 固溶体起到固溶强化作用,减慢扩散速度,提高再结晶温度。

铝锰合金有优良的耐蚀性。$MnAl_6$ 与基体的电极电位极相近,产生的腐蚀电流很小。

铁是杂质元素，可使锰的溶解度降低，并生成脆性的（Mn,Fe)Al_6 化合物，使合金的塑性降低，故要限制含铁量，加入量为 0.4%~0.7%。弥散的（Mn,Fe)Al_6 相也可细化晶粒，锰的存在降低了铁的危害作用。因为单独的铁可形成（Mn,Fe)Al_6 相，减弱了 $FeAl_3$ 相对耐蚀性的有害作用。稀土元素可使锰铝合金的耐蚀性显著提高，一般稀土加入量为 0.3%~0.5%。

锰的熔点高于铝，容易产生偏析，特别是半连续浇注锭坯中锰的偏析较严重，故要在 600~620℃进行锭坯的均匀化退火，减少或消除晶内偏析。热轧温度在 500℃，也可促使成分均匀化。

3A21 合金在大气和海水中与纯铝的耐蚀性相当，有良好的工艺性能，在航空工业中用于深冲加工而受力不大的零件，如油箱、润滑油导管、铆钉等零件，以及建筑构件。

3A21 合金在冷变形后进行退火处理，完全再结晶的退火温度为 350~500℃。若为保留部分冷作硬化而进行 250~280℃低温退火，属于半硬化状态。其不同处理状态的力学性能见表 5-6。

表 5-6 3A21 合金的力学性能（不小于）

处理状态	R_m/MPa	$R_{p0.2}$/MPa
退火	127	49
半硬化	167	127
硬化	216	176

2. 铝镁防锈铝合金

镁在铝中的固溶量较大，由于镁和铝的化合物 Mg_5Al_8 相析出慢，即使在退火态也易得到过饱和固溶体，一般 Mg 含量低于 5%的合金为单相合金。经扩散退火及冷变形后退火等热处理，组织和成分较均匀，耐蚀性良好。Mg 含量高于 5%的合金经退火后，在晶界连续析出 Mg_5Al_8 相。由于该相电极电位低于 α 固溶体，Mg_5Al_8 相成为阳极，使镁铝合金的晶间腐蚀和应力腐蚀等倾向增大。若在退火前对高镁合金的过饱和 α 固溶体施以 2%的变形，在随后退火时促使 Mg_5Al_8 相在晶内和晶界以颗粒状析出，可以大大减轻上述腐蚀倾向。

镁固溶于 α 固溶体引起的固溶强化效果显著，铝镁合金的强度高于铝锰合金。少量硅能改善铝镁合金的流动性，减小焊接裂纹倾向。锰加入铝镁合金能增加固溶强化效果，改善耐蚀性。钒和钛加入铝镁合金可细化晶粒，提高强度和塑性。加入稀土金属可减少铝镁合金的偏析，增加液体的流动性，减少疏松，大大改善热塑性，特别对高镁合金的热塑性十分有效。稀土金属也能显著地改善合金的耐蚀性。铁、铜、锌对铝镁合金的耐蚀性和工艺性能不利，应严格控制这些元素的含量。

5.4.2 热处理强化变形铝合金

热处理强化变形铝合金通过固溶和时效使合金的强度显著提高。这类铝合金品种系列多、用途广。

1. 硬铝

硬铝属于 Al-Cu-Mg-Mn 合金，其主要成分中 Cu 含量为 2.2%~5.0%，Mg 含量为 0.2%~2.6%，Mn 含量为 0~1.0%。根据 Al-Cu-Mg 三元相图铝端固相区，总共有 4 个金属间化合物，其中有两个强化相，即 θ-$CuAl_2$ 相和 S-$CuMgAl_2$ 相。还有 T-Al_6CuMg_4 相和 β-Mg_5Al_6 相。由于不同成分的硬铝处于不同区域，有着不同的强化相，其性能也有很大差别。S 相有很高的稳定性和沉淀强化效果，其室温和高温强化作用均高于 θ 相。当硬铝以 S 相为主要强化相时，合金有最大的沉淀强化效应。当合金中 Cu 含量和 Mg 含量的比值为 2.61 时，正符合 S 相中的比值。合金成分由铜高镁低改变到铜低镁高，强化相由 θ 相转变为 S 相。常见硬铝中的主要强化相见表 5-7。

表 5-7 常见硬铝中的主要强化相

合金	2A10	2A01	2A11	2A12	2A06	2A02
Cu 含量和 Mg 含量的比值	18.3	7.4	7.2	2.86	2	1.22
主要强化相	θ	θ(S)	θ(S)	S(θ)	S	S

硬铝中还添加有一定量的锰，目的是降低铁的不利影响，改善耐蚀性。同时，锰有固溶强化作用和抑制再结晶作用。锰的质量分数若高于 1.0%，会产生粗大的脆性相 $(Mn,Fe)Al_6$，降低合金的塑性。铁和硅是杂质。常见硬铝的主要化学成分见表 5-8。

表 5-8 常见硬铝的主要化学成分

牌号	主要合金元素质量分数(%)					
	Si	Fe	Cu	Mn	Mg	Zn
2A01	0.5	0.5	2.2~3.0	0.2	0.2~0.5	0.1
2A02	0.3	0.3	2.6~3.2	0.45~0.7	2.0~2.4	0.1
2A06	0.5	0.5	3.8~4.3	0.5~1.0	1.7~2.3	0.1
2A10	0.25	0.2	3.9~4.5	0.3~0.5	0.15~0.3	0.1
2A11	0.7	0.7	3.8~4.8	0.4~0.8	0.4~0.8	0.3
2A12	0.5	0.5	3.8~4.9	0.3~0.9	1.2~1.8	0.3

2A12 是使用较广、强度较高的硬铝，含 Cu 量为 3.8%~4.9%，含 Mg 量为 1.2%~1.8%，含 Mn 量为 0.3%~0.9%，主要强化相是 S 相，θ 相为辅。由于合金的三元共晶温度仅为 507℃，因而固溶处理温度为 495~503℃，且易产生过烧。固溶后用水冷却，以避免在 S 相和 θ 相析出的敏感区间 300~400℃停留，时效采用自然时效。2A12 硬铝在淬火后 0.5h 内保持柔软状态，可以进行矫直、铆接等操作。然后合金将快速时效硬化，强度 R_m 由初始 350MPa 短时间出现偏聚区时上升到 460MPa。自然时效 4 天后可以使用，其力学性能为 R_m=460MPa、$R_{p0.2}$=320MPa、A=17%、Z=30%。若 2A12 硬铝作为在 150℃ 以上工作的耐热材料，则需要采用人工时效，其温度为 190℃，主要是形成较稳定的 S′相。2A12 和其他硬铝相同，都有晶间腐蚀倾向。当 $CuAl_2$ 相在晶界析出，周围基体存在贫铜区，它作为阳极，能发生选择性晶间腐蚀。可采用外包纯铝层起保护作用。2A12 合金板材用于制作飞机蒙皮、壁板，型材用于制作飞机隔框、翼肋等。

2A11 是中强硬铝，其铜含量与 2A12 相当，而镁含量较低，镁含量为 0.4%~0.8%，铜含量和镁含量的比值约为 7.2，以 θ 相为主要强化相，塑性好，可生产锻件。热处理采用自然时效，其力学性能为 R_m = 420MPa、$R_{p0.2}$ = 240MPa、A = 18%、Z = 35%。2A01 为铆钉硬铝，镁含量低，塑性好，在自然时效状态下可进行铆接。2A02 为耐热硬铝，其铜含量和镁含量的比值约为 1.22，主要强化相为 S 相，还有热稳定性好的 $Al_{10}Mg_2Mn$ 相，可在 150~250℃ 范围内工作，2A02 的人工时效过程为 170℃ 时效 16h。在 200℃ 时 R_m = 372MPa、$R_{p0.2}$ = 270MPa、A = 16%、Z = 33.4%。

2. 锻铝

锻铝属于铝镁硅系合金，其主要强化相是 Mg_2Si 相。为了保持最大的强化效果，Mg 含量与 Si 含量的比值约为 1.73。由于合金中存在和硅结合生成的（Fe，Mn，Si）Al_6 相，故要额外增加硅，以弥补硅的消耗，合金中的硅，含量要适当提高。

铝镁硅合金中存在较严重的停放效应，即淬火后在室温停置一段时间再人工时效时，合金的沉淀强化效应将降低。这主要是由于镁和硅在铝中的固溶度不同，硅的固溶度小，先于镁发生偏聚；硅原子偏聚区小而弥散，基体中固溶的硅含量大大减少。当再进行人工时效时，那些小于临界尺寸的硅的偏聚区将重新溶解，导致形成介稳的 β″ 相的有效核心数减少，从而生成粗大的 β″ 相。由电子显微镜观察发现，铝镁硅合金在室温停留的时间越长，β″ 相的颗粒越粗，因而合金的强度也越低。为减小停放效应，将铜加入合金，此时合金中还可出现 $θ$-$CuAl_2$ 相和 S-$CuMgAl_2$ 相，同样会产生沉淀强化效应，使铝镁硅铜合金的强度增加，但 Cu 会降低其耐蚀性和工艺性能。加入锰也可以减小铝镁硅合金的停放效应，锰还有固溶强化、提高韧性和耐蚀性的作用，在这方面铬也可起到与锰相似的作用。微量钛可细化锻铝铸锭晶粒，改善其热塑性。

锻铝中 Mg 含量为 0.4%~0.8%，Si 含量为 0.5%~1.2%，Mn 含量为 0.4%~0.8%，并含有一定量的铜，其中，2A50、2B50 的 Cu 含量为 1.8%~2.6%，2A14 的 Cu 含量为 3.9%~4.8%，锻铝有良好的热塑性，可锻制形状复杂的零件。

2A14 是锻铝中最重要的一个品种，Mg 含量为 0.4%~1.0%，Si 含量为 0.6%~1.2%，Cu 含量为 3.9%~4.8%，Mn 含量为 0.4%~1.0%，主要强化相是 θ 相和 β-Mg_2Si 相，还有少量 S-$CuMgAl_2$ 相，其热处理是（500±5）℃ 固溶处理，水淬后在 165℃ 下人工时效 6~15h，其力学性能为 R_m = 490MPa、$R_{p0.2}$ = 380MPa、A = 10%。

锻铝的另一类合金是耐热锻铝，它是在锻铝时效强化的基础上进一步加入高熔点合金元素铁和镍。铁和镍按 1∶1 加入形成附加的 $FeNiAl_9$ 弥散相，它具有高的热稳定性，起弥散强化作用，其高温强度较高。2A70 合金的成分为：Mg 含量 1.4%~1.8%、Cu 含量为 1.9%~2.5%、Fe 含量为 0.9%~1.5%、Ni 含量为 0.9%~1.5%、Ti 含量为 0.02%~0.1%。添加微量钛可以形成高熔点 $TiAl_3$ 细化合金晶粒，提高强度和延性。2A70 合金经过固溶处理和人工时效后，在室温下 R_m = 415MPa、$R_{p0.2}$ = 275MPa、A = 13%，200℃ 时 R_m = 315MPa、$R_{p0.2}$ = 245MPa、A = 11%，可加工成型材和板材，在 100~250℃ 条件下工作。

3. 超硬铝

超硬铝的强度很高，韧性也很高，且有良好的工艺性能（热塑性和焊接性），是飞机工业中重要的结构材料。

超硬铝是在铝锌镁合金系的基础上发展起来的，在铝锌镁系中形成金属间化合物 η-$MgZn_2$ 相和 T-$Al_2Mg_3Zn_3$ 相。在高温下这两个相在 α 固溶体中有较大的溶解度，固溶后在低温下有强烈的沉淀强化效应。当超硬铝中 Zn 和 Mg 的含量之和为 9% 时，强度达到最高，超过这一值后，因在晶界析出呈网状分布的脆性相而使合金脆化。加入 Cu、Mn、Cr 等元素，可进一步提高合金的力学性能。

超硬铝属于铝锌镁铜系合金。加入铜主要是为了减小超硬铝的应力腐蚀倾向，提高强度和塑性。铜除了加强固溶强化外，还出现 S-$CuMgAl_2$ 相作为沉淀强化相。铜还提高沉淀相的弥散度，消除晶界网状脆性相，减小晶界腐蚀倾向。但是铜会降低超硬铝的焊接性，故一般超硬铝采用铆接或粘接。

超硬铝中常加入少量的锰（含量为 0.2%~0.6%）、铬（含量为 0.1%~0.25%）或微量钛（含量为 0.02%~0.1%）。铬和钛可形成弥散的金属间化合物 $Al_{12}Mg_2Cr$、Al_3Ti，显著提高超硬铝的再结晶温度，阻止晶粒长大。锰主要起固溶强化作用，由于提高了超硬铝的强度，也改善了应力腐蚀抗力。

超硬铝的主要牌号和化学成分见表 5-9。超硬铝一般经人工时效后使用，7A04 超硬铝的固溶温度为 (470±5)℃，采用两次时效处理。首先在 120℃时效 3h，然后在 160℃时效 3h，形成偏聚区和少量 η′相，此时合金达到最大强化状态。超硬铝材有板材、型材和模锻件，其力学性能为 $R_m \geq 490MPa$、$R_{p0.2} \geq 412MPa$、$A \geq 7\%$，用于制造飞机结构件，如翼梁、蒙皮，使用温度低于 120℃。

表 5-9 超硬铝的主要牌号和化学成分

牌号	主要合金元素质量分数(%)					
	Zn	Mg	Cu	Mn	Cr	Ti
7A03	6.0~6.7	1.2~1.6	1.8~2.4	0.1	0.05	0.02~0.08
7A04	5.0~7.0	1.8~2.8	1.4~2.0	0.2~0.6	0.1~0.25	0.1
7A10	3.2~4.2	3.0~4.0	0.5~1.0	0.2~0.35	0.1~0.2	0.1

4. 铝锂合金

铝锂合金系有介稳相 δ′-Al_3Li 产生沉淀强化。合金经固溶处理后淬火，在过饱和固溶体脱溶分解时析出 δ′-Al_3Li，与基体保持完全共格，是一种强的沉淀强化相。

由于锂的密度很小，只有 0.53g/cm^3，Li 含量为 1.7%~2.9% 的铝锂合金的密度比其他系列铝合金小 6%~8%，即每 1% 的锂降低铝合金的密度约 3%，而同时增大弹性模量约 6%。所以，铝锂合金是一种密度小而强度高的合金。然而，铝锂合金因其低的延性和断裂韧性而使其应用受到限制。其重要原因之一是 δ′相与位错相互作用，位错以超位错切割有序的 δ′相，一旦在特定的滑移面上开始滑移，则此滑移面上进一步的滑移就变得容易了。这种平面滑移的出现，导致位错堆积在晶界并导致晶界开裂，即具有应变局部化机制。另外，在晶界附近存在无 δ′相析出区，它比基体的硬度低，成为形变集中区，迅速导致加工硬化，是引起脆性晶界断裂的另一个原因。

上述这种铝锂合金形变的模式可以通过加入合金元素和适当的热处理加以改变，从位

错切割 δ′ 相质点到形成位错环或绕过质点。合金元素镁、铜、锆等广泛用来改善铝锂合金的延性和屈服强度。镁的作用之一是产生固溶强化。镁还能降低锂在铝基固溶体中的溶解度，增加 δ′ 相的析出量。当 Mg 含量小于 2% 时，Mg 含量每增加 1%，屈服强度增加 5MPa，Mg 含量超过 2% 时还会出现与基体半共格的强化相 S′-Al_2LiMg 介稳相。加入铜同样会产生固溶强化和 T_1-Al_2CuLi 沉淀强化相。加入镁与铜同样可产生多量的共沉淀 S′-Al_2CuMg，呈针状，沿 $\langle 100 \rangle_{Al}$ 方向分布，与 δ′-Al_3Li 一起产生显著的沉淀强化效应。若在固溶和时效之间施以冷变形，则有力地增加密集的 S′ 相析出并产生良好的沉淀强化效应。这种半共格的 S′ 相在晶界附近的无 δ′ 相析出区沉淀，改变了合金的断裂方式，提高了延性。加入锆后形成金属间化合物 Al_3Zr，它具有正方晶系点阵，在高温下非常稳定，起细化晶粒的作用。锆也降低了锂和镁在铝基固溶体中的溶解度，增加 δ′ 相和 S′ 相的析出量。

铝锂铜镁锆合金密度小且有很高的屈服强度、良好的延性和高的弹性模量。通常采用的热处理方式有固溶淬火后人工时效、不完全人工时效、固溶淬火后施以控制冷变形后再人工时效等。Al2.3Li2.9Cu0.5Mg0.1Zr 合金在铝锂铜镁系合金中具有很高的强度，此时沉淀强化相有 δ′-Al_3Li、S′-Al_2CuMg、T_1-Al_2CuLi、T′-AlCuLi 等。它具有很高的强度和韧性的配合，其密度为 $2.57 \sim 2.60 g/cm^3$，比一般铝合金的密度小，弹性模量也有一定的提高。铝锂合金应用于空间工业，采用超塑性成形，可使飞行器设计质量和制造成本大幅度下降。

另外，粉末冶金法是改善铝锂合金性能的有效方法，通过熔体雾化法生产快速凝固合金粉末，随后通过热压或热挤成锭。这样能更有效地细化晶粒，使成分均匀，消除偏析，细化沉淀强化相并改善其分布，进一步改善铝锂合金的塑性和韧性。

铝锂合金表面在加热时会形成含锂、铝、氧的粉末复合氧化物，合金元素锂的损失将影响强化效果。为防止在超塑性成形和热处理时锂的损失，可在铝锂合金表面包纯铝层。

5.4.3 快速凝固铝合金

快速凝固也是一种粉末冶金技术，它将金属熔体以超过 $10^4 K/s$ 的冷却速度凝固，可以产生以下一个或多个效应：

1) 细化晶粒和第二相质点，减少偏析。
2) 增加溶解度。
3) 形成非平衡晶体或准晶中间相。
4) 形成金属玻璃。

通过上述第 1 和第 3 个介稳效应可得到微晶合金，既得到单相的又得到复合的有效强化。这种平衡的或介稳的中间相，在过饱和固溶体脱溶分解时所产生的析出相能将强度提升到更高的水平。

快速凝固所得到的产品可以是粉末、箔或薄带，所用的方法可以是雾化和各种熔化旋转离心法。通常前者达到的冷却速度约为 $10^3 K/s$，而后者以传导冷却占优势，其凝固速度可在上述冷却速度的基础上提高 2~3 个数量级。粉末密实化技术包括筛分、脱气、热等静压或真空热压,并通过各种热加工成材,包括热挤压、热轧、锻造等方法。

用快速凝固技术发展了一类粉末冶金高强度耐蚀铝合金。对铝锌镁合金,快速凝固技术可使合金元素的固溶量大大增加,使高熔点元素铬、铁、镍、钴、锰及铈等的质量分数达到3%~10%或更高,使时效铝合金的强度保持到350~450MPa。在此基础上发展的粉末冶金高强度耐蚀铝合金,利用雾化制粉,以及冷压密实、真空脱气、真空热压和热加工(热挤或锻造)技术。这类铝合金具有细小的显微组织,高的合金溶质浓度和细小的第二相质点,得到断裂韧性高、疲劳裂纹扩展速率低、强度高、比模量高的部件。

虽然锂在铝中的最大溶解度为4.2%,但当锂含量高于2.7%后,偏析较严重且铝锂合金的延性低。通过快速凝固技术可以克服上述难题,使得锂和锆的固溶量可分别高达5%和0.5%,而无任何有害的影响。较高的锆将溶入δ'-Al_3Li,置换部分锂形成δ'-Al_3(Li,Zr)相,阻止了形变时δ'相的剪切变形,消除了铝锂合金的平面滑移问题,而且消除了合金力学性能的各向异性。通过快速凝固技术制造的铝锂合金的室温力学性能见表5-10。这些合金锂和锆的含量高,具有极高的疲劳裂纹扩展抗力、优良的耐蚀性和应力腐蚀抗力。

表5-10 快速凝固铝锂合金室温力学性能

合金	热处理速率/(℃/h)	$R_{p0.2}$/MPa	R_m/MPa	A(%)
雾化法				
Al3Li1Mg1.5Cu0.2Zr	190/8	509	596	3.1
Al3Li0.2Zr	160/32	454	492	10.5
Al4Li1Cu0.2Zr	160/32	473	510	3.8
Al4Li1Mg0.2Zr	160/32	408	514	4.9
喷射凝固带材合金				
Al3.1Li2.1Cu1Mg0.45Zr	170/4+190/16	531	607	6.1
Al3.1Li2.1Cu1.5Mg0.5Zr	160/4+180/16	554	632	5.5

注:$R_{p0.2}$为规定塑性延伸率为0.2%时的应力。

5.4.4 超塑性铝合金

具有稳定的等轴细晶粒的铝合金可产生超塑性,超细晶粒合金的超塑性状态方程为

$$\sigma = \kappa \dot{\varepsilon}^m$$

式中 σ——应力;

κ——常数;

$\dot{\varepsilon}$——应变速率;

m——应变速率敏感指数。

超塑性铝合金在较高温度和低应变速率条件下进行变形,其均匀伸长率可达到200%以上。铝合金的晶粒超细,在超塑性成形过程中晶粒越能保持细小,超塑性越高。为了获得细晶粒铝合金,可采取铸锭激冷法、热机械处理和粉末冶金等。铝合金添加锆、钛、铬等高熔点微合金元素形成难熔金属间化合物,如$ZrAl_3$和$TiAl_3$,在合金凝固时,它们起

非自发形核核心作用,细化铸锭晶粒,并且在高温形变时抑制晶粒长大。采用超塑性铝合金制造形状复杂的零件,其优点在于使用轻型设备,在低应力下完成。

Al-Cu-Zr 合金就是有代表性的超塑性铝合金,其含 Cu 量为 5%~6%,含 Zr 量为 0.4%~0.5%。其获得超塑性的条件为:温度为 430℃,应变速率 $\varepsilon = 1.3 \times 10^{-3}$/s,应变速率敏感指数 $m = 0.5$。该合金的力学性能为 $R_{p0.2} = 314MPa$,$R_m = 425MPa$,$A = 14\%$。若再加入 Mg(含量为 0.3%~0.4%)、Ge(含量为 0.08%~0.12%),新合金具有更高的强度和应力腐蚀抗力,其 $R_{p0.2} = 435MPa$,$R_m = 500MPa$,$A = 7.5\%$。

另外,若通过热机械处理获得细晶粒(约为 10μm),通常也可获得超塑性。

5.4.5 烧结铝粉

铝粉表面存在 Al_2O_3 层,在烧结期间不能被还原为铝。粉末中的 Al_2O_3 含量与生产工艺有密切关系。薄片粉可含有体积分数为 20% 的 Al_2O_3,雾化喷粉一般含不超过 10% 的 Al_2O_3,电解铝粉的 Al_2O_3 含量介于上述两者之间。球磨粉由焊在一起的细小粒子组成,铝粉表面和内部都存在 Al_2O_3。另外,也可通过超声波振动将 Al_2O_3 粉散布到熔融铝中,还可将高熔点金属的可被铝还原的氧化物吹入熔融铝中,得到 Al_2O_3 粒子。

铝粉制品的性能取决于自然形成的氧化铝的含量。铝粉经压实烧结后,Al_2O_3 以弥散的颗粒存在,它们能与位错和空位相互作用,阻碍其运动,阻止晶粒长大,由于铝基体中氧的浓度极低,要发生小颗粒 Al_2O_3 溶解,大颗粒 Al_2O_3 聚集长大,根据计算需要经过 4 年以上的时间,故实际是不可能发生的,其细小颗粒可保持到铝的熔点。烧结铝在 800K 下持续几年之后,其显微组织没有什么变化。所以,Al_2O_3 弥散颗粒的弥散强化作用可保持到铝的熔点。烧结铝在高温下有高的蠕变强度,高于一般的铝合金。

烧结铝的强度与 Al_2O_3 的含量成正比,而塑性与 Al_2O_3 的含量成反比。铝粉的粒度对烧结产品的强度无明显影响,但粒度大对高温强度有利。Al_2O_3 颗粒间距和基体晶块尺寸共同控制着性能。烧结铝的力学性能与 Al_2O_3 的含量及温度的关系见表 5-11。烧结铝的冲击强度随温度升高而增加,达到 800~850K 后再下降。

表 5-11 烧结铝的力学性能与 Al_2O_3 含量及温度的关系

Al_2O_3 体积分数(%)	300K			700K		
	R_m/MPa	$R_{p0.2}$/MPa	$A(\%)$	R_m/MPa	$R_{p0.2}$/MPa	$A(\%)$
1	80~140	40~70	25~30	40~70	—	27~34
2	150~220	100~140	18~24	60~80	—	14~18
7	230~280	120~160	14~18	70~100	60~90	4~8
12	320~380	180~240	8~12	100~140	80~120	3~6
15	400~500	200~260	5~9	100~150	100~150	3~5

烧结铝中由于 Al_2O_3 粒子钉扎位错,故有极细的晶粒和晶块。随着 Al_2O_3 粒子含量增高,再结晶温度急剧升高。当 Al_2O_3 粒子含量高于 7% 时,再结晶过程受到抑制。含有过饱和的铁、镍、锰进一步提高了再结晶温度。

含有大量高熔点金属铬、镍、钴、铁、锰和碳化钛的铝合金经过激冷或快速雾化形成过饱和的铝合金粉末,经过烧结后,既可以析出大量强化相,而铬、铁等的氧化物又可与铝反应,增加 Al_2O_3 的含量,因而有更高的强度和耐蚀性。

5.5 铸造铝合金

铸造铝合金具有与变形铝合金相同的合金体系和强化机理(除应变硬化外),同样可分为热处理强化和非热处理强化两大类。铸造铝合金与变形铝合金的主要差别在于,铸造铝合金中合金化元素硅的最大含量超过多数变形铝合金中硅的含量。铸造铝合金除含有强化元素之外,还必须含有足够量的共晶型元素(通常是硅),以使合金有相当的流动性,易于填充铸造时铸件的收缩缝。共晶合金或合金中有一定量共晶组织就具有优良的铸造性能。常用的铸造铝合金有铝硅系、铝铜系、铝镁系、铝稀土系和铝锌系合金。

5.5.1 铸造铝合金的一般特性

为了获得各种形状与规格的优质精密铸件,用于铸造的铝合金必须具备以下特性,其中,最关键的是流动性和可填充性。
1) 有填充狭槽窄缝部分的良好流动性。
2) 能适应其他许多种金属所要求的低熔点。
3) 导热性能好,熔融铝的热量能快速向铸型传递,铸造周期较短。
4) 熔体中的氢气和其他有害气体可通过处理得到有效的控制。
5) 铝合金铸造时,应没有热脆开裂和撕裂的倾向。
6) 化学稳定性好,有高的耐蚀性。
7) 不易产生表面缺陷,铸件表面有良好的光泽,而且易于进行表面处理。

铸造铝合金的加工性能好,可用压膜、硬(永久)模、生砂和干砂模、熔模、石膏型铸造模进行铸造生产,也可用真空铸造、低压和高压铸造、挤压铸造、半固态成形、离心铸造等方法生产不同用途、不同品种规格、不同性能的各种铸件。铸造铝合金的主要代号和化学成分见表 5-12。

表 5-12 铸造铝合金的主要代号和化学成分

合金系	代号	主要元素质量分数(%)							
		Si	Cu	Mg	Mn	Zn	Ni	Ti	Zr
铝硅系	ZL102	10.0~13.0	<0.3	<0.1	<0.5	<0.1	—	<0.2	—
	ZL104	8.0~10.5	<0.1	0.17~0.35	0.2~0.5	<0.25	—	—	—
	ZL105	4.5~5.5	1.0~1.5	0.4~0.6	<0.5	<0.3	—	—	—
	ZL111	8.0~10.0	1.3~1.8	0.4~0.6	0.1~0.35	<0.1	—	0.1~0.35	
铝铜系	ZL201	<0.3	4.5~5.3	<0.05	0.6~1.0	<0.1	—	0.15~0.35	<0.2
	ZL203	<1.2	4.0~5.0	<0.05	<0.1	<0.25	—	<0.2	<0.1
铝镁系	ZL301	<0.3	<0.1	9.5~11.0	<0.15	<0.15	<0.05	<0.15	<0.2
	ZL303	0.8~1.3	<0.1	4.5~5.5	0.1~0.4	<0.2	—	—	—

5.5.2 铝硅及铝硅镁合金

铝硅系铸造合金用途很广,其最基本的合金为 ZL102 二元铸造合金,具有共晶组织。含硅的共晶能提高强度和耐磨性,液态时有良好的流动性,是铸造铝合金中流动性最好的。由于其共晶中硅晶体含量不高,不会使塑性降低太多。这种合金的密度小,焊接性良好。共晶组织中硅晶体呈粗针状或片状,过共晶合金中还有少量初生硅,呈块状。这种共晶组织塑性较低,达不到使用要求,需要细化组织。

铸造铝硅合金一般采用变质处理,以改变共晶硅的形态,使硅晶体细化和颗粒化,组织由共晶或过共晶变为亚共晶。常用的变质剂为钠盐,加入 1%~3%(质量分数)的钠盐混合物(2/3NaF+1/3NaCl)或三元钠盐(25%NaF+62%NaCl+13%KCl)。钠盐的缺点是变质处理有效时间短,加入后要在 30min 内浇完。而锶和稀土金属都可作为长效变质剂。

这种变质作用一般认为是吸附作用。通常铝硅共晶结晶时,硅晶体形成时易产生孪晶,使其沿孪晶方向〈211〉长成粗片状,在加入变质剂后,钠原子在结晶硅的表面强烈偏聚,降低硅的生长速度并促使其发生分枝或细化。

为了提高铝硅共晶合金的强度而加入镁,形成强化相 Mg_2Si,并采用时效热处理,以提高合金的强度。ZL104 合金 Si 含量为 8%~10.5%,Mg 含量为 0.17%~0.35%,Mn 含量为 0.2%~0.5%。镁在铝硅合金的 α 相中,其极限溶解度为 0.5%~0.6%,在 ZL104 合金中,Mg 含量不超过 0.35%,可保证有足够的 Mg_2Si 相产生沉淀强度。ZL104 合金在铝硅铸造合金中是强度较高的,经过金属型铸造,(535±5)℃固溶 3~5h 后水冷,(175±5)℃人工时效 5~10h,其力学性能为:$R_m = 235MPa$,$A = 2\%$。它可以制造高负荷的复杂形状零件,工作温度低于 200℃,如发动机气缸体、发动机机匣等。若适当减少硅含量而加入铜和镁,可提高合金的强度和耐热性,得到铝硅铜镁系铸造合金,其强化相有 $CuAl_2$、Mg_2Si 及 Al_2CuMg 相。ZL105 经(525±5)℃固溶 3~5h,在 60~100℃水中冷却,再经 175℃时效 5~10h 后空冷,其 $R_m = 225MPa$,$A = 0.5\%$。ZL105 可制作在 250℃以下工作的耐热零件,ZL111 可铸造形状复杂的内燃机气缸等。

5.5.3 铝铜铸造合金

铝铜铸造合金的主要强化相是 $CuAl_2$,所以有较高的强度和热稳定性,适于铸造耐热铸件。但铜含量过高将使合金的密度增大,耐蚀性降低,铸造性能变差。

ZL203 合金的热处理强化效果较大,是常用的铝铜铸造合金。为了改善其铸造性能,提高流动性,减小铸后热裂倾向,需要加入一定量硅,以形成一定量的三元共晶组织。一般用金属型铸造时加入 3%的硅,砂型铸造时加入 1%的硅。加硅后有损于室温性能和高温性能。ZL203 铸造合金的固溶处理为(515±5)℃保温 10~15h,在 80~100℃水中冷却,采用自然时效,虽强度稍低,但有较高的塑性,其 $R_m = 210MPa$,$R_{p0.2} = 144MPa$,$A = 5\%$。ZL203 铸造合金用于制作工作温度低于 200℃、受中等负荷的零件。

5.5.4 铝镁铸造合金

铝镁铸造合金的优点是密度小,强度和韧性较高,并具有优良的耐蚀性、切削性和抛光性。铝镁二元合金的成分与性能关系如图 5-3 所示。其强度和塑性综合性能最佳的镁含量为 9.5%~11.0%，这就是常用的 ZL301 合金的镁含量，再高的镁含量因 β-Al_8Mg_5 相难以完全固溶而使合金性能下降。ZL301 合金铸态组织中除 α 固溶体外，还有部分 Al_8Mg_5 离异共晶存在于树枝晶边界。这种 Al_8Mg_5 相性脆，使合金强度和塑性降低。只有在固溶保温时间较长时才能将树枝晶界的 Al_8Mg_5 相溶解，淬火后得到过饱和固溶体，提高了强度和塑性。固溶温度为（430±5）℃，保温 12~20h 油冷，经自然时效后，R_m = 343MPa，$R_{p0.2}$ = 167MPa，A = 10%，硬度为 80HBW。

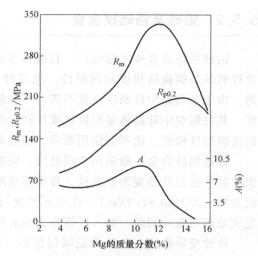

图 5-3　铝镁合金在淬火自然时效状态下的性能与成分的关系

为了改善铝镁铸造合金的铸造性能，加入 Si 含量为 0.8%~1.2% 硅及微量钛，其中，钛形成细小的 $TiAl_3$，起细化晶粒的作用。铝镁铸造合金适用于造船、食品及化学工业。

5.6　铝合金的发展及应用

5.6.1　铝合金的发展背景

在这个日新月异的科技时代，科技高速发展的背后却出现了能源危机，节能成了需要考虑的问题。在汽车制造行业中，以"减轻质量，减小耗油量"为竞争手段，轻质金属中的铝合金便是汽车生产中的重要材料。有资料表明，如果用铝合金取代钢材料，那么发动机的重量就可以减轻 30% 左右，车轮可减轻 50% 左右，汽车总重量将减轻 30%~40%。从实际能源消耗的角度来讲，如果一辆汽车的质量减小 1kg，那么每升汽油能够多行驶 40m 的路程。如果一辆汽车的质量减小 1%，耗油量就会减小 0.6%~1%。早在 1896 年，国外就有人将铝合金用于制造汽车曲轴箱中。20 世纪早期，铝合金就应用于一些豪华汽车和赛车上，如用铝合金制造汽车的骨架结构等。铝合金在国外的汽车工业中主要用于制造装饰部件、气缸盖、油底壳、离合器片、热交换器、活塞等。我国运用铝合金制造的汽车零件也逐渐增多。发展至今，汽车中用铝合金制造的零件越来越多，从先前的铝合金曲轴箱到现在的气缸盖、油底壳、离合器片、热交换器、活塞等零件都是运用铝合金材料制造出来的。面对当今快速发展的汽车工业制造技术，用铝合金替代铸铁制造汽车零件已经成为一种主流趋势。在法国的汽车行业中，用铝合金制造的气缸套的比例已达到 100%，气缸体达到 45%。随着未来科技的发展和技术的革新，高强度的优质铝合金材料将不断被研发，铝合金材料也将会更为广泛地应用于汽车制造中，进而促进更高层次的工业发展。

5.6.2 铝合金的应用

1. 铸造铝合金的应用

液态铝合金因具有优良的流动性和填充性，所以广泛应用于制造成铸造零件，并且铸造方法也很多，可根据使用要求、零件形状、尺寸的精度、零件生产数量等方面的要求综合选择最适宜的铸造方法。例如，砂型铸造主要运用于结构复杂、体积较大的零件，但制造过程复杂；压力铸造法主要应用于较小的零件，铸造过程简单，产品的成品率也相对较高，非常适合大批量生产汽车零件。所以铸造铝合金广泛应用于汽车制造中。

2. 变形铝合金的应用

变形铝合金是经过热加工变形后得到的，在汽车上主要用于制造车身的主要构架、制动器的保护罩、汽车防抱死制动系统的有关构件、汽车门及行李舱盖、车身面板、汽车消声罩、发动机舱盖等结构件。

3. 新型铝合金在汽车上的应用

新型铝合金是铝合金在特殊条件下，通过快速凝固（凝固速度为 $104\sim109℃/s$）而生产出的。因为材料快速凝固，材料内部的组织就会发生一系列变化，产生新的特征，如细晶强化现象、铝合金的固溶度极限提高现象，以及成分的高度均匀、少偏析甚至无偏析现象和形成新的亚稳相等。基于这些特征，汽车行业将快速凝固铝合金应用于汽车制造中。例如，有关汽车制造公司采用铝合金制造汽车空调压缩机的转子和叶片，使得转子和叶片的质量减小，进而促使整个空调压缩机减轻了40%左右，从而也减小了汽车的质量，降低了燃油量。除此之外，还有很多新型铝合金也广泛应用于其中，如泡沫铝合金，这种材料的密度更小，比强度更高，并且具有较强的吸能特性和吸振特性。将泡沫铝填充于两个外板之间压制成的板材，不仅能够很好地提高板材的刚度，还能大大提高其保温能力，可在温度较低时起到很好的保温作用。由于泡沫铝合金还具有很好的吸能特性，可用于制造保险杠及一些支柱零件，大大提高了汽车的撞击安全性能。

5.6.3 铝合金的发展

铝合金轻质材料具有特殊的性能，但较高的成本是制约其在汽车工业领域应用的主要因素之一，为了扩大铝合金在汽车工业上的应用，必须降低材料成本，除开发低成本的铝合金材料和先进的铝合金成形工艺外，回收再生技术可进一步降低铝合金的生产成本。同时，应开发新的各种焊接技术，今后发展的多材料结构轿车要求连接两种甚至更多种不同类型的材料（如铸铁-铝、钢-铝、铝-镁等）。因此，研发相应的材料连接技术及材料和零件防腐蚀的表面处理技术，将成为铝合金轻质汽车材料的研究方向。另外，有必要开发新型的汽车用铝合金材料，如 Al-Li 合金、Al-Si-Cu 合金、超塑性铝合金、颗粒增强铝基复合纤维材料等。

我国汽车用铝合金板材应开展以下几个方面的研究工作：

1) 通过优化 6××× 系合金成分、各种加工工艺，尤其是利用我国直接电解的 Al-Si-Ti 多元合金，制造出具有较好冲压性能的板材；系统地研究铝合金板材的成分、显微组织、力学性能与冲压性能之间的关系；应用 ANN（人工神经网络）实现材料和 $Mg+Al_{12}Ca$ 共晶组织倾向于在晶粒周围呈网状分布。

2）在 Mg-Al-Zn-Be 系合金中添加 Ca 能够显著减小晶粒尺寸，因此，添加少量的 Ca 可使力学性能上升。

3）含 Ca 量为 0.5% 的 AZBC0 合金具有较好的常温力学性能和塑韧度的结合，进一步添加则使合金脆性大大增加，强度下降。

4）Ca 元素能够显著改善合金的高温力学性能。在 150℃ 下，AZBC0 合金具有相当高的抗拉强度和伸长率，而 AZBC1 合金具有较高的屈服强度。

思 考 题

1. 国内外汽车轻量化技术主要采取的途径有哪些？
2. 按主要合金成分的不同来划分铝合金可以分成几类？简述各系列铝合金的主要特点。
3. 按加工方式的不同，铝合金可以分成几类？
4. 铝的基本特性有哪些？
5. 按加工时的温度特征分类，铝及铝合金加工方法可以分为几种？请简述各自的特点。
6. 简述热变形对铸态铝合金的组织性能的影响。
7. 简述铸造铝合金和变形铝合金主要用于汽车的哪些零部件。
8. 为什么铝合金有很多优势，但是现阶段不能在汽车上大规模替代钢铁材料？

第6章

车用镁合金

【教学目标】

通过本章的学习,学生能够掌握车用镁合金的基本知识,了解镁的性质和性能、以及镁合金的组织结构特点,掌握车用镁合金的分类,掌握镁合金加工方法的分类和特点,理解镁合金在成形加工时的组织与性能变化,了解镁合金的发展和应用,能够依据所学知识对汽车零部件的用镁进行实际应用设计。

【教学要求】

知识要点	能力要求
镁的性质和性能	掌握镁的物理和化学性质,晶体结构以及性能特点
镁合金中的合金元素及作用机制	掌握镁合金中常用的合金元素;掌握合金元素对于镁合金的强化机制;了解通过强化相强化镁合金性能的方法
镁合金的分类及先进加工技术	掌握常用镁合金的分类及加工方法;掌握变形镁合金和铸造镁合金的生产特点;了解国内外镁合金加工技术的现状和发展趋势;掌握铸造和变形镁合金的定义、分类、组成和性能
镁合金的发展及应用	掌握汽车用镁合金的发展历程;了解镁合金在汽车上的应用;了解镁合金的发展方向和发展前景

6.1 镁的特性

镁是地壳中含量较高、分布广泛的元素之一,占地壳质量的2.35%,仅次于氧、硅、铝、铁、钙、钠和钾,居第八位,在地壳表层金属矿的资源含量中仅次于铝和铁,居第三位。由于镁的化学活性很高,它以化合物的形式存在于自然界中,在已知的矿物中,含镁矿物约200种,其中有工业价值的有菱镁矿(Fe,Mg)CO_3、白云石($MgCO_3 \cdot CaCO_3$)和光卤石($KCl \cdot MgCl_2 \cdot 6H_2O$)、滑石($3MgO \cdot 4SiO_2 \cdot H_2O$)、蛇纹石($3MgO \cdot 2SiO_2 \cdot 2H_2O$)等。此外,在盐湖及海洋中,镁的含量也很高,约占海水质量的0.13%,在1m^3海水中大约含有1.3kg镁,在大洋的海水及一些海湾的海水中,镁盐的浓度可达0.25%~0.55%,海水中镁总量约为2.3×10^{15}t。镁是工程应用中密度较小的金属结构材料,其密度仅相当于铝的2/3,钢的1/4。同时,镁合金还具有高比强度、高刚度、高比模量、高阻尼、电磁屏蔽性能好,以及优异的铸造、切削加工性能和易回收等一系列独特的优点。

我国是世界上镁矿资源最丰富的国家之一,镁资源占全球总储量的22.5%。当前,在镁工业方面,我国储存量居世界首位,同时又是镁生产大国,产量占全球2/3,近年的出口量占生产量的80%~85%。

在航空航天工业中，镁可以广泛地应用在包括飞行器机身及其发动机、起落轮、卫星和探测器，旋转罗盘，电磁套罩，雷达和电子装置及地面控制等的设计和制造上。太空飞船和卫星部件使用镁合金后能适应太空运行的特殊环境，诸如由空气动力学加热引起的温度极限、臭氧侵蚀、短波电磁辐射、高能粒子如电子和质子及小陨石等的冲击。使用镁合金不仅可以提高飞行器的机动性能，还可以降低航天器（火箭、飞船等）的发射成本，因此，镁合金非常适用于制造飞机、导弹、飞船、卫星及轻武器等重要武器装备的零件。一些国家以超常规的速度和投入力度加快镁合金在航空和航天领域中的应用步伐，并使其在飞机、导弹和卫星等领域得到广泛应用。

电子通信工业是当今发展最为迅速的行业之一，数字化技术的发展导致各类数字化电子产品不断涌现和更新换代，电子元器件越来越趋于高度集成化和小型化，计算机、数码录像机、数码照相机、智能手机等日新月异，而镁合金正是这些电子产品的合适的壳体材料。它密度小、导热性好、电磁屏蔽性能好，尤其是阻尼性能好。目前，已有大量电子产品采用镁合金作为外壳材料。镁合金外壳能够有效降低电磁波对人体的伤害，提高通话质量，同时又可节约材料和降低成本，因此镁合金已被广泛应用于移动电话的外壳制造，其市场空间巨大。

进入21世纪以来，降低能耗、减小污染和改善人类赖以生存的环境已成为全人类共同面临的问题。各国对汽车等交通工具能耗、尾气排放的限制不断升级，对降耗减排提出严格要求，汽车结构件轻量化已势在必行。使用镁合金制造汽车传动系统零部件，不仅能够减轻汽车自身重量、降低油耗，而且有利于质量的优化分布，从而改善汽车的驾乘舒适性和安全性。世界上62%的镁合金用于汽车工业。因此，镁合金发展的最大动力来自于汽车厂商，因为镁是汽车"轻量化"最具吸引力的结构材料之一，汽车制造商希望通过减小质量来降低燃油消耗量，从而减少有害气体的排放，以适应日益严格的环保要求。一旦投入使用，镁合金的其他优越性也得到了体现。例如，镁合金有良好的压铸性，所以，在传统制造中由若干钢铁、铝合金等零件组成的同一个部件现在可以由一个镁合金件替代。这不仅提高了制造的效率，还提高了产品的质量。自20世纪90年代开始，镁合金在汽车上的应用得到迅速发展。很多以前用钢铁、铝合金制造的零部件都被镁合金替代。主要部件有制动踏板、离合器的踏板和支架、仪表盘、气缸盖、变速器壳体、各种排气通风和座椅用零件等。近几年，轿车上镁合金铸件的应用迅速增长。在汽车上应用镁合金有高达17%~20%的减重潜力，而每减小100kg的质量，燃料消耗就可以降低5%。这对于节约能源、降低排放量、实现可持续发展具有重要的意义。目前，我国的自行车厂商已将镁合金材料应用于自行车赛车、登山车甚至折叠自行车等车种。国内企业和研究院所，如重庆镁业科技股份有限公司、上海交通大学等都纷纷推出了镁合金自行车样车，其中，重庆镁业科技股份有限公司的镁合金自行车实现了产品系列化。随着镁合金制备技术的发展和研发水平的不断提高，材料性能也将不断提高，其应用范围也不断扩大。

6.1.1 镁的物理性质

金属镁外观呈银白色，在元素周期表中属于ⅡA族元素，有 ^{24}Mg（78.98%）、^{25}Mg

（10.05%）、^{26}Mg（10.97%）三种同位素。镁的基本性质见表6-1。

表 6-1 镁的基本性质

性质	数值	性质	数值
原子序数	12	熔点/℃	651
化合价	2	沸点/℃	1107
相对原子质量	24.305	再结晶温度/℃	150
原子体积/(cm³/mol)	14.0	熔化潜热/(kJ/kg)	360~377
原子半径/nm	0.162	汽化潜热/(kJ/kg)	5150~5400
离子半径/nm	0.065	升华热/(kJ/kg)	6113~6238
泊松比	0.33	燃烧热/(kJ/kg)	24900~25200
室温密度/(g/cm³)	1.738	比热容(293~373K)/[kJ/(kg·K)]	1.03
电阻温度系数(273~373K)	3.9×10^{-3}	热膨胀系数(298K)/K^{-1}	26×10^{-6}
电阻率 ρ/($\Omega\cdot$m)	0.0445	氧化镁生成热/(kJ/mol)	0.6105
273K时的电导率/(S/m)	22.6×10^{6}	结晶时的体积收缩率(%)	3.97~4.2
热导率 λ/[W/(m·K)]	153.65	磁化率 φ	6.27×10^{-3}~6.32×10^{-3}
表面张力(945K)/(N/m)	0.563	声音在固态镁中的传播速度/(m/s)	4800
收缩率(%) 固-液转变	4.2	标准电极电位/V 氢电极	-1.55
收缩率(%) 熔点至室温	5	标准电极电位/V 甘汞电极	-1.83

镁的晶体结构为密排六方，单胞内沿主要晶面和晶向的原子排布如图6-1所示。低于225℃时，镁的主要滑移系为 {0001}<11$\bar{2}$0>，次滑移系为 {10$\bar{1}$0}<$\bar{1}$120>；高于225℃时，滑移还可以在 {10$\bar{1}$1}<11$\bar{2}$0>上进行。孪晶主要出现在 {10$\bar{1}$2} 晶面族上，二次孪晶出现在 {3034} 晶面族上。在高温下，{10$\bar{1}$3} 晶面族上也可能出现孪晶。在室温下，镁的晶格常数为 $a=0.32092$nm，$c=0.52105$nm，$c/a=1.6236$。由于原子层按ABAB顺序堆积，理想钢球模型的 c/a 值为 1.633。因此，可以认为镁晶格的原子堆积接近理想紧密堆积。在镁中加入 Li、In、Ag 等金属元素能使 $c/a<1.618$，提高晶格的对称性，可激活镁晶格的 {10$\bar{1}$0}<11$\bar{2}$0>等棱柱面滑移系。

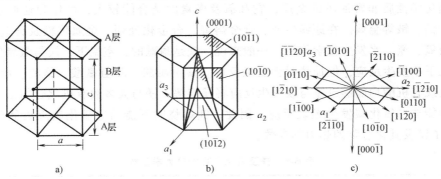

图 6-1 镁单胞的原子结构、主要晶面和晶向
a）原子结构　b）主要晶面　c）主要晶向

6.1.2 镁的力学性能

铸造状态的镁的力学性能较差,常温下其抗拉强度为 80~110MPa,伸长率为 6%~8%,硬度为 30HBW,弹性模量为 45GPa,泊松比为 0.33。表 6-2~表 6-4 给出了不同状态下镁的力学性能。

表 6-2 20℃时镁的力学性能

材料状态	R_m/MPa	$R_{p0.2}$/MPa	$A(\%)$	$Z(\%)$	HBW
铸造状态	115	25	8.0	9.0	30
变形态	200	90	11.5	12.5	36

注:Z 为断面收缩率。

表 6-3 高温下铸造状态镁的力学性能

温度/℃	R_m/MPa	$A(\%)$	温度/℃	R_m/MPa	$A(\%)$
100	93	18	350	14.0	72
200	56	28	400	8.5	80
250	41	40	450	5.0	78
300	25	58	500	3.5	81

表 6-4 高温下变形镁的力学性能

温度/℃	R_m/MPa	$R_{p0.2}$/MPa	$A(\%)$	$Z(\%)$
200	60	25	42.5	36.5
250	30	20	41.5	92.5
300	20	16	58.5	95.5
350	18	12	95.0	98.0
400	10	5	60.0	93.5
450	6	4	65.5	93.5

6.1.3 镁的化学性质

镁是化学性质非常活泼的金属,它和氧及卤素的结合能较大,可作为还原剂,置换钛、锆、铀、铍等金属。在原镁生产、合金熔炼、合金化处理、金属传输及铸造过程中,镁极易与氧、氮、水发生化学作用。一般来说,镁是耐碱的,室温下,镁与氢氧化钠等碱性溶液几乎不发生反应,但加热时会发生反应。镁不耐酸,除氢氟酸、铬酸、脂肪酸外,其他无机或有机酸均能够迅速与镁发生反应将镁溶解,镁与大多数有机化合物是不发生反应的,镁能与二氧化碳发生燃烧反应,因此,镁燃烧时不能用二氧化碳灭火器灭火。表 6-5 列出了镁及其化合物的热力学参数。

表 6-5 镁及其化合物的热力学参数

参数	Mg	MgO	$MgCl_2$	MgF_2
熔点/℃	651	2800	712	1369

(续)

参数	Mg	MgO	$MgCl_2$	MgF_2
沸点/℃	1107	3600	1412	2239
熔化潜热/(kJ/kmol)	2.16	18.5	8.1	5.9
汽化潜热/(kJ/kmol)	32.552	—	32.69	69.8
25℃时的比热容/[kJ/(kg·℃)]	23.90	37.80	71.33	—
标准比热容/[kJ/(kg·℃)]	—	611.56	320.43	552.12
25℃时的标准熵/[kJ/(kg·℃)]	32.52	27.42	89.58	58.60

在空气中，镁的表面容易生成氧化镁薄膜使表面颜色迅速变暗。氧化镁具有体心立方结构，其晶格常数 $a=0.4192nm$。温度为25℃时，氧化镁的结合能为610.30kJ/(kg·K)；温度低于450℃时，氧化镁薄膜对镁表面具有保护作用；温度高于450℃时，氧化膜将变得不稳定且易被破坏，从而导致镁的进一步氧化，此氧化反应是放热反应，若氧化反应放出的热量不能被及时转移，镁将会燃烧。在空气中，镁的燃点是623℃，随着大气压的变化，镁在氧气中的燃点也会发生变化。氧化镁薄膜并不致密，其致密系数为0.79，这是镁和镁合金耐蚀性不及铝和铝合金的主要原因，所以一般来说，镁合金必须经过特殊的表面防护处理才能保证其永久储存。

6.1.4 镁合金的性能

(1) 较高的比强度、比刚度 镁合金的比强度高于铝合金和钢铁，略低于纤维增强塑料。其比刚度与铝合金和钢铁相当，但却远远高于纤维增强塑料。因此，在相同强度和刚度的情况下，用镁合金制作结构件可以减小零件质量，这点对国防、航空、汽车及便携式电子器材等行业均有很重要的意义。

(2) 减振性能好 镁合金与铝合金、钢、铁等相比具有较低的弹性模量，在同样的受力条件下，可消耗更大的变形功，具有降噪、减振的功能，可承受较大的冲击振动负荷。镁合金具有极好的滞弹吸振能力，其减振性是铝合金的5~30倍，塑料的20倍，钢铁的50~1000倍。在汽车中使用镁合金可提供舒适安静的乘坐条件，提高安全性。镁也被用于航空航天、国防等尖端领域，如鱼雷、战斗机和导弹等的减振部位。例如，镁合金AZ91在35MPa应力下的振动衰减系数为25%，铝合金A380只有1%；AZ91在100MPa应力下的衰减系数上升为53%，A390只有4%。

(3) 良好的铸造性能 镁与铁几乎不发生反应，熔炼时可用铁坩埚。熔融镁对坩埚的侵蚀小，压铸时对压铸型的侵蚀小。与铝合金压铸相比，压铸型的使用寿命可延长2~3倍，通常可维持20万次以上。镁合金的比热容和结晶潜热小，流动性好，充型流动速度约为铝合金的1.25倍，用于压铸生产时的生产率比铝合金提高40%~50%，且镁制品壁厚可小于0.6mm，而铝合金为1.2~1.5mm，塑胶制品在相同强度下很难达到的。

(4) 尺寸稳定性高 不需要退火和消除应力即可具有尺寸稳定性，是镁合金的一个很突出的特性，体积收缩率仅为4%~6%，是铸造金属中收缩量较低的一种合金。

(5) 优良的切削加工性能 镁合金的切削速度大大高于其他金属，可减少切削加工时间,切削时对刀具的消耗很低。镁合金、铝合金、铸铁、低合金钢切削同样零件消耗的功率比值为 1:1.8:3.5:6.3。且镁合金的切削加工速度可以比铝合金高 2~4 倍,而加工能量仅为铝合金的 70% 等。镁合金的机加工多在干态下进行,不用切削液便可改善零件表面加工质量、减小摩擦力和延长刀具寿命,不需磨削和抛光便能获得平滑光洁的表面。

(6) **良好的磁屏蔽性** 镁合金具有优于铝合金的磁屏蔽性,能更好地阻隔电磁波,适合制作发出电磁干扰的电子产品的壳、罩,尤其是紧靠人体的手机。而采用塑料制造电子器件时,为了提高其电磁屏蔽性能,一般在表面喷涂导电漆、表面镀层、金属喷涂,在塑料内部添加导电材料、辅助金属箔或金属板等,这会增加生产工艺的复杂性,提高产品的生产成本和价格,且电磁屏蔽效果仍然很有限。

(7) **高散热性** 镁合金的导热能力是工程塑料 ABS 的 350~400 倍,适用于元件密集的电子产品。镁合金的散热性能不但比塑料好得多,与铝合金相比也较高。例如,在 20℃ 时,镁合金 AZ91 的密度、比热容和导热率分别为 1.81g/cm³、1050J/(kg·K)、72W/(m·K);铝合金 A380 的密度、比热容和导热率分别为 2.74g/cm³、963J/(kg·K)、96W/(m·K)。因此,计算的镁合金、铝合金的热扩散系数分别为 $3.79 \times 10^{-5} m^2/s$、$3.64 \times 10^{-5} m^2/s$,体积比热容分别为 1.90J/(cm³·K)、2.64J/(cm³·K),而工程塑料 ABS 和聚碳酸酯的热扩散系数几乎为零。可见,在相同体积下,镁合金件的蓄热能力比铝合金件低,但二者的散热能力相差无几。由于镁合金的压铸成型性比铝合金的成型性好,镁合金压铸件可以比铝合金压铸件的壁厚做得更薄、形状更复杂,考虑到这些尺寸因素对散热性的影响,镁合金压铸件加热与散热往往比铝合金压铸件快,工程塑料 ABS 则更慢。

(8) **再生、可回收性** 废旧镁合金铸件可再熔化,并作为镁合金 AZ91、AM50 或 AM60 的二次材料可再铸造。镁合金的熔化潜热比铝合金低,熔炼消耗的能量低。更为重要的是,镁合金中的杂质可以通过相对简单的冶金法清除,这种方法符合环保要求,使镁合金比许多塑胶材料更具有吸引力。

6.2 镁合金中的合金元素

镁合金中的合金元素主要是铝、锌、稀土金属、锂、银、锆、钍、锰及微量元素镍等。它们在镁合金中有固溶强化、沉淀强化、细晶强化等作用。

6.2.1 镁基固溶体

合金元素在镁中的固溶是镁合金化的主要方法,也是固溶强化和沉淀强化的基础。溶质原子对镁基固溶体的固溶强化作用取决于溶质原子和镁原子的尺寸之差 $(d_{Mg}-d_M)/d_{Mg}$(M 表示合金元素)。部分镁合金中的合金元素对镁基固溶体的固溶强化效果见表 6-6,其中钍、铈、钙是特别有效的固溶强化元素。由于原子尺寸差越大,溶解度越小,限制了这些元素的固溶强化作用程度。

表 6-6 部分合金元素对镁基固溶体的固溶强化作用

合金元素	原子直径差 $\left(\dfrac{d_{Mg}-d_M}{d_{Mg}}\right)$(%)	200℃时 M 在 Mg 中的近似溶解度(%)	每增加 1%(质量分数)溶质时性能的提高(%)	
			$R_{p0.2}$/MPa	HBW
Al	10	3	25	8
Zn	16	2	45	7
Ag	9	5	23	7
Cd	7	50	10	1
Li	5	5	—	3
Ca	−24	1	110	—
Ce	−14	2	148	—
Th	−13	1	212	—

快速凝固技术可以极大提高合金元素在镁合金中的固溶度，扩展了 α-Mg 的固溶区间、冷速越大，则固溶度的扩展也越大。这对强化元素钙和稀土元素等尤为重要。表 6-7 列出了快速凝固对二元镁合金固溶度的影响。

表 6-7 快速凝固对二元镁合金固溶度的影响

元素	极限固溶度(%)	最大扩展固溶度(%)	元素	极限固溶度(%)	最大扩展固溶度(%)
Al	11.5	21.6/22.6	Gd	—	3.25
Ag	3.83	5.9	Mn	1.0	2.2
Ca	0.98	6.5/7.2	Sm	约 1.0	5.8
Ce	0.09	3.15	Zn	约 2.8	4.8
La	0.07	2.1	Zr	—	0.32
Nd	0.63	3.15	Y	3.5	9.7

铝是镁合金中有效的合金化元素之一，铝在镁中的溶解度较大，如图 6-2 所示，在共晶温度 437℃ 时极限溶解度 ω(Al) 为 12.6%，随温度下降，溶解度明显减小，因此，不仅可以产生固溶强化作用，还可以进行淬火及时效热处理，产生沉淀强化。经过固溶处理淬火得到的过饱和固溶体在较低温度进行时效，将发生分解，不出现预沉淀和介稳相，直接析出平衡 $Al_{12}Mg_{17}$。当 Al 含量较高和时效温度较高时，以连续沉淀为主。在 ω(Al) 大于 4% 时，铝除有固溶强化作用外，也出

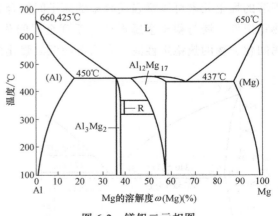

图 6-2 镁铝二元相图

现沉淀强化现象，但效果不显著。Mg 中加入 Al 元素也可以改善合金铸造性能，但有形成显微缩松的倾向。

Cd：在 Mg 中无限溶解，溶解的 Cd 起固溶强化作用。

Be：在很低浓度（小于 30×10^{-6}）时，明显降低熔体表面氧化程度，但导致晶粒粗大。

Ca：在 Mg 中的固溶度非常小，与 Mg 形成 Mg_2Ca 化合物，没有固溶强化和时效强化作用。但是 Ca 有明显的细化晶粒作用，还可以明显提高镁合金的熔点，形成 CaO 的保护膜，起到阻燃作用。在 Mg-Al 系合金中加入 Ca 可改善合金的抗蠕变性能，但对耐蚀性不利。

含 Fe 量大对耐蚀性极为不利，必须严格控制。

Zn 是一种镁合金中比较常用的合金元素，常与 Al、Zr 或者 RE 元素（稀土元素）一起作用。Zn 在 Mg 中的固溶度约为 6.2%，具有较大的溶解度，在共晶温度 340℃ 时，Zn 在 Mg 中的极限溶解度为 6.2%，随着温度降低，Zn 的溶解度有较快的降低，200℃ 时为 2.0%。镁锌二元相图如图 6-3 所示。在镁锌系中有金属间化合物 Mg_2Zn_3 和 $MgZn_2$ 等，可作为沉淀强化相。Zn 可以提高铸件的抗蠕变性能，但当 Zn 含量超过 2.5% 时会对合金的耐蚀性有不利影响。Zn 可以增加熔体流动性，有形成显微缩松的倾向。

稀土元素由于具有独特的核外电子排布，在冶金、材料领域具有其独特的作用，可净化合金熔液，改善合金组织，提高合金室温及高温力学性能，增强合金耐蚀性等功能。

各稀土元素在镁中的溶解度有很大的差别，随原子序数增加而增大，重稀土金属如钆、铽、镝、铒和钇在镁中的极限溶解度最大，轻稀土金属钕和钐居中，镧、铈较小。镁钕二元相图如图 6-4 所示。在共晶温度 552℃，钕在镁中的极限溶解度 $\omega(Nd)$ 为 3.6%，随着温度降低，溶解度急剧降低，在 300℃ 时仅为 0.16%。钐在镁钐共晶温度 542℃ 时，其极限溶解度 $\omega(Sm)$ 为 5.8%。钆在镁钆共晶温度 548℃ 时，其极限溶解度 $\omega(Gd)$ 为 23.5%。铽在镁铽共晶温度 559℃ 时，其极限溶解度 $\omega(Tb)$ 为 24%。镝在镁镝共晶温度 561℃ 时，其极限溶解度 $\omega(Dy)$ 为 25.8%。钇在镁钇共晶温度 567.4℃ 时，其极限溶解度 $\omega(Y)$ 为 12.4%。镧和铈在镁中的极限溶解度 $\omega(La)$ 和 $\omega(Ce)$ 分别为 0.79% 和 0.52%。固溶的稀土元素可以增强镁合金的原子间结合力，降低合金中原子扩散速度，增加合金的热稳定性。镁与稀土金属形成一系列金属间化合物，如 $Mg_{12}RE$、$Mg_{24}RE_5$ 等。稀土镁金属间化合物的热稳定性高，有明显的沉淀强化效果。

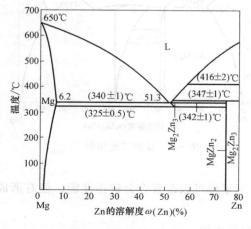

图 6-3 镁锌二元相图

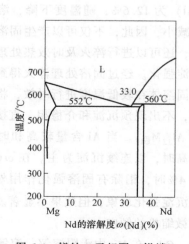

图 6-4 镁钕二元相图（镁端）

稀土元素在 Mg 中的作用体现在可以减少金属表面氧化物缺陷集中，改变其结晶晶格的参数，从而使合金具有优良的抗氧化性能。

（1）去除氧化物夹杂 镁的化学性质活泼，与氧有非常大的化学亲和力，可直接生成稳定氧化物 MgO，因此在镁合金中，氧化物夹杂主要为 MgO，而且 MgO 膜属于疏松型，无保护作用，而稀土金属元素的氧化膜致密度大于 1，能形成较致密的具有保护性的氧化膜，并有助于降低金属熔体的氧化速度。同时，稀土元素与氧的亲和力大于镁与氧的亲和力，因此将稀土元素加入镁合金熔液中，将生成稀土化合物，从而起到去除氧化物夹杂的作用。

（2）去除氢 在熔炼过程中，由于镁与水反应使镁合金具有较强的吸氢倾向，而氢溶解于镁合金熔液中是铸件产生气孔、针孔、缩松等铸造缺陷的原因，因此必须降低镁合金熔液中的含氢量。当稀土元素加入镁合金熔液后，稀土元素与水和熔液中的氢反应，生成稀土氢化物和稀土氧化物，从而达到除氢的目的。

（3）稀土元素与熔剂的交互作用 镁合金熔炼时，一般采用熔剂覆盖与精炼，熔剂的主要成分为 $MgCl_2$，RE 与 $MgCl_2$ 反应形成 $RECl_3$，这样导致 RE 元素损失。熔炼时熔剂使用不当会引起熔剂夹杂，影响合金性能，因此镁合金通常使用的熔剂不适于熔炼含 RE 的镁合金。

（4）镁合金的耐蚀性 将镁合金置于空气中或溶液中，其表面都会形成一层很薄的氧化膜，这种多孔状的氧化膜对镁合金基体并无良好的防腐蚀作用，且膜质脆，极易被腐蚀。稀土元素能有效地起到改变合金腐蚀层结构，强化阴极相控制，影响合金腐蚀性的综合作用，因此能大大提高镁合金的耐蚀性。

（5）改善镁合金的阻燃性能 镁合金在大气条件下熔炼和浇注极易氧化燃烧，这是阻碍镁合金推广应用的主要因素。目前，一般采用熔剂覆盖和气体保护法熔炼生产镁合金，或采用半固态铸造成型工艺，以降低作业温度，但仍存在一些缺点。研究发现，稀土元素在镁合金中会聚集，并有在液态下向表面聚集的趋势，而稀土在镁合金熔体表面的聚集有利于促进表面氧化膜的形成，RE 与氧的亲和力远大于 Mg 与氧的亲和力，它将和渗入的氧及 MgO 发生反应，生成稀土氧化物 RE_2O_3，并还原出 Mg，另有少量的 Al 也将与氧反应生成 Al_2O_3，从而生成主要由 MgO、Al_2O_3、RE_2O_3、$Mg_{17}Al_{12}$ 组成的致密保护膜，起到阻燃作用，提高镁合金的起燃温度。

（6）提高流动性 RE 与 Mg 能形成简单的共晶体系，形成的稀土镁合金的结晶温度间隔小。因此，RE 与 Mg 形成的低熔点共晶体具有很好的流动性。而且，将 RE 加入镁合金后，合金的流动性增加，缩松、热裂倾向减小。

（7）强化作用 将稀土元素加入镁合金后可以细化镁合金的晶粒，从而开发了一系列含稀土的镁合金。尽管稀土元素对铸态镁合金的室温力学性能影响较小，但是却显著提高镁合金的高温拉伸性能和蠕变强度，特别是对 Al 含量低的 Mg-Al 系合金，这一效果尤为显著。

（8）对电导率的影响 稀土元素在提高镁合金的铸造性能和高温力学性能的同时，并不影响合金的电导率。这在制造轻质电子仪器壳体时，对要求具有高的电导率，降低噪声水平的应用中具有重要意义。

Mn 在 Mg 中的固溶度小，不与 Mg 形成化合物。Mn 可以细化晶粒，提高合金的焊接性能。但是，对合金的强化作用比较小，Mn 的主要作用是提高镁合金的耐蚀性，以 Mn 为主要合金化元素的 Mg-Mn 系合金具有良好的耐蚀性，在其他铸造镁合金或变形镁合金中，往往加入少量的 Mn，与严重损害镁合金耐蚀性的杂质 Fe 形成高熔点化合物而沉淀出来，细化沉淀产物，增大蠕变抗力，提高合金的耐蚀性。在 Mg-Mn 系中镁端的包晶温度为 652℃，此时锰在镁中的极限溶解度 $\omega(Mn)$ 为 3.4%，随着温度降低，其溶解度急剧降低。但由于沉淀相是纯锰 β 相，强化效应很小，但热稳定性较高，如图 6-5 所示。由于锰是高熔点金属，对镁基固溶体有较强的固溶强化作用。

Zr 是最有效的晶粒细化剂，但是与 Al、Mn 等形成稳定化合物而沉淀，不能起到细化晶粒的作用，所以在 Mg-Al 和 Mg-Mn 系合金中不能添加 Zr 元素。Zr 元素还能与合金中的 Fe、Si 元素形成化合物而净化熔体，同时，也消耗了 Zr，有很多因素可使添加的 Zr 从熔体中沉淀出去，能起到细化晶粒作用的只有固溶到 Mg 中的 Zr，因此在设计合金时要考虑这一因素。Zr 和 Mg 组成包晶反应，在包晶温度 654℃，Zr 在 Mg 中的极限溶解度 $\omega(Zr)$ 为 3.801%，随温度下降，Zr 的溶解度急剧下降。镁锆二元相图如图 6-6 所示。Zr 是高熔点金属，溶于镁基固溶体，起很大的固溶强化作用。Zr 与 Mg 同为密排六方晶格，镁锆合金在冷凝时，首先从液相中析出 α-Zr，Zr 与 Mg 晶格类型相同，晶格常数接近，可作为 Mg 结晶时的非自发形核核心，使合金的凝固组织细化。

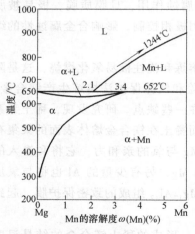 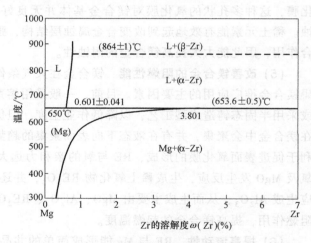

图 6-5　镁锰二元相图（镁端）　　　　　图 6-6　镁锆二元相图（镁端）

Li 是密度最小的金属（0.534g/cm³），与 Mg 组成合金构成密度较小的金属材料，因此，Mg-Li 合金的主要特点就是密度小。另一个特点是 Li 含量的增加可以改变合金的晶体结构，Li 和 Mg 形成共晶系，在共晶温度 588℃，Li 在 Mg 中的极限溶解度 $\omega(Li)$ 为 5.5%，随着温度下降，其溶解度基本保持不变。Mg 在 Li 中也有极大的溶解度，极限溶解度为 91.5%，固溶体具有体心立方晶格。镁锂二元相图如图 6-7 所示。Li 溶解在 Mg 中有固溶强化作用，特别是压缩强度明显高于其他镁合金，并有极高的室温和低温韧性。Mg-Li 合金的主要问题是耐蚀性低于一般的镁合金，其实是性能不稳定，由于锂的熔点较低，为 180.6℃，Mg-Li 合金中的原子扩散快，合金的耐热性差。但 Mg-Li 合金是超轻合金，这必然促使人们通过合金化或其他技术对其进行改进和提高。

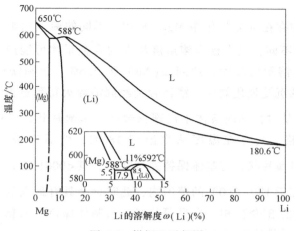

图 6-7　镁锂二元相图

Si 不固溶于 Mg，可形成化合物 Mg_2Si（熔点为1085℃），是有效的强化相。Si 还能与合金中的其他合金元素形成稳定的硅化物，改善合金的蠕变性能。Si 可与 Al、Zn、Ag 等元素形成稳定的硅化物，也是一种弱的晶粒细化剂，可改善蠕变性能，但是对耐蚀性不利。

6.2.2　镁合金中的强化相

1. Mg_2Zn_3 相

Zn 在 Mg 中的极限溶解度 $\omega(Zn)$ 为 6.2%，经过固溶处理和淬火，可获得过饱和固溶体。其脱溶过程有四个阶段，以 Mg-5.5Zn 合金为例，低温下析出偏聚区，70~80℃的偏聚区开始溶解。若先形成偏聚区，再在150℃时效，可析出更细小的弥散分布的 $MgZn_2$ 相，呈短杆状，与基体保持完全共格，为简单六方点阵，其 $a=0.52nm$，$c=0.85nm$。此时，可得到最大的沉淀强化效果。进一步升高温度，逐步转变为圆盘状的半共格 $MgZn_2$ 相，最后转变成非共格的平衡相 Mg_2Zn_3 相。不同锌含量对镁锌合金沉淀强化的作用如图 6-8 所示。

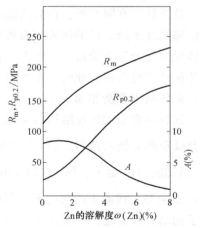

图 6-8　镁锌合金中锌含量对时效后沉淀强化作用的影响（175℃时效16h）

2. γ-$Mg_{17}Al_{12}$ 相

镁铝合金中形成富镁的 γ-$Mg_{17}Al_{12}$ 相，铝在镁中的极限溶解度 $\omega(Al)$ 为 12.6%，其溶解度 $\omega(Al)$ 随温度下降而迅速减小。经固溶处理后得到的过饱和固溶体，在脱溶时直接析出平衡相 γ-$Mg_{17}Al_{12}$ 相，与基体不产生共格应变。时效温度较低时，首先在晶界产生不连续的胞状沉淀，然后晶内开始连续沉淀。而在较高温度（如250℃以上）时效，则只产生连续沉淀。虽然时效只析出平衡相 γ-$Mg_{17}Al_{12}$，但其连续沉淀也有一定的强化作用。

3. $Mg_{12}RE$ 相

镁-轻稀土合金中存在沉淀强化相 $Mg_{12}RE$ 相。不同的稀土元素与镁形成的金属间化合物在镁中的溶解度不同,只有极限溶解度较大的合金系才可能产生显著的沉淀强化效应。钕在镁中的极限溶解度较大,达到 $\omega(Nd)$ 为 3.6%,钕和镁形成的金属间化合物 $Mg_{12}Nd$ 能产生有效的沉淀强化效应。镁钕合金经固溶淬火得到过饱和固溶体,其脱溶过程分四个阶段,首先从过饱和固溶体中出现偏聚区,呈薄片状,平行于 $\{10\bar{1}0\}$ Mg 面,与基体保持完全共格,其存在温度从室温到180℃;然后出现具有 DO19 超结构的 β″-Mg_3Nd 介稳相,呈薄片状,与基体保持完全共格,其<0001>β″//<0001>Mg,$\{10\bar{1}0\}$ β″//$\{10\bar{1}0\}$ Mg,存在于 180~260℃ 的范围内,此时合金具有最大的强化效果;接着是析出具有面心立方晶格的 β′介稳相,也呈薄片状,与基体保持半共格,在 200~300℃ 范围析出于位错线上;最后是析出平衡相 $Mg_{12}Nd$。

4. $Mg_{24}RE_5$ 相

在镁-重稀土合金中存在沉淀强化相 $Mg_{24}RE_5$ 或 Mg_5RE,在镁镝系合金中存在 $Mg_{24}Dy_5$ 相,在过饱和固溶体脱溶分解过程中,存在一系列介稳相,首先出现 β″相,具有 DO19 超结构;然后是 β′相,属正交晶系,二者均有强的沉淀强化效应。最后是平衡相 $Mg_{24}Dy_5$。在镁钇系合金中,脱溶初期出现 β″相,具有 DO19 超结构,然后是 β′相,属正交晶系,最后是平衡相 $Mg_{24}Y_5$。β″相和 β′相具有强沉淀强化效应。在镁钇钕系合金中,出现复杂的沉淀强化相,脱溶初期出现 β″相,具有 DO19 超结构,然后是 β′-$Mg_{12}NdY$ 相,最后是平衡相 β-$Mg_{14}Nd_2Y$ 相。在镁钆合金中出现的是 β-Mg_5Gd 相。

5. $Mg_{23}Th_6$ 相

钍在镁中有限溶解,在共晶温度 582℃ 时,钍在镁中的极限溶解度为 4.75%。镁钍固溶体随温度下降,钍的溶解度很快降低,并有金属间化合物 $Mg_{23}Th_6$ 析出。镁钍过饱和固溶体脱溶时分三个阶段,在低温下首先析出 β″介稳相,具有 DO19 超结构,呈圆盘状,与基体保持完全共格,此时合金具有最大的强化效果;然后析出 β′相,它与基体保持半共格;最终析出平衡相 $Mg_{23}Th_6$。

这种具有 DO19 超结构共格相(如 Mg_3Th_6、Mg_3Nd)的强化效果最大。其单胞的 a 轴是镁单胞 a 轴的两倍,而 c 轴与镁相同,析出呈圆盘状或片状,DO19 射在 $\{10\bar{1}0\}$ Mg 和 $\{11\bar{2}0\}$ Mg 面上,沿<0001>Mg 方向,这是因为 Mg_3XDO19 单胞的 $\{10\bar{1}0\}$ 和 $\{11\bar{2}0\}$ 面全部由镁原子组成的面,所以,与在基体的相界面两侧的原子相同,只有次近邻原子的结合有变化,因而这是一个界面能很低的界面,有很高的共格稳定性,对高温蠕变强度很有利。

6. $Mg_{12}Nd_2Ag$ 相

镁钕银系中产生三元金属间化合物 $Mg_{12}Nd_2Ag$。据报道,高温下固溶处理后得到的过饱和固溶体在时效时有两个独立的时效过程。一是首先形成棒状的偏聚区,与基体保持完全共格,然后转变为 γ 相。它具有六方结构,$a = 0.963nm$,$c = 1.024nm$,与基体保持完全共格,具有最大的沉淀强化效应。接着 γ 相转变成 β 相,与基体形成半共格,最后转变成平衡相 $Mg_{12}Nd_2Ag$。另一种时效过程是形成椭圆形的偏聚区,它与基体保持完全共格,然后直接转变成 β 相,最后转变成平衡相 $Mg_{12}Nd_2Ag$。

7. Al_2Nd 和 Al_2Y 相

将铝加入镁钕合金中,在镁基固溶体中形成非常稳定的高熔点 Al_2Nd 金属间化合物。它具有非常弥散的分布,产生弥散强化作用。同样,铝加入镁钇合金中也能形成高度弥散的 Al_2Y,也是高熔点的金属间化合物。Al_2Nd 和 Al_2Y 相可在快速凝固粉末镁合金中生成,以非常细小的颗粒弥散分布,在随后的粉末致密化过程加热时,能抗聚集长大。

8. Mg_2Ca 和 Al_2Ca 相

镁合金中加入过饱和的钙可形成 Mg_2Ca,它呈弥散分布,并且热稳定性好,起弥散强化作用。在 Mg-Al-Ca 合金中,当溶解度比值 $\omega(Ca)/\omega(Al)$ 大于 0.8 时,可形成 Mg_2Ca 和 Al_2Ca,若其比值小于 0.8 时,只出现 Al_2Ca。当 $\omega(Ca)/\omega(Al)$ 大于 0.8 时,Mg_2Ca 的形成不仅提高了合金的强度和硬度,还提高了高温力学性能。在 Mg-Al-Ca 系镁合金中,其强化相为复合金属间化合物 $(Mg,Al)_2Ca$。

9. 准晶 Mg_3YZn_6 相

经快速凝固的 Mg-Zn-RE 系中和普通铸造条件下均可形成,是稳定型准晶,Mg_3YZn_6 准晶相的准晶格常数 a_R 约为 0.52nm,属 FK 型 20 面体准晶,具有较高的有序结构,与电子因素有关,其平均价电子浓度约 2.1,具有高硬度、低表面能、高的热稳定性,是重要的镁合金强化相。

6.3 镁合金的分类

工业中应用的镁合金分为变形镁合金和铸造镁合金两大类。许多镁合金既可做铸造合金,又可做变形合金。经锻造和挤压后,变形合金比相同成分的铸造合金有更高的强度,可加工成形状更复杂的部件。此外,还有新发展的快速凝固粉末冶金镁合金和非晶态镁合金。镁合金常用的热处理类型有:

T1——部分固溶+自然时效;T2——铸后退火;T3——固溶+冷加工;T4——固溶+自然时效;T5——人工时效;T6——固溶+人工时效;T7——固溶后稳定化;T8——固溶+冷加工+人工时效。

6.3.1 变形镁合金

变形镁合金的牌号见表 6-8。主要合金系为镁锌系、镁铝锌系、镁稀土系、镁锰系和镁锂系。

表 6-8 变形镁合金的牌号

牌号	主要合金元素质量分数(%)			
	Al	Zn	Mn	Zr
AZ40M	3.0~4.0	0.2~0.8	0.15~0.5	

(续)

牌号	主要合金元素质量分数(%)			
	Al	Zn	Mn	Zr
ME20M	0.2	0.3	1.3~2.2	
ZK61M	0.05	5.0~6.0	0.1	0.3~0.9
AZ80M	7.8~9.2	0.2~0.8	0.15~0.50	

1. 镁锌系合金

这类镁合金是热处理强化变形镁合金。其中,镁合金 ZK61M 的锌的质量分数为 5.0%~6.0%,锆的质量分数为 0.3%~0.9%,锰的质量分数为 0.1%。其沉淀强化相为 Mg_2Zn_3。当加热到 400℃ 左右时,Mg_2Zn_3 相即溶于基体。但要使锆质点溶解,要加热到更高温度,一般固溶处理温度为 505~515℃。时效温度在 160~180℃ 的范围内,得到沉淀强化相为 β' 相。固溶的锆能降低合金中原子扩散,提高再结晶温度。从液态析出的锆可强烈细化晶粒。ZK61M 合金的热加工温度为 380~420℃,通过挤压或锻造成形。ZK61M 合金的热处理工艺有两种,一种是固溶处理和人工时效,即 505~515℃ 保温 24h 空冷,150~170℃ 时效 24h。另一种是热变形(挤压或锻造)后直接进行人工时效,即在 380~420℃ 热变形,然后在 170~180℃ 时效 10~24h。第二种热处理工艺避免了加热到高温时引起晶粒长大、从而降低塑性的结果,所以经过挤压的 ZK61M 合金具有细晶组织,有较高的强度和塑性。挤压棒材经过固溶淬火和人工时效,其 $R_{p0.2}$ = 343MPa、R_m = 363MPa、A = 9.5%。而经过挤压和人工时效后,$R_{p0.2}$ = 324MPa、R_m = 355MPa,而 A 增至 16.7%。

ZK61M 为高强度变形镁合金,其缺点是焊接性差,不能制造焊接件。由于其强度高,耐蚀性好,无应力腐蚀倾向,且热处理工艺简单,能制造形状复杂的大型构件,如飞机上的机翼长桁、翼肋等,其使用温度不超过 150℃。

在镁锌系合金中添加稀土金属钕能改善合金的质量,减少铸锭疏松,降低热裂倾向,提高耐蚀性,并进一步提高强度。钕对 ZK61M 合金性能的影响如图 6-9 所示。加钕的 ZK61M 合金的抗拉强度和屈服强度随钕含量的增加而提高,最合适的钕含量为 2% 左右。

在镁锌合金系中加入稀土金属钇,当钇的质量分数达到 0.9% 左右时,抗拉强度出现极大值。

在镁锌系合金中加入少量镉、钕或镧,可进一步强化合金,提高室温和高温强度,改善焊接性。

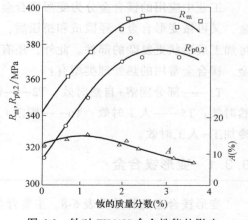

图 6-9 钕对 ZK61M 合金性能的影响

2. 镁锰系合金

镁锰系合金中的过饱和固溶体析出相为 β-Mn,故其热处理强化作用很小,其使用组织是退火组织,在固溶体基体上分布着少量 β-Mn 颗粒。随锰含量的增高,合金的强度略有提高。锰的主要作用是提高合金的耐蚀性,锰与合金中杂质铁结合成锰铁化合物沉积下

来，除去了铁的有害影响。这类合金经过挤压成形，强度有所提高。镁锰合金有良好的耐蚀性和焊接性。

M2M合金锰的质量分数为1.3%~1.5%，经过340~400℃退火，其$R_{p0.2}=98\text{MPa}$、$R_m=206\text{MPa}$、$A=4\%$，其高温塑性好，可生产板材、型材和锻件。在M2M合金基础上加入铈（0.15%~0.35%），成为ME20M合金，加入铈形成Mg_9Ce（或$Mg_{12}Ce$）金属间化合物，细化了合金的晶粒，改善了冷加工性，并提高了室温和高温下合金的强度，将工作温度由M2M合金的低于150℃提高了50℃。镁合金的特点是力学性能的方向性明显，而ME20M合金在双重挤压和再结晶退火后，其性能的方向性被消除了。ME20M合金有中等强度和较高的塑性，其$R_{p0.2}=167\text{MPa}$、$R_m=245\text{MPa}$，$A=18\%$，又有良好的耐蚀性和焊接性，可生产管材、板材、锻件，目前已取代M2M镁合金，用于飞机的蒙皮、壁板及润滑系统的附件。

3. 镁稀土系合金

钕、钇、钪等元素可显著提高镁合金的工作温度，从低于150℃提高到300~350℃。图6-10所示为各种稀土元素对镁合金在205℃下100h变形量为0.5%的蠕变强度的影响，其强化作用依Nd>Ce>La顺序变化。铈与以铈为主的混合稀土金属（MM）的作用相当。

重要的合金有镁钕系，可利用Mg_9Nd的沉淀强化作用。当过饱和固溶体脱溶，在180~260℃范围内存在的介稳相起到了沉淀强化作用。在镁钕锰合金中，随钕含量的增加，室温和高温强度都可大幅度提高，如图6-11和图6-12所示。钕含量在3%左右时，室温强度达到最大值，在300℃下，抗拉强度仍能保持在147MPa以上。

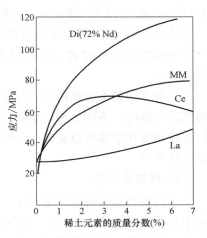

图6-10 各种稀土元素对镁稀土系合金蠕变强度的影响

（205℃，100h，0.5%变形量）

Di—Nd-Pr混合稀土金属，Nd的质量分数为72% MM—混合稀土金属以Ce为主

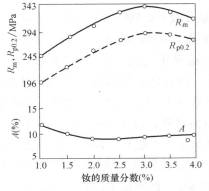

图6-11 钕含量对镁锰合金室温性能的影响

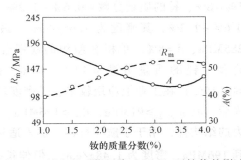

图6-12 钕含量对镁锰合金300℃下性能的影响

在镁钕合金基础上加入锰和微量镍，锰可提高合金的蠕变性能，微量镍可进一步降低蠕变速率。

研究表明，重稀土金属钆、镝、钇和轻稀土金属钕、钐的组合，进行复合合金化，具有极明显的时效强化作用。Mg-6Gd-2Nd-0.5Zr 合金经 500℃ 6h 固溶处理，225℃ 12h 时效后，其抗拉强度 R_m 达到 335MPa，屈服强度 $R_{p0.2}$ 达到 180MPa。对于 Mg-6Gd-4Sm-0.5Zr 合金，钆和钐的组合在 520℃ 6h 固溶处理，225℃ 1h 时效后，其室温力学性能 R_m 达到 310MPa，$R_{p0.2}$ 达到 205MPa，A 达到 3%。镁合金中镝和钆的质量分数总和超过 10% 时，可以获得优异的室温和高温力学性能，尤为重要的是提高了屈服强度和屈强比。

钐和钕同属轻稀土金属，钐在镁中的极限固溶度 $\omega(Sm)$ 为 5.7%，与钕相同，也能产生明显的时效强化作用。Mg-4Sm-4Y-0.5Zr 合金经固溶和时效处理后，R_m 达到 330MPa，$R_{p0.2}$ 达到 220MPa，A 达到 3.5%。

Mg-Gd-Y-Zr-Ca 系合金具有很好的室温和高温力学性能。Mg-12Gd-3Y-0.4Zr-0.4Ca 合金，经过热挤压后时效，强化效果显著，R_m 高达 450MPa，$R_{p0.2}$ 高达 320MPa，A 达到 5% 以上。

这种不同稀土金属的复合强化作用是经固溶后时效处理，具有高含量稀土金属的过饱和固溶分解时，不同的稀土金属互相作用，影响其分解速度和沉淀相析出动力学过程，同时沉淀相的化学成分也复杂，其稳定性也增加，析出强化相数量也增加，这些都增强了沉淀强化效应。

4. 镁锂系合金

镁锂系合金的特点是密度小，属于超轻型结构合金，其密度为 $1.3 \sim 1.65 \text{g/cm}^3$。锂在镁中的固溶度低于 5.5% 时，随锂含量的增加其强度变化不大。其显微组织是单相密排六方的 α 固溶体。锂在镁中的固溶度在 5.5%~10% 的范围内时是 α+β 复相组织，由于 β 相为体心立方结构，其强度较低，但室温和低温塑性很好。锂在镁中的固溶度在 10% 以上时为 β 单相组织，强度低，室温和低温塑性很好。为了提高镁锂合金的强度，需要进一步进行合金化，加入强化元素铝、锌、锰、镉、钕和铈等。

由于锂的熔点仅 180.6℃，故导致镁锂合金中原子扩散速率高，高温强度低，并且锂的化学性质活泼，易与氧、氮、氢等形成稳定的化合物，耐蚀性较低，且有较严重的应力腐蚀倾向。

具有单相 α 组织的镁锂合金的成分为：锂的质量分数 = 4.5%~6%、铝的质量分数 = 5%~6%、锌的质量分数 = 0.6%~1.2%、锰的质量分数 = 0.2%~0.8%、锡的质量分数 = 0.6%~1.2%，其密度为 1.65g/cm^3。最终热处理为稳定化退火，$R_{p0.2} = 206\text{MPa}$、$R_m = 285\text{MPa}$、$A = 8\%$。单相 β 组织的镁锂合金的强度低，但有良好的冷变形能力。Mg-Li-Al 合金（锂的质量分数 = 13%~15%、铝的质量分数 = 1.0%~1.5%、锰的质量分数 ≤0.15%）在工业上应用较多，是密度较低的金属结构材料，为 1.35g/cm^3，经稳定化退火后，其 $R_{p0.2} \geq 91\text{MPa}$、$R_m \geq 126\text{MPa}$、$A \geq 10\%$，多用于生产板材，制作常温和低温下受力的结构件，用于宇航飞行器。加入适量铝、锌、硅后，抗拉强度 R_m 从 117.6MPa 提高到 196MPa，密度为 1.48g/cm^3，但伸长率由 24% 降至 8%，使之加工困难，通过补充加钕有很大的改善。钕对 Mg-14Li-0.5Al-2Zn-0.5Si 的 β 结构合金力学性能的影响如图 6-13 所示。钕的质量分数 = 1%~2%，可使伸长率上升到 21% 左右，同时强度也有一定提高，这种合金可以焊接。

5. 快速凝固镁合金

传统的熔铸镁合金的强度较低，耐蚀性较差。快速凝固镁合金在这两方面都得到改善，并具有高的断裂韧性。为了提高镁合金的强度，通过加入合金元素形成热稳定性高的弥散析出相，而又不降低合金的耐蚀性。稀土元素的电化学位与镁相近，在镁中能形成高度弥散相，增高强度而又不降低耐蚀性。通过快速凝固技术加入钕和铝，可形成弥散的 Al_2Nd 质点；加入钇和铝，可形成弥散的 Al_2Y 质点。这些弥散的 Al_2Nd 和 Al_2Y 质点在随后的快凝粉末致密化过程中，加热时也不聚集长大，合金仍有极好的力学性能。镁铝钕锌合金的 $R_{p0.2}=428MPa$、

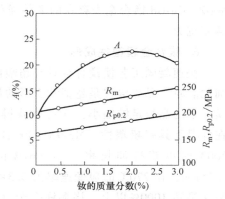

图 6-13 钕对 Mg-14Li-0.5Al-2Zn-0.5Si 的 β 结构合金力学性能的影响

$R_m=469MPa$、$A=14\%$。镁铝钇锌合金的 $R_{p0.2}=434MPa$、$R_m=497MPa$、$A=5\%$。这类镁合金完全达到了高强度铝合金的性能水平。用保护气体雾化制粉和热挤压成形的 Mg-1Zn-2Y 合金具有极高强度和延性，其 R_m 可达到 600MPa，A 达到 16%，在 423K 高温屈服强度高达 510MPa。

另一类快速凝固镁合金是非晶态镁合金，其力学性能大幅提高，强度和塑性明显改善。含 Cu 为 25%、Y 为 10% 的 $Mg_{65}Cu_{25}Y_{10}$ 合金是最先研制的大块状非晶态镁合金，它具有较低的临界冷却速度（93K/s）。若加入银和铅，有利于非晶形成，并提高了合金的强度，获得的非晶态合金的直径可达 12mm。含 Cu 为 25%，Gd 为 10% 的 $Mg_{65}Cu_{25}Gd_{10}$ 和含 Cu 为 25%、Y 为 10% 的 $Mg_{65}Cu_{25}Y_{10}$ 两种非晶态镁合金有更强的非晶态形成能力，可在普通铜模喷射铸造成直径为 8mm 的非晶棒。为改善其脆性，加入 5% Ni 后，$Mg_{65}Cu_{20}Ni_5Gd_{10}$ 合金提高了室温韧性，并降低了腐蚀速度。研究表明，Mg-M-RE 系非晶态镁合金比其他合金系有更高的抗拉强度。含 Y 为 10%、Cu 为 10% 的 $Mg_{80}Y_{10}Cu_{10}$ 合金的抗拉强度达到 820MPa，而含 Ni 为 15%，Y 为 5% 的 $Mg_{80}Ni_{15}Y_5$ 合金的抗拉强度达到 830MPa，而且耐蚀性也非常好。

还有一类是准晶强化镁合金。准晶是一种不同于晶体和非晶态的长程固态有序相，其主要特点是非晶体学旋转对称，以及长程准周期性。由于准晶中不存在特定的滑移面，室温下位错难以运动，是一种硬脆相，可作为金属基体中的强化相。在镁合金中存在某些在热力学上稳定的准晶，它主要在 Mg-Al-X（X 为 Cu、Zn、Pt、Ag）、Mg-Zn-RE（RE 为 Y 及 Gd 到 Er 的重稀土金属）等合金中发现。新型的 Mg-Zn-Al-Y 准晶增强的镁合金，在 Mg-8Zn-4Al 镁合金中，准晶相为 $Mg_4Zn_5Al_2$。加入 Y（1%）后使镁合金在普通铜模铸态获得的枝状准晶更为弥散。在 Mg-Zn-Al-1Y 镁合金中枝状准晶相的热稳定性在 320℃ 120h 后仍基本不变，并提高了高温蠕变抗力。

Mg-Zn-RE 准晶增强镁合金中的 Mg_3YZn_6 准晶相是一种极好的强化相。Mg-5.5 Zn-1.5 Y-1Ce（1 Zr）镁合金经快速凝固薄带，再经粉碎和 300℃ 热挤压成形得到型材，在合金基体上均匀分布有弥散的 w 相（$Mg_3Y_2Zn_3$）和 20 面体准晶 I 相（Mg_3YZn_6），其室温强度 R_m 高于 590MPa，伸长率 A 为 17%，具有极高的强度和延性，且可将其保持到 250℃。在

Mg-Zn-Cu-Gd 镁合金中存在的准晶强化相为 $Mg_5Zn_4Cu_2Gd_1$，该镁合金在200℃时具有高的蠕变抗力。

6. 镁合金超塑性成形

快速凝固工艺使镁合金具有超塑性成形能力。研究表明，镁合金经快速凝固可以明显细化晶粒。晶界滑移是超塑性变形的最主要机制，只要能通过快速凝固或热机械处理控制镁合金的晶粒足够细小，就可以获得满意的超塑性。将镁合金的晶粒细化到 1μm 以下，在低温下具有超塑性。Mg-9Al-1Zn 合金通过挤压获得晶粒尺寸为 1μm 的细晶组织，在 200℃时可获得伸长率 A 为 661% 的高超塑性。Mg-6Zn-0.5Zr 合金若其晶粒尺寸为 0.55μm，在270℃时应变速率为 $3.3×10^{-3}/s$ 最大应变速率敏感指数 m 为 0.5 时，总伸长率 A 高达 1000%以上。许多镁合金（如 Mg-Al-Zn 系、Mg-Zn-Zr 系、Mg-Y-Nd-RE-Zr 系和 Mg-Li-Zr 系）在热加工控制细化晶粒后，都可获得超塑性。

6.3.2 铸造镁合金

铸造镁合金的化学成分见表6-9。部分铸造镁合金的屈服强度与温度的关系如图6-14所示，部分铸造镁合金在260℃变形0.5%时的应力-时间关系如图6-15所示。铸造镁合金中主要合金系为镁锌锆系、镁铝锌系、镁稀土锆系、镁钍锆系、镁钕银系等。铸造镁合金加稀土金属进行合金化，提高了镁合金熔体的流动性，降低微孔率，减小疏松和热裂倾向，并提高耐热性。

表6-9 铸造镁合金的化学成分

代号	主要合金元素质量分数(%)						
	Al	Zn	Mn	Zr	RE	Nd	Ag
ZM1	0.02	3.5~5.5	—	0.5~1.0			
ZM2		3.5~5.0	0.15	0.4~1.0	0.75~1.75		
ZM3		0.2~0.7		0.4~1.0	2.5~4.0		
ZM4		2.0~3.1		0.5~1.0	2.5~4.0		
ZM5	7.5~9.0	0.2~0.8	0.15~0.5				
ZM5A	7.5~9.0	0.2~0.8	0.15~0.5				
ZM6		0.1~0.7		0.4~1.0		2.0~2.8	
ZM7	7.5~9.0			0.5~1.0			0.6~1.2
ZM10	9.0~10.7	0.6~1.2	0.1~0.5				
ZM11	0.02			0.4~1.0		2.0~3.0	

1. 镁铝锌铸造合金

镁铝合金中，只有铝的质量分数高于4%时才有足够的 $Mg_{17}Al_{12}$ 相产生沉淀强化，故一般铝的质量分数要高于7%才能保证合金有足够高的强度。加入少量锌可提高合金元素的固溶度，加强热处理强化效果，有效地提高合金的屈服强度。加入少量锰可提高耐蚀性，消除杂质铁对耐蚀性的不利影响。锌含量高的镁铝锌合金有更好的模铸性能。图6-16所示为铸造合金中铝和锌的质量分数对模铸性能的影响。在镁铝合金中锌含量在一定范围内容易引起热裂,尤其在模铸时更易发生。根据锌含量高的镁铝锌合金的良好铸造性能,发展了 AZ88 合金(Mg-8Zn-8Al),它比 AZ91 合金(Mg-9Al-0.5Zn)有更好的耐蚀性和铸造性,用于制作压铸件。

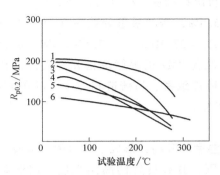

图 6-14 部分砂型铸造镁合金的
屈服强度与温度的关系

1—Mg-2.5Ag-0.7Zr-1Nd-1Th(T6)
2—Mg-2.5Ag-2.5Nd-0.7Zr(T6)
3—Mg-5.7Zn-1.8Th-0.7Zr(T5)
4—Mg-9.0Ag-2Zn-0.13Mn(T5)
5—Mg-4.2Zn-0.7Zr-1.3RE(T5)
6—Mg-3.2Th-0.7Zr(T6)

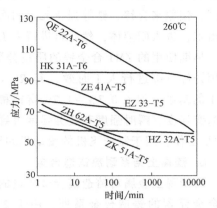

图 6-15 部分砂型铸镁合金在 260℃
蠕变变形 0.5%时的应力-时间关系

QE22—Mg-2.5Ag-2.5Nd-0.7Zr
HK31A—Mg-3.2Th-0.7Zr
ZE41—Mg-4.2Zn-0.7Zr-1.3RE
EZ33—Mg-2.6Zn-0.7Zr-3.2RE
ZH62—Mg-5.7Zn-1.8Th-0.7Zr
HZ32—Mg-2.1Zn-3.2Th-0.7Zr≤0.1RE
ZK51—Mg-4.5Zn-0.7Zr

常用的镁铝锌铸造合金为 ZM5,铝的质量分数 = 7.5%~9.0%、锌的质量分数 = 0.2%~0.8%、锰的质量分数 = 0.15%~0.5%,密度为 1.81g/cm³。由于锌含量不高,故合金的流动性好,可以焊接。其通常在 415~420℃进行固溶处理,在热水中或空气中冷却,再经 175℃或 200℃时效处理。显微组织中晶界有胞状沉淀,晶内为连续沉淀。其 $R_{p0.2}$ = 116MPa、R_m = 250MPa、A = 3.5%,用于制造飞机机舱连接隔框、舱内隔框等,以及发动机、仪表和其他结构上承受载荷的零件。加入 2.5%~4.0%的富

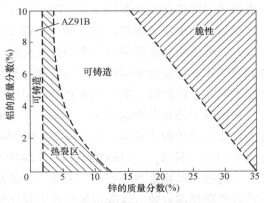

图 6-16 铸造合金中铝和锌的
质量分数对模铸性能的影响

铈混合稀土金属的 ZM5 合金,明显改善了铸造性能,减小疏松和热裂倾向,提高了在 200℃下的蠕变抗力和耐蚀性,用于生产飞机的发动机前舱和离心机匣。

2. 镁锌锆铸造合金

镁锌合金中有沉淀强化相 Mg_2Zn_3,其介稳相 $MgZn_2$ 有沉淀强化效果,当锌含量增加时,合金的强度升高,但锌的质量分数超过 6%时,合金的强度提高不明显,而塑性下降

较多。加入少量锆后可细化合金的晶粒，改善力学性能。加入镉和银后增大了固溶强化作用。加入一定量混合稀土金属可改善工艺性能，但其室温力学性能有所降低。增加锌和稀土金属后出现晶界脆性相，难以在固溶时溶解。发展了 H_2 固溶处理（480℃），氢渗入晶界区，使原来含锌、锆等强化元素的晶界脆性相分解而生成稀土氢化物，把部分锌和锆释放出来，进入固溶体，然后再进行人工时效，均匀析出针状强化相（可能是 ZrH_2）。

早期使用的 ZM1 合金锌的质量分数为 3.5%~5.5%，锆的质量分数为 0.5%~1.0%。采用铸件直接进行人工时效，其 $R_{p0.2}$ = 167MPa、R_m = 275MPa、A = 7.5%。ZM2 合金在 ZM1 的基础上加入 0.7%~1.7% 富铈稀土金属，以改善 ZM1 的显微疏松和焊接性，其高温蠕变强度、瞬时强度和疲劳强度得到明显提高，铸件致密、易铸造和焊接，可在 170~200℃ 工作，用于制造飞机的发动机和导弹等各种铸件。

3. 镁稀土锆系耐热铸造合金

由于稀土金属对铸造镁合金质量的改进，工作温度的升高，形成了以含稀土金属为主要合金元素的铸造合金系列，用于 200~300℃ 范围，具有良好的高温强度。镁钕系的 Mg_9Nd 有稳定的沉淀强化效应，介稳相 $β''-Mg_3Nd$ 抗聚集长大能力强，在高温下仍能保持高的强度。合金加入一定量锆后可以进一步细化晶粒，保证显微组织和性能的稳定，并可改善耐蚀性，形成镁稀土锆系合金。ZM6 中钕的质量分数为 2.0%~2.8%、锆的质量分数为 0.4%~1.0%，经 540℃ 固溶处理淬火，205℃ 时效，室温下 $R_{p0.2}$ = 157MPa、R_m = 245MPa、A = 4%；在 200℃ 下强度仍保持较高水平，其 $R_{p0.2}$ = 108MPa、R_m = 196MPa，可在 250℃ 下长期工作。在镁钕锆合金基础上加入 Y（1.4%~2.2%），可进一步提高高温强度。

稀土金属钇、镝、钕等在镁中有高的极限固溶度和时效强化能力，使 Mg-RE 系合金有很强的固溶强化效应和沉淀强化效应。固溶态的稀土原子加强了基体中的原子间结合强度，增加基体中原子的扩散激活能，提高了镁-稀土合金强化组织的稳定性，保持高的蠕变抗力。稀土金属能提高镁合金的抗氧化性。由于稀土金属与氧的亲和力强，改变了镁合金表面氧化膜的成分和结构，形成含稀土氧化物的复合氧化物保护层，并且更致密、阻碍氧原子向合金内扩散，减慢氧化膜的增厚速度。

在镁稀土锆合金中银的质量分数大于 2% 会改变时效过程，增大析出强化相的数量，这类合金中应用较广的是 QE22Mg-2.5Ag-2Nd-0.7Zr，经 525℃ 固溶 4~8h 后水冷，200℃ 时效 8~16h，其 $R_{p0.2}$ = 185MPa、R_m = 240MPa、A = 2%，在 250℃ 以下有高的屈服强度，可用于制造飞机起落架等部件。为进一步提高其高温强度，可用更有效强化效果的其他稀土元素来取代部分钕，以取得多元合金强化的效果。加 2% 的 Y，其主要起固溶强化作用，而含 4%Y 时又增强了时效时的沉淀强化作用。钍的质量分数为 1% 的 QH21（Mg-2.5Ag-1Nd-1Th-0.7Zr）比 QE22 合金有更优越的蠕变性能。钍降低钕在镁中的溶解度，促使时效析出更细小的沉淀强化相，并且不易聚集长大。图 6-17 所示为钍、钇对镁银钕锆系合金在 250℃ 时蠕变性能的影响。

重稀土元素对铸造镁合金的高温强度有重要的贡献，发展了以钇、钆、铒、铽等稀土元素为主加合金元素的镁-稀土系耐热铸造镁合金。Mg-Y-Nd-Zr 系镁合金在 300℃ 时仍然保持着很高的高温强度和耐蚀性。Mg-5.1Y-3.2RE-(1.5~2.0)Nd-0.5Zr 合金经固溶和时效后，室温的力学性能为：$R_{p0.2}=200\text{MPa}$、$R_m=275\text{MPa}$、$A=4\%$，已在飞机和赛车气缸上应用，达到许多铸造铝合金的水平，但在150℃下长期服役时，合金的延展性逐渐降低，达不到使用要求。若适当降低钇含量，调整钕和其他重稀土元素的含量，开发出新型镁合金 Mg-4Y-2.25Nd-1RE-0.5Zr，则有优异的综合力学性能和性能的长期稳定性，在300℃时抗拉强度 R_m 为 150~170MPa。在加入钇时，用混合重稀土金属（含 Y 为75%及 Gd、Er 等重稀土金属）取代纯钇时非常经济。一种含铒量大于10%的镁合金，在250℃时仍保持较高的抗拉强度和屈服强度，其 $R_{p0.2}=151$~171MPa、$R_m=215$~237MPa，是很好的耐热镁合金。高含量重

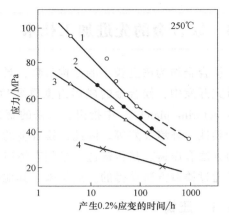

图 6-17　钍、钇对镁银钕锆系合金在 250℃时蠕变性能的影响
1—Mg-2.5Ag-2Nd-0.6Zr-4Y　2—Mg-2.5Ag-2Nd-0.6Zr-2Y
3—Mg-2.5Ag-1Nd-1Th-0.6Zr　4—Mg-2.5Ag-2Nd-0.6Zr

稀土金属的镁合金能更大幅度提高高温强度。含铽量为20%的镁合金和含钆量为20%的镁合金在250℃时的抗拉强度 R_m 达 280~320MPa。另一种含钆和钇的成分为 Mg-9.3Gd-4.5Y-0.61Mn 的镁合金，在350℃下仍有良好的蠕变抗力，可作为在此温度下运转的结构镁合金。高强度 Mg-10Gd(Dy)-3Nd-Zr 镁合金也可用于制造汽车发动机。

4. 铸造镁合金的生产特点

镁在高温下极易氧化，其氧化膜非但无保护性，反而促进进一步氧化。熔炼镁合金都在650℃以下进行，温度高使氧化加速，到850℃以上表面有火焰和在新鲜表面处发生爆裂。因此，熔炼时要用惰性气体或保护熔渣。但只有碱金属或碱土金属的氧化物或氟化物的熔流体可作保护熔渣。镁合金在熔化初期多采用薄渣，用 $MgCl_2$、KCl、BaCl 等混合渣。然后用厚渣，用含 CaF_2、MgF_2、MgO 的熔渣取代薄渣，以利于更好地隔离空气进行合金化及精炼。浇注前要搅拌，以除去氧化物和氯化物夹杂，特别是氯化物夹杂，以防止其降低合金的耐蚀性。浇注时还需撒硫，以防氧化。

合金元素以中间合金加入，而加入锆时，以 K_2ZrF_6 及大量 $BaCl_2$ 渣还原的方法使锆进入熔融镁合金。熔炼含铝的镁合金有吸氢问题，首先要使原料干燥，否则氢易产生铸造疏松。对有疏松敏感的镁铝、镁铝锌合金，要在 725~750℃用气体进行脱氢处理。含锆合金为防止锆因脱氢作用形成 ZrH_2 而损失过多，要在加锆前先进行去氢处理。

镁合金常用来细化晶粒的方法是加六氯乙烷，以球团状沉入合金熔体的底部，加入量为 0.1%~0.25%。当其分解时，形成 Cl_2 和 Al_4C_2 或 AlN，起非自发形核结晶核心，Cl_2 逸出时起脱气作用。

镁合金铸件多用砂型铸造，为防止熔镁与砂型反应，对湿型砂等用硫加强结合，对合成砂可用 KBF_4、$KSiF_6$ 等。镁合金热容量小，为获得致密的铸件，要有较大的浇冒口。一般镁合金的熔体与实际铸件体积之比为 4∶1。用永久模铸造可获得较大的冷却速度，有利于细化晶粒和组织均匀。目前，镁合金锭都采用永久模，并采用半连续浇注。

6.4 镁合金的先进加工技术

镁合金作为密度较小的结构材料,具有易于回收的优势,其发展前景广阔。在镁合金的研究开发中,镁合金的成形占据重要地位,美国在"新一代制造计划(next generation manufacturing plan)"中指出,未来的制造模式是批量小、质量高、成本低、交换期短、生产柔性、环境友好等。因此,镁合金的成形技术也面临着新的挑战。镁合金常用的加工成形方法有压铸、挤压铸造、半固态铸造、挤压、轧制、焊接等。其中,大多数镁合金产品是通过铸造方法获得的。近年来,其他镁合金的成形技术也得到很快发展。

6.4.1 压铸

压铸是液态或半液态金属在高压作用下,以合理的速率充填铸型型腔,并在压力作用下快速凝固成形而获得铸件的一种铸造方法,可以成形薄壁、形状复杂、轮廓清晰的铸件。该工艺生产率高、产品质量好(尺寸精度高、表面粗糙度值低、力学性能好)、经济效益好。

镁合金中常用的合金元素是 Al 和 Zn,Al 的合金化能提高合金的强度和铸造性能。为了保证铸造性能,一般要求压铸镁合金的 Al 的质量分数>3%,锌的质量分数<2%,否则易产生热裂,在 Mg-Al-Zn 合金中添加少量 Mn 能形成 Al-Fe-Mn 化合物而减小 Fe 的含量,改善合金的耐蚀性。

热室压铸机带有一个与充型浇道相通的空腔,这个空腔位于化铝炉内并始终充满熔融金属,如图 6-18 所示。在活塞作用下,熔融金属注入模具中。该法适用于薄壁零件,生产率高(>100 件/h),这是因为镁具有优异的铸造性能和快的凝固速度。通常地,压铸机质量为 900t,压力为 12~15MPa,成型零件质量为 5~6kg,典型壁厚为 1mm。

冷室压铸(图 6-19)储存金属液体的空腔位于熔炉的外部,熔融金属从附近的熔化炉中泵入水平放置的空腔,然后在高压活塞的作用下注入模腔中。该法适用于厚壁大型铸件,这就要有更高的压力以弥补铸件较大的收缩。通常地,压铸机质量为 4500t,压型压力为 30~90MPa,成型零件质量<60kg,典型壁厚在 1.5~2.5mm 范围内。

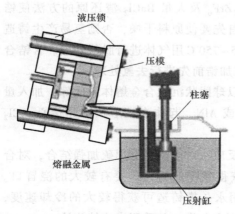

图 6-18 热室压铸

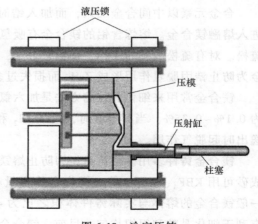

图 6-19 冷室压铸

6.4.2 挤压铸造

虽然压铸是镁合金最主要的成型方法，但是由于镁合金挤压铸件内部缺陷少、组织致密，力学性能好，并能进行热处理，近年来，挤压铸造已成为镁合金铸造工艺发展的重要领域。挤压铸造是将液态和固态金属成型原理有机结合起来，使液态金属以低速充型，高压（50~100MPa）凝固，最终获得致密、可热处理的铸件。挤压铸造作为一种先进的加工工艺，具有铸造工艺简单、成本低、产品性能好、质量可靠等优点，其主要用途是实现近净成形，生产高质量铸件取代锻件。在挤压铸造过程中，工艺流程如图6-20所示。

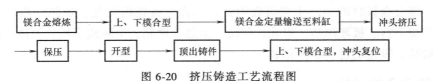

图6-20 挤压铸造工艺流程图

镁合金液通过密封定量泵浇入挤压模具中由挤压活塞与活塞缸套形成的定量室内，然后模具合型，提升活塞加压，镁合金液在挤压力的作用下浇入挤压型中，流动充型凝固。因而镁合金液在挤压型中经历的阶段可分为定量室内静态存储、开始加压和在模具型腔中流动充型、凝固等阶段。定量室上部空间大，镁合金液表面暴露，挤压时，定量室内的气体会进入模具型腔，镁合金液在流动充型过程中与型腔内的气体作用强烈。为避免发生这种情况，试验中采用氮气或氩气排除挤压模具型腔中的空气，特别是挤压活塞上部定量室中的空气，使镁合金液在挤压成型的整个工艺过程中与空气隔离。挤压铸造的优点是：降低孔隙度；防止具有宽结晶温度范围合金产生热裂纹；晶粒细化度和缺陷少，提高了强度和韧性；可热处理；可铸造难铸造的合金；可研发新型合金；能够生产镁合金复合材料。

铸造工艺可分为直接挤压铸造和间接挤压铸造两种，如图6-21所示。直接挤压铸造具有的特点是：压力施加于上冲头，铸件从另一端挤出；模具简单，无需锁模力，降低了成本；必须填充较准确的液态金属；附加冲头或型芯可制造出更复杂的零件；可生产致密零件。间接挤压铸造具有的特点是：液态金属以0.5m/s（压铸约30m/s）的速度流过一个较大管道注入模具中；低充型速度可阻止空气的卷

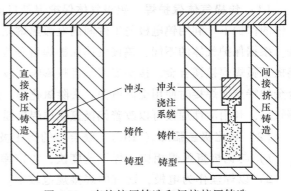

图6-21 直接挤压铸造和间接挤压铸造

入，防止气泡的形成；凝固时的压力和温度可控，可使用带有型芯或插入式配件的模具；为渗透预制件提供了条件。间接挤压铸造的缺点是挤压通道与零件连接区域面积大，分离时要浪费许多材料。但是，当控制结晶过程时，这可用来消除显微收缩和缩松。

按照挤压铸造设备的布置可分为垂直分型、垂直压射和水平分型、水平压射两种方式。

6.4.3 镁合金的轧制技术

铸造成平面形状且有圆形边缘的镁锭可以用来轧制厚板和薄板。一般镁合金厚板的厚度为 10~70mm，薄板的厚度为 0.8~10mm。根据合金的加工性能、工艺和技术条件的不同，生产镁合金板材的坯料有挤压或锻造扁坯和直冷连续铸锭。镁合金的轧制性能不佳，厚板一般可以在热轧机上直接生产，而薄板一般采用冷轧和温轧两种方式生产。与挤压相似，镁板生产受到必须在较高温度下轧制的限制。铝板和钢板的最终轧制可以冷加工完成，镁在达到最终规模时必须在一定温度下进行，这一差异是铝板和镁板价格相差甚大的主要原因。镁合金板材的生产工艺流程为铸锭铣面、铸锭均匀化、加热、热轧开坯、温整、板坯剪切下料、板坯加热、粗轧、酸洗、加热、中轧、中断或下料、加热、精轧、产品退火、精整、氧化上色、涂油包装。

6.4.4 镁合金的焊接

1. 镁及镁合金的焊接基础

潮湿大气、海水、无机酸及其盐类、有机酸、甲醇等介质均能不同程度腐蚀镁及镁合金。在室温下，镁的表面能与空气中的氧起作用，生成比较薄、脆且疏松的氧化镁薄膜；镁在空气中加热时会迅速氧化，在焊接过程中，这种氧化物会阻碍润湿和漫流。同时，镁的氧化膜在焊接过程中容易破碎。氧化膜熔点极高，在液相及固相内均难以溶解，焊接时极易形成夹渣。因此，必须用惰性气体或者焊剂保护，以防止在高温停留阶段发生氧化反应。

2. 镁合金的焊接方法

（1）**钨极气体保护焊** 钨极气体保护焊是目前镁合金较常用的焊接方法，它是在惰性气体的保护下，利用钨电极与工件间的电弧热熔化母材和填充金属，从而形成结合的一种方法。根据保护气体的不同，钨极气体保护焊可分为钨极氩弧焊（TIG）和钨极氦弧焊。采用钨极氩弧焊焊接镁合金，接头变形小且热影响区较窄，接头的力学性能及耐蚀性都较高。镁合金的特点使焊接时使用交流电源，去除氧化膜，焊接过程中主要存在气孔、夹渣和热裂纹等缺陷，利用活性焊接可以改善钨极氩弧焊焊接镁合金时存在的熔深小的问题。

（2）**熔化极氩弧焊**（MIG） 镁合金的熔化极氩弧焊焊接方法具有以下特点：

1) 与钨极氩弧焊相比，焊接速度快，生产率高，全自动焊接速度高达1m/min左右。

2) 以焊丝作为电极，适宜的焊接规范较窄。

3) 熔融镁的表面张力小，电极丝前端的熔滴难以脱离且焊接电流过高时熔滴爆炸蒸发造成飞溅。

4) 由于电极丝软，送丝稳定性差，在焊接过程中要采用推拉方式特殊送丝装置。

5) 直径小于1.6mm的焊丝较少，对于焊接厚度小于2mm的工件，难以找到适配焊丝。

（3）**激光焊** 激光焊是以高能量密度激光束作为热源的一种高效精密的焊接方法。对镁合金激光焊的研究目前主要集中在镁合金的 CO_2 连续激光焊和 YAG 固体脉冲激光焊两个领域。激光焊具有焊接速度快、热输入量小、能量密度高、热影响区窄、熔深大、热变形小、接头性能好及易于控制等优点，因而日益得到广泛应用。

(4) **电阻点焊**　电阻点焊利用焊接电流经过工件时产生的电阻热熔化母材金属，并在压力的作用下形成焊点。其三大参数包括焊接电流、焊接时间和电极压力。镁合金薄板的点焊有一般点焊和附加工艺垫片的新型点焊两类。电阻点焊是汽车车身制造中最主要的连接方法之一。近年来，为减小汽车质量，提高燃料利用率，减少 CO_2 排放量以尽可能降低环境污染，汽车工业将关注目光投向镁合金。镁合金熔点低、热容小、导热性和导电性极强、升温速率非常快，且其在固态和液态下的线膨胀系数都很大，因此它在焊接过程中对焊接热输入和电极压力等工艺参数变化的敏感程度远远高于其他金属，在焊接中易产生裂纹、夹渣、喷溅和电极黏附等缺陷，这些缺陷显著降低镁合金点焊接头的力学性能。

(5) **搅拌摩擦焊**（FSW）　镁合金的焊接生产还不成熟，这是因为镁合金熔点低，热导率和线膨胀系数大，焊接过程中会出现裂纹、气孔、塌陷、烧穿及焊后变形大等缺陷，采用传统的焊接方法难以获得理想的焊缝，这在一定程度上限制了镁合金的应用。而搅拌摩擦焊是一种新型的固相焊接工艺，它是 1991 年英国焊接研究所（The Welding Institute，TWI）首先提出并进行研究的。搅拌摩擦焊焊接技术避免了传统熔焊工艺焊接镁合金时出现的问题，为镁合金焊接提供了一条极具发展潜力的途径。搅拌摩擦焊是摩擦焊技术的一项突破，其工作原理如图 6-22 所示，将一种特殊形式的搅拌头插入工件待焊部位，一边高速旋转一边在工件内向前移动，通过搅拌头与工件间的摩擦产生热量，摩擦热使焊缝金属处于热塑性状态，在搅拌头的压力作用下从其前端向后部塑性流动，从而使焊件压焊成一个整体。目前搅拌摩擦焊在镁合金焊接方面的研究及应用较多，已经成功应用搅

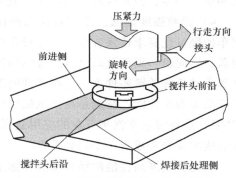

图 6-22　搅拌摩擦焊的工作原理图

拌摩擦焊的镁合金包括 AZ 系 (Mg-Al-Zn)、AM 系 (Mg-Al-Mn) 等。但是传统摩擦焊主要用于焊接回转型零件，其应用受到一定的限制。

6.5　镁合金存在的问题和发展方向

6.5.1　镁合金存在的问题

镁合金有其独特的优点，但也存在一些自身固有的弱点。目前镁合金的应用远不如同期发现的铝合金广泛，其原因主要有以下几点：

1) 化学活性高，易于氧化燃烧，使其熔炼加工困难。镁元素与氧元素具有极大的亲和力，在高温下，甚至还处于固态的镁也能与空气中的氧发生反应，放出大量热，且生成氧化镁导致热性能不好，热量不能排散，继而促进氧化反应进一步进行，形成恶性循环。

此外氧化镁疏松多孔，不能有效阻隔空气中氧的侵入。所以镁合金在熔炼和加工过程中极易氧化燃烧，熔炼时需采取复杂的保护措施。一般需在溶剂覆盖下，或在保护气氛中，或在真空条件下进行熔炼。工业生产中，主要采用熔剂或气体保护。采用熔剂保护时易造成锭坯夹杂，影响产品质量，释放的 HCl、Cl_2 和 HF 等气体污染环境；气体保护时，保护气体中多含有 SF_6，这种气体虽然对人体无害，可产生温室效应。因此，镁的生产难度相对较大，生产技术还不成熟，特别是镁合金的成型技术更有待进一步发展。

2) 室温塑性较低，变形加工能力较差。镁是密排六方晶体结构，其在室温下只有一个滑移面和三个滑移系，因此，它的塑性变形主要依赖滑移和孪生的协调作用，但镁晶体中的滑移仅发生在滑移面与拉力方向倾斜的某些晶体内，因而滑移过程会受到极大的限制。在这种取向下孪生很难发生，所以晶体很快会出现脆性断裂。温度超过 250℃ 时，镁晶体中的附加滑移面开始起作用，塑性变形能力变强。

3) 耐蚀性差，缺乏有效和积极的腐蚀防护途径。镁具有很高的化学活泼性，其平衡电位很低，与不同类金属接触时易发生电偶腐蚀，并充当阳极。在室温下，镁表面与空气中的氧发生反应，形成氧化镁薄膜，氧化镁薄膜比较疏松，其致密系数约为 0.79，即镁氧化后生成氧化镁，体积缩小，因此耐蚀性很差。目前人们多采用涂装技术提高镁的抗氧化和防腐性能，但是这种方法增加了成本，不利于推广应用。

4) 绝对强度偏低，尤其是高温强度和高温抗蠕变性能较差。20 世纪 90 年代以来，汽车的轻量化要求使镁合金在汽车行业的应用量大幅增加，但镁合金的应用主要集中在仪表盘、转向盘、翼架及离合器壳等结构件上。镁合金在汽车行业的进一步应用将在传动部件和发动机等关键零件上，这些零件的工作温度都在 150℃ 以上，这就需要镁合金具有良好的高温力学性能，特别是高温抗蠕变性能。而现在常用的镁合金的使用温度一般不超过 120℃，这将使它在汽车行业的应用受到限制。因此，研发具有良好高温抗蠕变性能的新型低成本镁合金成为一个研究重点。

因此，发展高性能的镁合金及其加工方法是近年来镁合金研究的重要课题，目前国内外的镁合金材料及其工艺研究基本上是围绕以上几方面的问题展开的。基于实际应用中的不同需求，针对不同目的研发了不同性能特征的镁合金。

6.5.2 镁合金的发展方向

1. 高强耐热镁合金

现有镁合金的室温强度、塑性、高温强度和抗蠕变性能均有待进一步提高。耐热性能差是阻碍镁合金广泛应用的主要原因之一。当温度升高时，它的强度和抗蠕变性能大幅度下降，使它难以作为关键零件（发动机零件）材料在航空、航天、汽车等工业中得到广泛应用。很多国家都将耐热镁合金的研究开发作为重要的突破方向，其目的是在不大幅度提高成本的前提下，提高镁合金在 150~300℃ 下的高温强度和抗蠕变性能。目前已开发的耐热镁合金所采用的合金元素主要有 RE、Si、Ca 及 Sr 等。稀土元素是用来提高镁合金耐热性能的重要元素，含稀土元素的镁合金 QE22、WE54 等具有与铝合金相当的高温强度。

2. 超轻镁合金

镁锂合金是迄今为止密度最小的合金元素。以镁和锂为主要元素而制得的镁锂合金的密度一般为 1.35~1.65g/cm³，比普通镁合金小 1/4~1/3，比铝合金小 1/3~1/2，所以镁锂合金也被称为超轻镁合金。由于锂的加入，镁的密排六方结构向体心立方结构转变。锂的质量分数为 0~5.7%时，镁锂合金为 α 相；锂的质量分数为 5.7%~10.3%时，为 α+β 相；锂的质量分数大于 10.3%时，为 β 相。体心立方结构的 β 相具有更多的滑移系，故镁锂合金具有更好的变形性能，甚至超塑性。通常，镁锂合金的强度很低，加入 Al、Zn、Si、Mn 和 RE 等元素可提高合金的强度和组织稳定性。高强超轻镁锂合金的开发是镁合金研究的一个热点。镁锂合金具有很高的比强度、比刚度、优良的抗振性能及抗高能粒子穿透能力，而且镁锂合金的密度小于新型航空用材铝锂合金的密度，是航空航天、核工业、汽车、3C（计算机、通信、消费电子）产业等领域理想并有着巨大发展潜力的结构材料之一。

3. 耐蚀镁合金

虽然镁合金具有许多优良特性，但是其耐蚀性却存在着明显不足，镁合金的耐蚀性差已成为制约其大规模应用的主要原因之一。改进镁合金的耐蚀性已成为镁合金发展和应用必须要解决的重要科技问题。目前的研究表明，镁合金的纯净化、耐蚀合金化和表面处理是提高镁合金耐蚀性的有效途径。

1）严格限制镁合金中 Fe、Cu、Ni 等杂质元素的含量。例如，高纯镁合金 AZ91HP 在盐雾试验中的耐蚀性大约是 AZ91C 的 100 倍，超过压铸铝合金 A380，比低碳钢好得多。

2）利用耐蚀合金化使镁合金材料本身具有高耐蚀性。研究表明，稀土元素是提高镁合金耐蚀性的有益元素。镁稀土合金一般具有良好的耐蚀性，添加稀土元素的镁合金的耐蚀性一般高于不含稀土的成分接近的镁合金。近年来，研究人员通过多元稀土复合、稀土元素和碱土金属的复合实现了镁合金耐蚀性能的突破，已研制出一些具有高耐蚀性的镁合金。因此，镁合金的稀土耐蚀合金化是提高镁合金耐蚀性的最有效、最有前途的发展途径之一，稀土耐蚀镁合金具有广泛的发展前景。

3）对镁合金进行表面处理。根据不同耐蚀性的要求，可选择化学表面处理、阳极氧化处理、有机物涂覆、电镀、化学镀、热镀涂等方法处理。

4. 阻燃镁合金

镁合金在熔炼浇注过程中容易发生剧烈的氧化燃烧。实践证明，熔剂保护法和 SF_6、SO_2、CO_2、Ar 等气体保护法是行之有效的阻燃方法，但熔剂和保护气体在使用中会产生严重的环境污染，使合金性能降低，设备投资增大。日本较早由专利报道在镁合金中添加钙可以阻燃；英国人哈德的研究表明，钙可以增强液态镁的抗氧化性能。日本九州工业研究院的秋山茂等人研究发现，当纯镁中添加的钙的质量分数超过 5%时，出现第一个氧化燃烧点的温度比纯镁提高 250℃，而且只要熔体表面不发生机械破坏，燃烧就难以产生，且证实在镁钙二元合金的表面生产了一层致密的氧化膜，其主要成分是氧化钙。但由于添加大量钙会严重降低镁合金的力学性能，这一方面无法应用于生产实践。铍与氧的亲和力大于镁与氧的亲和力，而且氧化铍的致密度系数大于 1，可以阻止镁合金进一步被氧化。但铍含量过高会引起晶粒粗化，增大热裂倾向。因此，一般镁合金的铍的质量分数限定在 0.02%以内。添加铍的另一个问题是铍及铍的化合物具有很强的毒性，对人体有害，而且废弃的炉渣也污染环境。至今人们仍未找到理想的元素，既能提高镁合金的阻燃性能，又能提高镁合金的力学性能，而且没有毒性。因此，提高镁合金阻燃性能的研究对于大气下熔炼镁合金、压铸成型，改善力学性能和拓展使用范围具有重要的意义。

5. 变形镁合金

虽然目前铸造镁合金产品的用量大于变形镁合金，但经变形的镁合金材料可以获得更高的强度、更好的延展性及更多样化的力学性能，可以满足不同场合结构件的使用要求。新型变形镁合金及其变形工艺的开发，已受到国内外材料工作者的高度重视。

思 考 题

1. 镁的密度是多少？
2. 简述镁合金的性能有何优势。
3. 镁合金中的常用合金元素有哪些？它们主要在镁合金中起什么作用？
4. 工业应用中的镁合金主要分成哪两类？各自在汽车上有何应用？
5. 变形镁合金的主要合金系有哪些？
6. 什么是压铸？镁合金的压铸工艺包括哪几种类型？
7. 什么是挤压铸造？镁合金的挤压铸造工艺包括哪几种类型？
8. 简述镁合金在应用中的劣势。
9. 试述镁合金产品的发展方向。
10. 为什么镁合金有很多优势，但是现阶段不能在汽车上大规模应用？

第7章

车用高分子材料

【教学目标】
通过本章的学习，学生能够掌握车用高分子材料的基本知识，了解高分子材料的特性，掌握车用塑料、橡胶、胶黏剂、密封胶及其制品的分类、特点及应用，能够依据所学知识对汽车零部件的高分子材料进行选用和设计。

【教学要求】

知识要点	能力要求
车用高分子材料的分类、力学状态和材料特性	掌握高分子材料的分类；掌握高分子材料的力学状态；熟练掌握高分子材料的材料特性；了解高分子材料在汽车上的应用
车用塑料及其制品	掌握车用塑料的组成、分类；熟练掌握车用通用塑料、车用工程塑料、车用泡沫塑料及其改性体系；了解车用塑料的汽车应用实例
车用橡胶及其制品	掌握车用橡胶的特性及分类；掌握车用橡胶的性能特点及其在汽车上的应用实例
车用胶黏剂与密封胶	掌握车用黏结剂的组成及分类；掌握胶黏剂的粘接原理；掌握车用黏结剂的性能特点及其在汽车上的应用实例

7.1 车用高分子材料概述

7.1.1 高分子材料及其特性

高分子材料是以高分子化合物为主要组分的材料。高分子化合物是相对分子质量较高的聚合物，通常可在加热、加压条件下塑制成型。高分子化合物的相对分子质量虽然很大，但其化学组成并不复杂，是由一种或几种简单的低分子化合物通过共价键重复连接而成的。

1. 高分子材料的分类

高分子材料的分类见表7-1。

表7-1 高分子材料的分类

分类方法	类别	特点	举例
按性能及用途分	塑料	室温下呈玻璃态，有一定形状，强度较高，受力后能产生一定形变的聚合物	聚酰胺、聚甲醛、有机玻璃、丙烯腈-丁二烯-苯乙烯（ABS）、聚四氟乙烯、聚碳酸酯
	橡胶	室温下有高弹态，受到很小的力时就会产生很大形变，外力去除后又恢复原状的聚合物	通用合成橡胶（丁苯橡胶、顺丁橡胶、氯丁橡胶、乙丙橡胶）、特种橡胶（丁腈橡胶、硅橡胶、氟橡胶）

（续）

分类方法	类别	特　　点	举　　例
按性能及用途分	纤维	由聚合物抽丝而成,轴向强度高、受力变形小、在一定温度范围内力学性能变化不大的聚合物	涤纶、锦纶、腈纶、丙纶、氨纶
	胶黏剂	以一种或几种聚合物为基料加入各种添加剂构成的,能够产生粘合力的物质	环氧树脂、改性酚醛树脂、聚氨酯、氰基丙烯酸酯、厌氧胶黏剂
	涂料	一种涂在物体表面上能干结成膜的有机分子胶体的混合溶液,对物体有保护、装饰、耐热、示温等作用	酚醛树脂、氨基树脂、醇酸树脂、环氧树脂、聚氨酯树脂
按聚合物反应类型分	加聚物	经加聚反应后生成的聚合物,链节的化学式与单体的分子式相同	聚乙烯、聚氯乙烯等
	缩聚物	经缩聚反应后生成的化合物,链节的化学结构与单体的化学结构不完全相同,反应后小分子析出	酚醛树脂(由苯酚和甲醛缩合、缩水去水分子后形成)等
按聚合物热特性分	热塑性塑料	在一定温度范围内可以软化并熔融,可塑造成型,冷却后即可成型并保持既得形状,而且该过程可反复进行	聚乙烯、聚丙烯、聚酰胺(尼龙)、聚甲醛等
	热固性塑料	聚合物在加热过程中不溶于有机试剂发生化学反应,由线型高分子变成高分子体状结构,固化冷却后再加热不再熔融,也不溶于溶剂	酚醛树脂、环氧树脂、不饱和聚酯树脂和聚硅醚树脂等

2. 高分子材料的力学状态

高分子材料的性能与其在一定温度下的力学状态有关,因此,了解高分子化合物的力学状态及其特点十分必要。

(1) 线型非晶态高分子化合物的力学状态　线型非晶态高分子化合物在恒定应力下的变形-温度曲线如图7-1所示。

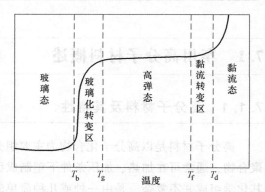

图7-1　线型非晶态高分子化合物在恒定应力下的变形-温度曲线

1) 玻璃态。塑料在温度 T_g 以下是坚硬的固体,称之处于玻璃态,它是大多数塑料件的使用状态。处于此状态的塑料,在外力作用下分子链只能发生很小的弹性变形并且弹性变形服从胡克定律。T_g 称为玻璃化温度,是聚合物从玻璃态转变为高弹态(或高弹态转变为玻璃态)的临界温度,是多数塑料使用的上限温度,也是合理选择塑料的重要参数。聚合物在 T_g 以下还存在一个脆化温度 T_b,聚合物在此温度下受力很容易断裂,所以 T_b 是塑料使用的下限温度。$T_b \sim T_g$ 的范围越大,表明塑料的使用温度范围越大。

2) 高弹态。当塑料受热温度超过玻璃化温度 T_g 时,由于聚合物的链段运动,塑料进入高弹态。处于这一状态的塑料类似橡胶状态的弹性体,其形变能力显著增大,但仍具有可逆的形变性质。

3）黏流态。当塑料受热温度超过 T_f 时，由于分子链的整体运动，塑料开始有明显的流动，塑料开始进入黏流态变成黏流液体，通常也称为熔体。在这种状态下，塑料熔体在不太大的外力作用下就能引起宏观流动，此时形变主要是不可逆的塑性形变，一经成型和冷却，其形变会永远保持下来。T_f 称为黏流温度，是聚合物从高弹态转变为黏流态（或从黏流态转变为高弹态）的临界温度。当塑料继续加热至温度 T_d 时，聚合物开始分解变色。T_d 称为热分解温度，是聚合物在高温下开始分解的临界温度，聚合物的分解会降低产品的物理性能、力学性能或产生外观不良等缺陷。T_f 是塑料成型加工的重要的参考温度，$T_f \sim T_d$ 的范围越大，塑料成型加工就越容易进行。

（2）其他类型高分子化合物的力学状态　线型晶态高分子化合物可按结晶度分为完全晶态和部分晶态两种类型。对于一般相对分子质量的完全线型高分子化合物来说，因有固定的熔点 T_m，没有高弹态。对于部分线型晶态高分子化合物来说，因为在高分子化合物内部既存在着晶态区，又存在着非晶态区，所以在 $T_g \sim T_m$ 之间出现一种既韧又硬的皮革态。这是因为在 $T_g \sim T_m$ 之间非晶态区处于高弹态，具有柔韧性，而在晶态区具有较高的强度和硬度，两者复合成了皮革态。

对于体型非晶态高分子化合物，因其具有网状分子，所以交联点的密度对高分子化合物的力学状态具有重要影响。若交联点密度小，链段仍可以运动，此时材料 $T_g = T_f$，高弹态小时，高分子化合物就与低分子非晶态固体一样，其性能硬而脆（如酚醛塑料）。

3. 车用高分子材料特性

高分子材料在汽车工业中占有重要位置，目前每辆轿车平均用到的高分子材料为 250～350kg。汽车常用高分子材料的力学性能见表 7-2。

表 7-2　汽车常用高分子材料的力学性能

材料名称	简称	密度/(g/cm³)	弹性模量/GPa	拉伸强度/MPa	弯曲强度/MPa	冲击强度/(kJ/m²)	使用温度/℃
聚乙烯	PE	0.96	1	8～36	20～45	>2	-70～100
聚丙烯	PP	0.90	1.3	30～49	30～50	5～10	-35～121
聚氯乙烯	PVC	1.35～1.45	3.1	30～60	70～110	4～11	-15～55
聚碳酸酯	PC	1.2	2.5	55～70	100	65～75	-100～130
丙烯腈-丁二烯-苯乙烯	ABS	1.05～1.07	2.2	21～63	25～97	6～53	-40～90
聚酰胺6	PA6	1.1.4	2.5	45～80	50～100	4～15	<100
聚甲醛	POM	1.41	2	60～75	100	6	-40～100
有机玻璃	PMMA	1.17～1.20	2.8	42～50	75～135	1～6	-60～100
聚对苯二甲酸丁二醇酯	PBT	1.31	1.7	55	100～135	5	<120
酚醛树脂	PF	1.24～2.00		35～140	56～84	0.05～0.82	<110
环氧树脂	EP	1.1	1～3	56～70	105～126	5	-80～155

车用高分子材料具有许多优于金属的特点：

（1）密度小 一般高分子材料的相对密度为 0.9~2.3，多数常用塑料介于 1~1.5 之间，比强度高，对运输交通工具的轻量化是非常有用的。

（2）耐化学腐蚀性能好 高分子材料对一般酸、碱化学药品均有很强的抵抗能力，其制造的汽车制品接触到化学物质，如汽油、机油、冷却液、漆、清洗试剂，耐蚀性大大超过金属制品。

（3）优良的消声吸振性能 适用于制造顶棚内衬、门内板、地垫、行李舱垫等汽车制件。电绝缘性能好。高分子材料的电绝缘性能好，因此大量应用在电机、电器、无线电和电子工业中。

（4）减摩及耐磨性能好 高分子材料的摩擦因数较小，并耐磨，可制作轴承、齿轮、活塞环、密封圈等。

（5）弹性模量和强度低于金属 高分子材料的强度只有 30~150MPa，弹性模量仅为钢铁的 1/100~1/10，用于汽车主/次承力件时可以通过添加纤维增强材料（如玻璃纤维和碳纤维）来提高高分子的弹性模量和强度。

（6）耐热性低 高分子材料的耐热性较差，大多数高分子材料只能在 100℃ 以下使用，少数可以在超过 200℃ 时使用。

（7）线膨胀系数大 高分子材料的线膨胀系数比钢铁高很多，因而温度变化导致的高分子材料制品的尺寸变化要大得多。当汽车金属零件与高分子零件相配合时，高分子材料热胀冷缩的差异易产生热应力。

7.1.2 车用高分子材料的应用与回收

随着现代科技的高速发展，以及新材料和新工艺的不断进步，人们对汽车提出了一系列更高的要求，主要表现在安全舒适性、轻量化、低成本、环保性和美观性等方面。近年来，汽车零部件的塑料化和轻量化需求大大促进了高分子材料在汽车零部件中的应用，而功能化设计的高分子材料正朝着上述发展方向不断发展扩张。汽车中高分子材料占比成为衡量汽车设计制造水平的一个重要指标。汽车节能的要求使汽车轻量化进程逐步加快，这将为车用塑料的发展带来新的机遇。近年来，我国汽车产业处于快速发展期，汽车塑料内外饰件市场规模如图 7-2 所示。

目前，汽车中已使用了大量的塑料零部件，其应用主要包括内饰件、外饰件和功能结构件。就汽车塑料使用率看，乘用车中的塑料部件占车身总质量的比例平均为 8%~15%，但应用于外饰件的比例仅占车身总质量的 1%~3%，内饰件占比最高，为 6%~10%。在内饰件中，高分子材料能够降低成本，提高环保性、舒适性和安全性，常见的高分子材料汽车塑料内饰件有仪表板、车门内板、地毯、顶棚、头枕和扶手等。在外饰件上，高分子材料可减小汽车质量、降低维护成本并提高车身造型的自由度，典型汽车外饰件有保险杠、车轮罩、散热器格栅、尾门等。功能结构件中，高分子材料能提高耐蚀性、耐磨性、表面光滑度和减重效果。常见的汽车功能结构件有气门室罩盖、散热风扇、散热器冷却液室、泵壳体等。例如，采用改性塑料制备的发动机进气歧管，相比传统的铸铁、铝件有很多优点，如与铸铁和铝相比，质量减小 40%，内壁光滑，有利于提高进气充量，并具有良好

第7章 车用高分子材料

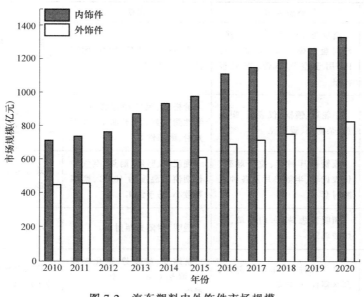

图 7-2 汽车塑料内外饰件市场规模

的抗化学性，有效延长了其使用寿命。常用汽车塑料零部件分布图如图 7-3 所示。

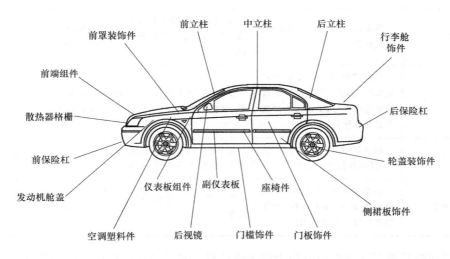

图 7-3 常用汽车塑料零部件分布图

汽车常用高分子材料的主要应用见表 7-3。

表 7-3 汽车常用高分子材料的主要应用

材料名称	典型用途	优点	局限性
聚丙烯	转向盘、保险杠、散热器面罩、蓄电池壳、仪表板、门板内衬等	质轻、中等硬度、在高温下坚韧、耐磨蚀，具有优良的抗弯曲疲劳性	低温下变脆、耐老化性差，经改性（共聚或共混）后可用于制作在 -40℃ 工作的汽车零部件

125

（续）

材料名称	典型用途	优点	局限性
聚乙烯	高密度 PE 用于电线绝缘、转向盘和燃油箱等，低密度 PE 用于空气导管、挡泥板衬垫	耐腐蚀、价格低、柔软、耐寒性好（-70℃）	高密度 PE 不难燃、难粘结、不耐老化；低密度 PE 拉伸强度低
丙烯腈-丁二烯-苯乙烯共聚物	车轮罩、镜框、仪表板、喇叭盖、杂物箱、暖风壳	价格低、尺寸稳定性好、力学性能良好、易于加工、表面光滑、耐寒性好	易受多种溶剂侵蚀、材料在阳光下暴晒易脆化
聚甲醛	板簧吊耳衬套、拉杆球碗、仪表齿轮、半轴垫片及各种耐磨衬套	强度高、坚硬、耐热，空气中长期使用温度为 105℃，摩擦系数小，易于加工	难于粘结、阻燃性差、价格中等
有机玻璃	照明标志牌、车门玻璃、尾灯玻璃罩	透明、耐阳光照射	不耐溶剂
聚对苯二甲酸乙二醇酯	电气元件、汽车车身部件、刮水器杆、齿轮等	抗蠕变、耐疲劳、耐化学腐蚀、耐热（163℃）、优良的润滑性	热水中水解、稳定性差、缺口冲击敏感
聚碳酸酯	安全玻璃、灯玻璃、仪表标牌灯	透明、特别坚韧、尺寸稳定、耐热（121℃）	容易应力开裂、耐溶剂性差
聚酰胺	轮胎帘布、安全带、油底壳、进气歧管	优良的抗蠕变和抗疲劳性能、坚韧、耐磨、耐各种化学试剂	吸湿性大，在干燥环境中抗冲击强度低
不饱和聚酯	与玻璃纤维一起制成片状模塑料（SMC）等各种纤维增强复合材料（FRP），用于制造车身及各种受力结构件	坚硬、易于工业生产、价格低、耐燃烧性好	耐溶剂性差、耐紫外线性差、耐老化性差
酚醛树脂	制动摩擦片、绝缘材料、手柄、按钮及各种黏结剂	耐热（316℃）、尺寸稳定、耐溶剂、耐烧蚀、易加工、价格低	抗冲击强度较低、颜色较深
环氧树脂	各种黏结剂、与玻璃纤维或碳纤维制成 FRP 材料，用于制造车身及承力结构件	强度高、尺寸稳定、粘合强度高	不可回收

下面列举几类有代表性的应用于汽车的塑料，对其在生产制造中的粉碎再回收进行简单的分析说明。

1. 保险杠

目前大部分轿车的保险杠主要采用改性聚丙烯，比较容易实现材料的再生利用。产生废保险杠的原因有以下几种：保险杠生产线上的质量不合格废品，报废汽车上的保险杠，因事故更换下来的保险杠。因此主要以粉碎回收为主，目前大多选用洗净—喂料—粉碎—自动分离粉尘—成型加工再制品的回收流程。根据试验分析，回收再利用材料制成的保险杠的材料性能比未使用的材料性能稍有下降。废旧回收保险杠在回收之前需剥离表面涂层，可使用机械法、物理法和化学法。

2. 转向盘、拉手、内饰板、密封件、挡泥板

弹性体软胶不易切断这些部件，大部分采用聚氨酯泡沫缓冲材料、聚氯乙烯皮革、塑热性弹性体、橡胶等，这些材料的特性是具有弹性，变形能力强，手感好。在粉碎回收时，这些物料呈现的是软胶难以切断、遇热粘刀、结块、不下料等难题。必须采用弹性体专用粉碎机。与普通的粉碎机不同，该粉碎机针对弹性体、橡胶设计，在刀具材质、切削角度、转速、刀轴装配方式上均配合软胶的特性，使物料能迅速被切断成颗粒，并配用专用筛网，使下料更顺畅。

3. 内饰、顶棚

内饰和顶棚一般采用塑料纤维毡、塑料毛麻类材料粘合而成，纤维类填料只能以剪切的方式粉碎回收。与普通的硬质高分子材料不同，它对粉碎刀具的材料要求比较高，应注意刀具材质及更换周期。

4. 车灯、灯罩、车罩部件

主要考虑的是透明性和反光性能，所以采用的是透明的聚碳酸酯和有机玻璃等。这类零部件在粉碎回收时，要避免粉碎机机身对原料的污染，同时也要注意分离粉碎中产生的粉尘。因为透明颗粒料中如果渗入粉末，在成型时很有可能造成产品发黄，或是产生黑点。这类物料在粉碎时用普通的粉碎机即可达到要求，但是在粉碎的后端最好能增加一个除尘装置。可以在粉碎后装袋的同时，去除90%以上的粉尘，使粉碎料在再次成型时，性能和成型品质更接近原材料。

7.2 车用塑料及其制品

7.2.1 塑料的组成和分类

1. 塑料的组成

（1）**树脂** 合成树脂是塑料的最主要成分，其在塑料中的含量很高。树脂的性质常常决定了塑料的性质，树脂与塑料是两个不同的概念。树脂是一种未加工的原始聚合物，它不仅用于制造塑料，还是涂料、胶黏剂及合成纤维的原料。而塑料除了极少部分含100%的树脂外，绝大多数的塑料，还需要加入其他物质。

（2）**填料** 填料又称填充剂，它可以提高塑料的强度和耐热性能，并降低成本。例如，酚醛树脂中加入木粉后可大大降低成本，使酚醛塑料成为最廉价的塑料之一，同时还能显著提高机械强度。填料可分为有机填料和无机填料两类，前者如木粉、碎布、纸张和各种织物纤维等，后者如玻璃纤维、硅藻土、石棉、炭黑等。

（3）**增塑剂** 增塑剂可增加塑料的可塑性和柔软性，降低脆性，使塑料易于加工成型。增塑剂一般是能与树脂混溶，无毒、无臭，对光、热稳定的高沸点有机化合物，最常用的是邻苯二甲酸酯类。例如，生产聚氯乙烯塑料时，若加入较多的增塑剂便可得到软质聚氯乙烯塑料，若不加或少加增塑剂，则得硬质聚氯乙烯塑料。

（4）**稳定剂** 为了防止合成树脂在加工和使用过程中受光和热的作用分解和破坏，延长使用寿命，要在塑料中加入稳定剂。常用的有硬脂酸盐、环氧树脂等。

(5) 着色剂 着色剂可使塑料具有各种鲜艳、美观的颜色。常用有机颜料和无机颜料作为着色剂。

(6) 润滑剂 润滑剂的作用是防止塑料在成型时粘在金属模具上,同时可使塑料的表面光滑美观。常用的润滑剂有硬脂酸及其钙镁盐等。

(7) 其他 除上述助剂外,塑料中还可加入阻燃剂、发泡剂、抗静电剂等。

2. 塑料的分类

根据各种塑胶原料使用特性的不同,通常将塑料分为通用塑料、工程塑料。

1) 通用塑料一般是指产量大、用途广、成型性好、价格低的塑料,如聚乙烯、聚丙烯、酚醛塑料和氨基塑料等,它们占塑料总产量的3/4以上,大多数用于生活制品。

2) 工程塑料一般指能承受一定外力的作用,具有良好的力学性能和耐高、低温性能,尺寸稳定性较好,可以作为工程结构的塑料。工程塑料又分为通用工程塑料和特种工程塑料两大类。通用工程塑料包括聚酰胺(PA)、聚甲醛(POM)、聚碳酸酯(PC)、改性聚苯醚、热塑性聚酯、超高分子量聚乙烯(HDPE)、甲基戊烯聚合物、乙烯醇共聚物等。特种工程塑料是指综合性能较高,长期使用温度在150℃以上的一类工程塑料,主要包括聚苯硫醚(PPS)、聚酰亚胺(PI)、聚醚醚酮(PEEK)、液晶聚合物(LCP)及聚砜(PSF)。特种工程塑料具有独特、优异的物理性能,主要应用于电子电气、特种工业等高科技领域。

7.2.2 车用通用塑料

1. 聚丙烯(PP)

(1) PP概述 在车用塑料中,PP是发展较快,应用比例较大,使用频次较高的塑料之一。以某款主流中级轿车拆解手册数据为例,PP类材料约占整车塑料选用频次的29%,PP类材料约占整车塑料用量比例的48%。

PP树脂是由丙烯单体聚合而成的非极性的结晶类塑料。PP具有价格低、密度较小(仅为$0.90\sim0.91 g/cm^3$)、容易加工和可重复利用等优点。PP的耐热性良好,长期使用温度可达100~110℃,在外力作用下加热到150℃也不变形。PP具有优良的电绝缘性和耐蚀性,在常温下能耐酸、碱。但PP具有成型收缩率大、低温脆性大、易老化等缺点。所以,通常采用物理或化学改性技术,添加滑石粉填充物、玻璃纤维等增强材料、抗光/热氧老化剂等助剂,提高PP材料的综合性能,以满足汽车部件的性能要求。

(2) 车用PP材料改性体系

1) 无机填料和弹性体增韧改性PP。用于增韧改性PP的无机填料主要有滑石粉、碳酸钙等,弹性体增韧主要有三元乙丙橡胶(EPDM)和乙烯-辛烯共聚物(POE),增韧改性PP主要用于汽车保险杠的注射成型。改性PP保险杠具有成本低、质量小、易涂装、可循环使用等优点。滑石粉填充改性PP材料具有高刚性、低热膨胀系数和低收缩率,且其抗化学腐蚀性能强,尤其是经表面处理的滑石粉填充PP,抗冲击性能显著提高,提高了材料的模量和热变形温度。PP改性体系见表7-4。

表 7-4 PP 改性体系

类别	组分	特点	典型车用部件
合金类	PP/PE	PP 与 PE 共混增韧,根据收缩率需要,可添加 5～8 份的滑石粉	门内板、立柱等
增韧类	PP+EPDM	具有较高的流动性及韧性,适用于韧性较高、尺寸较大的零件	外饰轮罩板等
PP-TD 填充类	PP-TD20	20%滑石粉填充,高模量、高刚性	前风窗下装饰板、空调壳体等
	PP-TD30	30%滑石粉填充,高模量、高刚性,用于对刚性要求高的零件	防擦条等
	PP-TD40	40%滑石粉填充,用于短时间内可在 140℃下承受载荷、刚性及韧性要求高的零件	灯座外壳等
PP-GF 增强类	PP-GF20	20%玻璃纤维增强,用于短时间内温度可在 140℃受热负荷的零件和因结构设计而倾向于挠曲的零件	风扇罩、扇叶等
	PP-GF30	30%玻璃纤维增强,用于受特殊负荷且对强度、刚度及形状稳定性要求高的零件	散热器盖板等
	PP-GF40	40%玻璃纤维增强,用于受特殊热负荷且对强度、刚度及形状稳定性要求更高的零件	挡风板、杂物箱、底座等
PP-LGF 增强类	PP-LGF20	20%长玻璃纤维增强,用于高刚性、高强度的部件	仪表板骨架等
	PP-LGF30	30%长玻璃纤维增强,用于高刚性、高强度、耐疲劳零件	前端模组等
	PP-LGF40	40%长玻璃纤维增强,用于高刚性、高强度的结构体	踏板等
PP+EPDM-TD 高刚增韧类	PP+EPDM-TD10	10%滑石粉填充,EPDM 增韧,高抗冲	保险杠等
	PP+EPDM-TD20	20%滑石粉填充,EPDM 增韧,高刚性抗冲	仪表板上本体、门内板、护柱等

注：表中 TD、GF、LGF 分别表示滑石粉、玻璃纤维、长玻璃纤维,数字表示含量,如 TD20 表示加 20%滑石粉。

2) 发泡改性 PP。PP 发泡材料是通过提高 PP 的熔体强度,从而提高发泡倍率而制成的低密度物质,其具有密度小、耐热、耐高温等优点。由于普通微发泡 PP 制品的质量很不理想,通常试用化学微孔发泡。化学微孔发泡是以热塑性材料为基体,化学发泡剂为气源,通过自锁工艺使气体达到超临界状态,注入模腔后气体在扩散内压的作用下,使制品中间分布着直径从十几到几十微米的封闭微发泡,微发泡成型原理如图 7-4 所示。

微发泡主要有注塑微发泡、挤出微发泡和吹塑微发泡等,注塑微发泡适用于各种汽车内外饰件,如车身门板、尾门、风道等;挤出微发泡适用于密封条、顶棚等;吹塑微发泡适用于汽车风管等。利用微发泡技术可使 PP 制品的质量减小 10%～20%,注射压力降低 30%～50%,锁模力降低约 20%,循环周期减小 10%～15%,并且能改善制品的翘曲变形

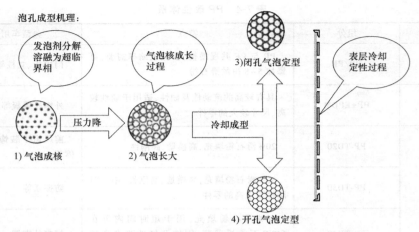

图 7-4 PP 微发泡成型原理（冷却成型，表层冷却）

性，使产品和模具的设计更灵活，在一些部件中，如汽车风管、风道，还可实现隔热、降噪的效果，减少后道工序的成本。微发泡前后的 PP 性能对比见表 7-5。

表 7-5 微发泡前后的 PP 性能对比

性能	未发泡 PP+EPDM-TD20	发泡 PP+EPDM-TD20	发泡二次开模 PP+EPDM-TD20
密度/(g/cm^3)	1.068	1.054	0.955
拉伸强度/MPa	16.8	16.9	13.7
弯曲强度/MPa	21.5	22.1	23.2
弯曲模量/MPa	1348.3	1428.7	1575.2
悬臂梁缺口冲击强度/(kJ/m^2)	3.4	4.2	4.3

(3) PP 汽车零部件 目前，PP 在汽车上广泛应用于三大系统：外饰系统、内饰系统及发动机周边部件，如前后保险杠、扰流板、外门护板、轮罩、（副）仪表板组件、门板立柱、后搁物板等饰件，以及空气滤清器、风道、蓄电池盒等部件。

1) 汽车保险杠。汽车保险杠蒙皮表面面积大，结构复杂、后加工要求高，保险杠蒙皮材料应满足以下几个方面的要求：

① 在使用环境下有均衡的刚性和韧性。

② 尺寸稳定。

③ 抗化学腐蚀。

④ 可喷涂。

⑤ 耐候性好。

⑥ 易注射成型。

针对上述要求，改性 PP 作为汽车塑料保险杠材料是其典型用途。低成本、密度小、可循环再利用等特点使改性 PP 材料成为蒙皮材料的首选，一般要加入三元乙丙橡胶（EPDM）或热塑性弹性体来增加其抗冲击性，加入滑石粉增加其刚性，经过改性的 PP 材料具有优异的回弹性及低温韧性，优异的可喷涂性和耐候性。除了添加增韧剂外，PP 汽车保险杠通常添加一些其他助剂,如抗氧剂、润滑剂、着色剂、无机填料、硅烷偶联剂等,尤其是经表面处理的滑石粉填充 PP 后,可有效改善 PP 的冲击性能,提高模量和热变形温度。

目前,乘用车市场几乎全部使用改性 PP 材料制造保险杠蒙皮。目前,福特嘉年华、大众桑塔纳等车型的保险杠蒙皮都采用 PP/EPDM 材料,大众宝来、大众帕萨特、马自达 6 等车型的保险杠蒙皮都采用 PP/弹性体体系。当然,汽车保险杠除了以改性 PP 为主外,还经常采用的材料有 PC/ABS 合金、PC/PBT 合金和 SMC 材料(玻璃钢的一种,由不饱和聚酯、玻璃纤维等组成),PC/PBT 制成的保险杠常用于高档车。

2)汽车仪表板。汽车仪表板是一种壁薄、面积大、面上有较多安装仪表组件用的孔和洞、形状复杂的汽车零部件,若用钢板制造,需要经过剪切、冲压、钻孔、喷漆等十余道工序,用塑料材料,只需一次注塑既能成型。构成仪表板基础部分的材料应具有优良的刚性、耐热性、耐冲击性且易成型。PP 原树脂很难满足上述要求,经过改性的 PP 树脂体系才能满足仪表板材料的要求。目前使用的仪表板可分为硬质仪表板和半硬质仪表板。

中高档轿车多采用半硬质仪表板。作为半硬质仪表板的骨架及风道材料,不同车型、不同设计可以有很多种材料选择,PP-LGF20、PP-GF20 及 PP+EPDM-TD20 由于其良好的刚性成为非常好的选择。

中低档轿车大多采用硬质仪表板,硬质仪表板可分为仪表板上体、仪表板下体及骨架三个部分。PP+EPDM-TD20 具有良好的刚韧平衡性能,因此成为仪表板上体及下体材料的首选。部分车企对仪表板上体的韧性要求高,特别是上下分体设计,上体材料也可采用 PP+EPDM-TD10 或 PP+EPDM-TD15,骨架材料通常可选 PP-TD20 或 PP-TD30。

3)汽车门内板。作为典型的汽车内饰材料,门内板材料应具有高刚性、中等模量和中等冲击性能,关键力学指标为:拉伸强度≥20MPa,模量≥1400MPa,缺口冲击强度≥10kJ/m^2。中等刚性使其不易变形,中等冲击性能使其具备较高的韧性以保护车内乘客的安全。同时,门内板塑料件应具备耐热氧老化、耐光老化、耐刮擦性、抗白痕性、抗发黏性等性能,这些要求可由改性 PP 技术满足。

A 级乘用车型注重内饰件的经济性,其表面一般没有或采用少量面料进行装饰。常用的材料为 PP+EPDM-TD20。B 级乘用车型注重内饰件的装饰性,因此在门内板表面多加装面料或皮革装饰件,需要力学等性能更加优越的材料,常用的材料规格为 PP+EPDM-TD15。美系车型注重材料的刚性,一般采用 PP+EPDM-TD20;德系车型更加注重材料的安全性,门内板材料一般选用 PP+EPDM-TD15 材料,日系及法系车型更加注重整车的经济性及节能性,部分主机厂选用 PP/PE 材料只制造门内板零件,以减小单个零件及整个门内板总成的质量。

汽车门内板材料的发展趋势是低密度、薄壁化及微发泡注塑技术,以实现进一步降低零部件质量、缩短成型周期,并有效提高尺寸稳定性的目的。

2. 聚乙烯(PE)

(1)PE 概述　PE 按其生产方式可分为高压 PE、中压 PE、低压 PE,相应获得低密度聚乙烯(LDPE)、中密度聚乙烯(MDPE)和高密度聚乙烯(HDPE)。它们的生产方式、密度、结晶度、相对分子质量与分子结构等材料特性也不同,见表 7-6。

表 7-6 PE 的分类及特点

名称	生产方式	密度/(kg/m³)	结晶度(%)	相对分子质量与分子结构	特点
LDPE	低压法 中压法	941~965	85~90	一般控制在 35 万以下，高者达 100 万以上	机械强度较高，刚度大，熔点较高
MDPE	中压法	926~940	90	线型 PE 的相对分子质量为 4500~50000	
HDPE	高压法	910~925	56~65	一般相对分子质量为 25000 左右，最高可达 50000，直线型 PE	机械强度较低，较柔软，熔点也较低

（2）改性 PE 共混体系

1) 不同密度 PE 共混改性。根据不同的吹塑中空制品的性能要求，可以通过调整低、高密度 PE 在配方中的比例来满足要求。一般说来，小型制品、要求较软的制品、盛放化学药品、洗涤剂之类的容器，LDPE 的比例应该高些，HDPE 的比例应该低些。

2) 不同相对分子质量 HDPE 共混改性。对于同为高密度的 PE 材料来说，即使同为可用于吹塑成型的，可能在密度上相差无几，但相对分子质量，可能差别较大。将不同相对分子质量、不同生产厂家生产的 PE 按比例共混，对于改善材料的相对分子质量分布和材料内微量添加剂元素的分布很有利。从制品的化学性能、力学性能及生产中的各项工艺性出发，可以比较灵活地设计出各种不同的配方，来满足各种不同的要求，往往还可达到降低生产成本的目的。

3) 不同品种塑料共混改性。在工厂的现场生产中，往往由于种种限制，还会有许多不同的要求。例如，采用一些相对分子质量较低的材料来代替相对分子质量较高的塑料原料，不但受市场供应状况的限制，还有可能受制造成本的限制。例如，在 HDPE 中加入一定量的 PP，就能有效改善刚性，而且不会影响冲击强度。加入的比例需要根据产品的要求来确定。

（3）PE 汽车零部件 PE 主要用于制造空气导管、各种储罐和塑料燃油箱等。塑料的密度比金属小，所以与同体积的金属燃油箱相比，其质量可大大减小，从而有利于减小汽车质量，提高车速，节省燃料。据资料统计，汽车质量每减小 1kg，则 1L 汽油可使汽车多行驶 0.1km。塑料燃油箱的形状设计自由度大，空间利用率高，可以加工成各种复杂形状，有利于充分利用车体的空间，从而可以增加燃油的载质量，提高汽车的续航能力。例如，帕萨特塑料燃油箱的质量为 3.5kg，容量为 51L，加安全系数 7L，同金属燃油箱相比容量大 6L，质量小 1.5kg。塑料燃油箱有较好的热绝缘性，在车辆起火时汽油、柴油不会很快升温。

目前，绝大部分汽车采用塑料燃油箱，主要材料为 HDPE。采用多层共挤技术，即 HDPE 层、粘结层、阻隔层（聚酰胺 PA 或乙烯-乙烯醇共聚物 EVOH）、粘结层、HDPE 层 5 层共挤成型。其中阻隔层使用具有阻隔性的树脂如聚酰胺或乙烯-乙烯醇共聚物等；粘结层使用的黏结剂与阻隔材料和 HDPE 有较强的粘结力、良好的粘结耐久性能和加工性能；HDPE 作为内层和外层，起成型、增加强度和骨架等作用。塑料燃油箱共挤材料的组成如图 7-5 所示。该方法的优点是成品质量优良，特别是抗燃油渗透性能优异。但这一方法对设备要求高，工艺控制困难，要求专用的多层中空吹塑成型机。

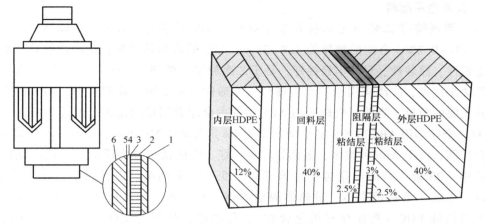

图 7-5　塑料燃油箱共挤材料的组成

1—外层 HDPE　2—粘结层　3—阻隔层　4—粘结层　5—回料层　6—内层 HDPE

燃油箱用 PE 性能见表 7-7。

表 7-7　燃油箱用 PE 性能

性能	数值	性能	数值
熔融指数/[g/(10min)]	4.5	肖氏硬度 HS	63
拉伸强度/MPa	23.4	维卡软化温度/℃	128
伸长率(%)	880	脆化温度/℃	<-75
弯曲弹性模量/MPa	827	热变形温度(0.45MPa)/℃	67
冲击强度(带缺口)/(J/m)	700		

塑料燃油箱制品在使用之前需进行以下检测：

1）落地试验。箱体内注满冷却液，在 -40℃ 环境中放置 12h，由 6m 高度自由落地，箱体不允许发生破裂、泄漏。

2）落锤冲击。箱体内注满冷却液，在 -40℃ 环境中放置 12h，用 15kg 尖锤冲击，冲击能为 30J，冲击试验后箱体不允许发生破裂、泄漏。

3）耐压试验。箱体内注满液体，加压到 1.3 倍大气压（1 个大气压为 101.325kPa），箱体不允许破裂、泄漏。

4）热老化试验。在 80℃ 条件下，放置 48h（空箱）之后不允许发生泄漏和永久变形。

5）冷热变形试验。80℃ 16h→室温 1h→-30℃ 6h→室温 1h 为一个循环，进行 10 次试验后不允许发生泄漏和永久变形。

6）大气老化试验。室外大气老化一年之后伸长率保持 50% 以上。

7）耐燃烧特性试验。箱体内注满 50% 燃油，置于火焰上 120s，箱体不允许破裂和爆炸。

8）燃油渗透试验。箱体内注满 50% 含芳香烃的燃油，在 40℃ 环境中放置 8 周，平均泄漏量不应超过24g/24h。没有进行表面处理的单层油箱的渗透量一般为16g/24h。

3. 其他通用塑料

（1）**丙烯腈-丁二烯-苯乙烯共聚体**（ABS） ABS俗称超不碎胶，本体呈白色。收缩率为0.4%~0.7%，合适的壁厚为1.8~3mm。ABS具有耐热性好，抗冲击性好，刚性均衡，电镀性、涂装性、尺寸牢稳性好，易于二次加工（喷漆、电镀、焊接等），表面光泽性好等诸多优点，广泛应用于汽车内饰件、外饰件。在车用工程塑料中，ABS树脂扮演着极其重要的角色。当前，全球车用ABS用量占全球总用量的比例已超过30%。预计到2024年，全球车用ABS市场年复合增长率为4%，增幅达210万吨，ABS在车用塑料市场中前景广阔。由于ABS种类多，表面处理效果好，价格低，被广泛应用于汽车领域。汽车产品中ABS最典型的应用包括装饰亮条、变速杆手柄头、内开拉手、牌照装饰板、后扰流板总成、后视镜本体、散热器隔栅本体、扶手等。ABS树脂生产厂家也正不断地开发新的低VOC（挥发性有机化合物）、免喷涂、高耐老化性、高感官质量的ABS改性产品，以满足汽车行业越来越高的要求。ABS在汽车上的材料类型及应用部位见表7-8。

表7-8　ABS在汽车上的材料类型及应用部位

车型	材料类型	应用部位
2017款奔驰 E-Class	ABS、ABS-PC、ABS-PC-GF20、PC-ABS-GF10	车门板、后视镜系统、电子器件、保险杠、仪表板、控制面板、进气口、侧通风口、安全带接口
2016款长安 CS75	ABS、ABS-PC	车门板、车窗升降装饰、顶棚装饰、通风口、中心控制台、侧盖、内饰加强件、座椅调节手柄
2017款大众辉腾	ABS、ABS-PC、ABS-PVC	车门板、后视镜边框、车窗升降装饰、音响格栅、前格栅、排气口、控制面板、座椅扶手等
2015款沃尔沃 XC60	ABS、ABS-PC、PC+ABS-GF10、ABS+PA	仪表板支架、车门板、后视镜边框、车窗升降装饰、排气口、座椅扶手等

（2）**聚氯乙烯**（PVC） 常用PVC是多组分塑料，因为各组分的含量不同，所以形成了各种力学性能差异很大的硬度不同的PVC颗粒，一般分为软PVC和硬PVC两大类。收缩率：硬质PVC为1%~1.5%，软质PVC为2%~2.3%，合适的厚度为2~3.5mm。

汽车内饰用PVC薄膜是以PVC树脂为主，添加增塑剂、稳定剂、颜料等而加工出的薄膜。在汽车塑料制品中最常用的塑料原材料为PVC，用PVC塑料制造的汽车塑料制品很常见，如PVC仪表板蒙皮、PVC塑料转向盘、PVC塑料衬板、PVC塑料汽车铺地材料。这是因为PVC树脂不仅价格低，而且加工性能和综合力学性能都比较好。

（3）**聚苯乙烯**（PS） PS俗称硬胶，是透明的仿玻璃状的材料，流动性好，不吸水，由于PS脆性大，常将其与其他物质一起接枝共聚，如与丁二烯接枝共聚形成耐冲击性聚苯乙烯（HIPS），成分中含橡胶后抗冲击强度和表面硬度都大大提高。收缩率为0.4%~0.7%，合适的厚度为2~3mm。PS在汽车上主要应用在仪表外壳、灯罩、照明制品上。PS还可通过发泡成型制备包装材料及绝热保温材料，用于生产顶棚，此外，可与其他材料接枝共聚和改性，得到很多固定搭配的PS家族的合金塑料品种。

7.2.3 车用工程塑料

工程塑料用于汽车的主要作用是使汽车轻量化，从而达到节油提速的目的。从现代汽车运用的资料来看，外饰件和内饰件仍是功能与结构件，随着工程塑料硬度、强度、拉伸性能的不断提高，塑料车窗、车门、骨架甚至全塑汽车已逐渐呈现，汽车塑化进程正在加速。工程塑料在汽车中的应用不断增多。

1. 聚酰胺（PA）

（1）PA 种类及概述 PA 俗称尼龙，是大分子主链中含有重复结构单元酰胺基团（-CO-NH-）的聚合物的统称。PA 是一类半结晶性工程塑料，存在着结晶区和非结晶区。结晶度大小对 PA 的热性能影响较大，加工工艺也对 PA 的结晶有一定的影响。PA 的品种有很多，见表 7-9。

表 7-9 常见的聚酰胺种类

PA 种类	名称	特性	应用
PA6	聚己内酰胺	半透明或不透明的乳白色树脂，具有优越的力学性能、刚性、韧性、耐磨性和机械减振性，以及良好的绝缘性和耐化学性能，但吸水性高，尺寸稳定性差	汽车零部件、电子电气零件
PA66	聚己二酰己二胺	机械强度、刚度、耐热性、耐磨性、抗蠕变性能较 PA6 更高，但冲击强度和机械减振性下降	汽车、无人机、电子电气零部件
PA46	聚己二酰丁二胺	高结晶度、耐高温、高刚性、高抗疲劳强度	汽车发动机及周边部件，电气工业接触器、插座等
PA6T	半芳香族尼龙	耐高温（熔点为 370℃，玻璃化温度为 180℃，可在 200℃下长期使用）、高强度、尺寸稳定、焊接性好	汽车部件，油泵盖、空气滤清器，耐热电气部件熔断器等
PA9T	聚对苯二甲酰 1,9 壬二胺	吸水性小，吸水率为 0.17%；耐热性好（熔点为 308℃，玻璃化温度为 126℃），其焊接温度高达 290℃	电子、电气、信息设备和汽车部件

（2）车用改性 PA 材料种类 PA 的产量在工程塑料中占很大比例，PA 中 PA6 和 PA66 的用量占总量的 90% 以上，在汽车上的应用比例也近似。由于 PA11 和 PA12 具有良好的柔软性、耐油性、耐蚀性、耐候性、低温韧性、耐水性、尺寸稳定性，在汽车的输油管、制动管、制动片、油箱外壳、液压容器等方面有广泛应用。用于汽车的 PA 材料大多需要经过改性，其中填充改性、增强改性的用量最大，另外 EPDM、POE 增韧改性 PA 材料也有较多的应用。传统脂肪族 PA 由于酰胺基团的比例高，吸水率比较高，饱和吸水率可以达到 5%，产品的尺寸稳定性非常低，对于一些需要具有高精度、高强度、高耐热性的零部件，传统的脂肪族 PA 并不适用。最近几年的改进趋势是增加 PA 材料的流动性、耐热性、无卤阻燃等性能。

1）高流动性 PA。高流动性 PA 不仅可以提高生产率和降低加工成本，而且可以提高汽车部件的外观质量。提高性能、降低成本是材料改进的方向。高流动性玻璃纤维增强高温 PA 是倍受人们关注的品种之一，也是发展较快、性价比较高的新材料之一。

2）高耐热性 PA。近年来，对高温 PA 的需求急剧增加，新开发的半芳香族耐热性 PA（PA6T、PA9T）在保持高刚性、高韧性的同时，提高了耐热性和流动性。高耐热性 PA 与传统脂肪族 PA（PA6/PA66）相比优势比较明显，主要体现在高温 PA 在玻璃纤维含量相同时更耐热，并能超过 270℃ 的热变形温度，具有的高耐热性可替代聚苯硫醚（PPS）和热固树脂，特别适用于气动制动系统。

3）无卤阻燃 PA。无卤阻燃 PA 可满足汽车关键零部件的阻燃要求。

2. PA 汽车零部件

(1) 在汽车发动机周边部件上的应用 高耐热性 PA 是针对发动机周边开发的工程材料，发动机周边产品长期处在一个高温高湿的环境下，并且还要承受机械油类的腐蚀，发动机周围温度要求提高到 200℃ 时，传统脂肪族 PA 已经很难满足产品的要求，半芳香烃种类的高耐热性 PA 因其有特殊的苯环结构使其具有耐高温特性。此外，汽车发动机周边产品经常要与化学试剂接触，因此对材料耐化学性提出更高的要求，特别是汽油、冷却液等化学品对脂肪族 PA 有明显的腐蚀效果，而高温 PA 特殊的化学结构弥补了这一不足。

由于发动机周边部件主要是发热和振动部件，其部件所用材料大多数是玻璃纤维增强 PA。这是因为 PA 具有较好的综合性能，用玻璃纤维改性后的 PA，主要性能得到很大的提高，如强度、制品精度、尺寸稳定性等均有很大的提高。另外，PA 的品种多，较易回收循环利用，价格较低等，这些因素使 PA 成为发动机周边部件的理想材料。进气歧管是改性 PA 在汽车中最为典型的应用，1990 年德国宝马汽车公司首先将以玻璃纤维增强 PA 为原料制造的进气歧管应用在六缸发动机上；后来美国福特与杜邦公司合作，共同将玻璃纤维增强 PA66 制造的进气歧管应用在 V6 发动机上，以后世界各大汽车公司纷纷使用，改性 PA 进气歧管得到广泛的应用。图 7-6 所示为应用在汽车发动机周边的 PA 材料。

图 7-6 应用在汽车发动机周边的 PA 材料

(2) 汽车油底壳 相较于传统金属材料，PA 材料用于油底壳有以下优势：

1）突出的轻量化优势，质量比单层钢板材料冲压件减小了 50%，比铝合金铸件减小了 30%～40%。

2）设计自由度高，更容易将局部加强筋设计、倒扣结构、多重法兰部件集成一体化结合。

3）明显的加工成本优势，注塑模具的使用寿命比铝合金压铸模具长。

4）废品率低，省去相关部件连接紧固等步骤。

5）强减振、降噪能力，试验表明，安装 PA 材料油底壳的发动机，工作整体噪声更小。

3. 聚对苯二甲酸丁二醇酯（PBT）

（1）**PBT 材料概述及特性**　PBT 是一种具有优良综合性能的工程塑料。

PBT 材料特性：力学性能优异，尤其是具有较高的刚性和硬度；耐热性好，热变形温度可达 180℃ 以上；良好的表面光泽性能，尤其适应于免喷涂电子电器产品；较快的结晶速度，流动性好，成型性优良；热稳定性好，尤其是具有较低的热膨胀率和尺寸收缩率；耐化学品、溶剂、耐候性佳；介电强度高，电气性能佳；吸湿性低，对电气及尺寸稳定性影响极小。但是 PBT 分子中含有酯键，在强酸、强碱和水蒸气作用下会发生分解；材料对缺口较为敏感，存在脆的现象。

（2）**改性 PBT 在汽车零部件中的应用**

1）增强改性。汽车上常用的 PBT 大多添加玻璃纤维增强，玻璃纤维与 PBT 树脂的结合性良好，在 PBT 树脂中加入一定量的玻璃纤维，不仅能保持 PBT 树脂耐化学性、加工性好等原有优点，还能较大幅度地提升其力学性能，并降低 PBT 树脂缺口敏感性。PBT 与玻璃纤维增强性能对比见表 7-10。

表 7-10　PBT 与玻璃纤维增强性能对比

性能		树脂 PBT	15% GF 增强	30% GF 增强
相对密度		1.31	1.39	1.52
拉伸强度/MPa		53~55	98	132~137
弯曲强度/MPa		85~96	147	186~196
压缩强度/MPa		88	108	118~127
线膨胀系数/K^{-1}		9.4×10^{-5}	5×10^{-5}	$2.0\times10^{-5} \sim 2.5\times10^{-5}$
热变形温度/℃	0.45MPa	154	200	215~220
	1.82MPa	58~60	190	205~212

2）阻燃改性。PBT 是结晶性芳香族聚酯，若不加入阻燃剂，其阻燃性均属 UL94 HB 级，只有加入阻燃剂后，才能达到 UL94V0 级。常用的有溴化物、Sb_2O_3、磷化物及氯化物等卤素类阻燃剂，常用的是十溴联苯醚，但是由于环保原因，一些国家已禁止使用。

3）共混合金改性。PBT 与其他聚合物共混的主要目的是提高缺口冲击强度，减小成型加工收缩造成的翘曲变形，提高耐热性能。国内外普遍采用共混来对其进行改性。用于 PBT 的共混改性的聚合物主要有 PC、聚对苯二甲酸乙二醇酯（PET）等。这类产品主要应用于汽车、电子、电动工具，玻璃纤维的比例不同，其应用领域也不同。如 PET/PBT 合金，PET 与 PBT 的溶解度参数相近，化学结构相似，二者的混合体系相容性很好，只出现一个玻璃化温度。但 PBT 与 PET 共混时会发生化学反应生成嵌段共聚物，需在共混体系中加入一定量的扩链剂来与二者连接，最终所得的 PET/PBT 合金具有强度高、刚性好，热变形温度高，尺寸稳定性好，表面光泽度好等优良性能。

在汽车制造领域，PBT 广泛地用于生产保险杠、化油器组件、挡泥板、扰流板、火花塞端子板、供油系统零件、仪表盘、汽车点火器、加速踏板及离合器踏板等部件。PBT 与增强 PA、PC、POM 在汽车制造业中的竞争十分激烈，PA 易吸水，PC 的耐热性、耐药性不及 PBT；在汽车用途接管方面，由于 PBT 的抗吸水性优于 PA，将会逐渐取代 PA。在相对湿度较高的情况下，由于潮湿易引起塑性降低，电器节点处容易产生腐蚀，常可使用改性 PBT。在 80℃、90% 相对湿度下，PBT 仍能正常使用，并且效果很好。

4. 聚甲醛（POM）

(1) POM 材料概述及特性　POM 是一种没有侧链、高密度、高结晶性的线型聚合物。按其合成方法，聚甲醛树脂有均聚 POM 和共聚 POM 两种类型（表 7-11）。均聚 POM 以均聚合成方法制成，共聚 POM 以共聚合成方法制成，它们的分子结构虽然均为线型结构，但性能略有不同。两者相比，均聚 POM 的密度更大，熔点更高，强度更高，但热稳定性和耐酸碱能力要比共聚 POM 材料的差。

表 7-11　两种 POM 的力学性能指标

性能	均聚 POM	共聚 POM
洛氏硬度 HR	90	80
拉伸强度/MPa	65~70	55~60
拉伸模量/MPa	3100~3600	2800~3000
压缩强度/MPa	127	110
缺口冲击强度/(kJ/m^2)	7.6	6.5
弯曲强度/MPa	100	92
疲劳强度/MPa	30~35	25~30

　　POM 的结晶度相对较高，具有很高的强度和硬度，其弹性模量也比一般塑料大很多，具有与金属材料很接近的比强度和比刚度；具有优异的抗冲击性能，且受温度、湿度的影响小，对缺口敏感；具有优良的耐蠕变性，回弹性好，在热塑性工程塑料中疲劳极限强度最大，疲劳强度随温度升高而降低，而且对缺口敏感，有缺口时的疲劳强度几乎比无缺口时小 1/2，多次反复冲击时的性能却好于 PC 和 ABS。

　　POM 材料的热稳定性较差，它在加热时容易分解，并且在遇到光、氧时会产生老化的现象。一旦熔融，速度会很快并且凝固也很快，其制品在浇注时容易产生毛斑、折皱等一般材料会出现的表面缺陷，所以在成型时要严格控制设备参数和模具温度。POM 容易溶于有机溶剂，它能耐稀酸，但不能耐强酸。

(2) 改性 POM 在汽车零部件中的应用　POM 在成型加工过程中极易结晶，生成尺寸较大的球晶，当材料受到冲击时，这些尺寸较大的球晶容易形成应力集中点，造成材料的破坏，所以 POM 缺口敏感性大，缺口冲击强度低，成型收缩率高，制品易产生内应力，难以紧密成型。这极大地限制了 POM 的使用范围，在某些方面不能满足工业要求，因此，为了更好地适应高速、高压、高温、高负荷等恶劣的工作环境，进一步扩大 POM 的应用范围，需进一步提高 POM 的冲击韧性、耐热性和耐摩擦性等性能。

　　1）填充增强改性。将无机材料如 Al_2O_3、氧化镁、玻璃纤维、碳纤维、玻璃微珠、云母、滑石粉、碳酸钙、白炭黑、钛酸钾等通过熔融共混加入 POM 中，从而提高 POM 的强度、刚度、硬度、热变形温度及尺寸稳定性。填充增强类 POM 主要应用于制备机械结构复杂、薄形精密零件及工程制品。

2）增韧共混改性。以热塑性聚氨酯（TPU）、丁腈橡胶（NBR）、改性聚烯烃、聚酰胺、木质纤维素等作为弹性增韧体，采用机械共混和接枝共聚的方法制成超韧性 POM 合金。增韧 POM 主要用于耐冲击制件或低温下使用的零部件生产。

3）功能化改性。

① 提高摩擦磨损性能。在 POM 树脂中加入有机油或硅油、聚四氟乙烯（PTFE）或二硫化钼，可以达到降低制品表面摩擦系数及磨损率的作用。润滑 POM 最适用于机械、电子电器用零件的传动部位，如齿轮、滚轮、凸轮、连杆类制品。

② 提高 POM 的耐候性。加入抗氧剂及光稳定剂可以提高 POM 的耐候性。针对 POM 受紫外线照射易发生白化、龟裂等，一些科研机构开发出耐候型品种，以满足汽车内外装饰材料的要求。

③ 导电、抗静电性。采用加入炭黑、碳纤维、不锈钢纤维等导电填充料的方法，可以提高 POM 的导电性能。在聚甲醛中加入特殊的抗静电剂则可使聚甲醛具有抗静电性，减小其在电子领域应用时灰尘、碎屑积聚及静电荷产生的干扰。

汽车行业是 POM 最大的潜在市场。POM 密度小，加工成型简便，生产成本低，材料性能与金属相近。改性 POM 的耐磨系数很低，刚性很高，非常适合制造汽车用的汽车泵、汽化器部件、输油管、动力阀、万向节轴承、电机齿轮、曲柄、把手、仪表板、汽车窗升降机装置、电开关、安全带扣等。制造轴套、齿轮、滑块等耐磨零件是改性 POM 的强项，这些部件对金属的磨耗小，减小了润滑油用量，延长了部件的使用寿命，因此可以广泛替代铜、锌等金属生产的轴承、齿轮、拉杆等。POM 生产的汽车部件质量小、噪声小、成型装配简便，因此在汽车制造业获得越来越广泛的应用。POM 汽车零部件见表 7-12。

表 7-12 POM 汽车零部件

机构零件	油箱盖、单向轴阀（制动）、格栅、排水阀、冷却液泵叶轮、燃油泵、减振器、轴承保持架、方向指示机构、悬置球节
电装零件	速度表（记速器、小齿轮）、杠杆式开关、起动开关、车窗密封零件、小电机零件、门灯开关、刮水器
外装零件	门外侧手柄、铭牌、镜框支架
内装零件	遮阳板托架与框架、门调节器手柄、门内侧手柄、门锁零件、驾驶室内镜框
其他	加热器风扇与操纵杆、空调与真空调节阀

5. 聚碳酸酯（PC）

（1）PC 材料概述及特性　　PC 是一种分子链中含有碳酸酯基的高分子线型聚合物，根据酯基的结构可分为脂肪族、芳香族、脂肪族-芳香族等多种类型。PC 的相对密度为 1.20，具有良好的透光性，着色性良好，可以制成透明、半透明、不透明的各种制品。PC 阳光板的透光率最高可达 89%，与玻璃相近。抗紫外线涂层板在太阳光下暴晒不会产生黄变、雾化。十年后透光流失仅为 6%，PVC 流失率则高达 15%~20%，玻璃为 12%~20%。PC 阳光板一面镀有抗紫外线涂层，另一面进行了抗冷凝处理，可抗紫外线、隔热防滴露。

(2) 改性 PC 在汽车零部件中的应用 改性 PC 由于具有高的力学性能和良好的外观，在汽车上主要用于外饰件和内饰件，用途最为广泛的是 PC/ABS 合金和 PC/PBT 合金。

1) 改性 PC/ABS。由 PC 和 ABS 合金而成的热塑性塑料结合了两种材料的优异特性：ABS 的成型性和 PC 的力学性能及耐温、抗紫外线等性质。汽车内饰件 PC/ABS 合金是最适合用于汽车内饰件的材料之一。这是因为 PC/ABS 合金具有优异的耐热性、耐冲击性和刚性，良好的加工流动性。PC/ABS 合金也是制造汽车仪表板的理想材料。PC/ABS 合金的热变形温度为 110~135℃，完全可以满足高温下汽车在室外停放的受热要求。PC/ABS 合金有良好的涂饰性和对覆盖膜的黏附性，因此用 PC/ABS 合金制成的仪表板无须进行表面预处理，可以直接喷涂软质面漆或覆涂 PVC 膜。PC/ABS 合金还用来制造汽车仪表板周围部件、防冻板、车门把手、阻流板、托架、转向柱护套、装饰板、空调系统配件等汽车零部件。

2) 改性 PC/PBT。汽车外饰件 PC/PBT 合金和 PC/PET 合金既具有 PC 的高耐热性和高冲击性，又具有 PBT 和 PET 的耐化学药品性、耐磨性和成型加工性，因此是制造汽车外饰件的理想材料。PC/PBT 汽车保险杠可耐 -30℃ 以下的低温冲击，保险杠断裂时为韧性断裂而无碎片产生。弹性体增韧 PC/PBT 合金和 PC/PET 合金更适合制作汽车车身板、汽车侧面护板、挡泥板、汽车门框等。高耐热型 PC/PBT 合金和 PC/PET 合金的注射成型外饰件可以不用涂漆。PC/PET 合金可制作汽车排气口和牌照套。PC/ABS 合金也可以制作汽车外饰件，如汽车车轮罩、反光镜外壳、尾灯罩等。PC/ABS 具有良好的成型性，可加工大型汽车部件，如汽车挡泥板。

6. 聚苯醚（PPO）

(1) PPO 材料概述及特性 PPO 的综合性能优异，电性能、耐水蒸气性及尺寸稳定性优异，缺点是熔融流动性差，成型困难。目前，PPO 大部分以改性形式生产。

(2) 改性 PPO 在汽车零部件中的应用 改性 PPO 主要用于汽车上对耐热性、阻燃性、电性能、冲击性能、尺寸稳定性、机械强度要求较高的零部件。如 PPO/PS 合金适用于潮湿、有负荷和对电绝缘性、尺寸稳定性要求高的场合，适合制造汽车轮罩、前照灯玻璃嵌槽、尾灯壳等零部件，也适合制造连接盒、熔丝盒、断路开关外壳等汽车电气元件。

1) PPO/PA 系合金。PPO/PA 系合金兼有 PPO 的非晶态和 PA 的晶体树脂的特点，具有优良的耐热性（可通过汽车油漆烘干线）、低温冲击性、力学性能和尺寸稳定性，以及优良的耐蠕变性、耐油性、加工成型性，同时密度也较小。可用于制作汽车外部件，如大型挡板、缓冲垫、后阻流板等。制造玻璃化温度要求较高的发动机舱盖是 PPO/PA 合金今后的应用方向。

2) PPO/PBT 系合金。热变形温度高，对水分敏感度小，是制造汽车外板的理想材料。

7.2.4 车用聚氨酯泡沫塑料

1. 聚氨酯泡沫塑料的主要原料

聚氨酯泡沫塑料的主要组成原料为异氰酸酯和多元醇及发泡剂、催化剂、稳定剂等。

(1) **异氰酸酯化合物** 在分子结构中含有异氰酸酯基（-NCO）的有机化合物统称为有机异氰酸酯化合物。异氰酸酯是聚氨酯泡沫塑料的主要原料，在合成聚氨酯泡沫塑料的过程中有两个作用，一是与多元醇化合物的羟基反应生成氨基甲酸酯链段起到链增长与交联作用，二是与水反应放出 CO_2 起到内发泡的作用。目前应用较广、产量较大的有甲苯二异氰酸酯（TDI）和二苯基甲烷二异氰酸酯（MDI）。

(2) **多元醇化合物** 有机多元醇化合物包含两个以上羟基（-OH），是生产聚氨酯泡沫塑料的另一个主要原料。异氰酸酯分子内的异氰酸酯基（-NCO）和多元醇的羟基（-OH）反应生成氨基甲酸酯链段：

$$R-NCO + R'-OH \rightarrow R-NH\overset{O}{\overset{\|}{C}}O-R'$$

通过改变多元醇化合物的官能度，相对分子质量及分子结构等可以分别制得不同性能、不同用途的聚氨酯制品。软质聚氨酯泡沫塑料使用的多元醇化合物一般官能度小（2~3），相对分子质量大；硬质聚氨酯泡沫塑料使用的多元醇化合物则要求官能度大（3~8）；阻燃聚氨酯泡沫塑料所需的多元醇化合物分子则包含卤素、磷、锑等阻燃元素。

(3) **发泡剂** 水和低沸点氟烃类是制造聚氨酯塑料的常用发泡剂。水与异氰酸酯反应而生成的二氧化碳，低沸点氟烃类化合物吸收聚氨酯反应热量产生的气体，可使最终的产品成为泡沫状。

(4) **催化剂** 在进行聚氨酯泡沫塑料发泡时，物料黏度的增加不能过快或过慢。黏度增加的速度实际上就是链增长反应的速度。因此，必须使发泡反应完成时链增长到泡沫网络的强度达到足以使气泡包陷在内的程度，这需要催化剂来调整。催化剂用量通常为 0.01%~3%。

(5) **泡沫稳定剂** 稳定剂的作用是降低表面张力，有利于气泡的形成，同时作为原料的乳化剂，使其成为均匀的混合物，保证整个泡沫生成反应均匀。常用的稳定剂是硅油类表面活性剂及其他非离子型表面活性剂。稳定剂用量一般为 0.5%~5%。

(6) **其他辅助材料** 为了提高制品的质量，常加入一些辅助原料，如为了提高聚氨酯泡沫塑料的耐老化性能及抗氧化性能加入防老剂等。

2. 聚氨酯泡沫塑料的特点

由于生产工艺不同及配方组分可调，聚氨酯可以制成许多不同品种的泡沫塑料。

按聚氨酯泡沫塑料的软硬程度，可分为轻质聚氨酯泡沫塑料、硬质聚氨酯泡沫塑料及介于两者之间的半硬质聚氨酯泡沫塑料。软质聚氨酯泡沫塑料的弹性模量小于 70MPa，硬质聚氨酯泡沫塑料的弹性模量大于 700MPa；半硬质聚氨酯泡沫塑料的弹性模量为 70~700MPa。

(1) **软质聚氨酯泡沫塑料** 俗称聚氨酯软泡，是指具有一定弹性的一类柔性聚氨酯泡沫塑料，它是用量最大的一种聚氨酯产品。聚氨酯软泡的泡孔结构多为开孔。一般具有密度小、弹性回复好、吸声、透气和保温等性能，主要用作家具垫材、交通工具座椅垫材、各种软性衬垫层压复合材料，工业和民用上也把聚氨酯软泡用作过滤材料、隔声材料、防振材料、装饰材料、包装材料及隔热保温材料等。

(2) **半硬质聚氨酯泡沫塑料** 俗称聚氨酯半硬泡，具有较高的压缩负荷、良好的减振性能，非常适合制造汽车仪表板、扶手、门柱等部件的防护垫层。其中，半硬质聚氨酯泡沫+表皮的仪表板替代传统硬质 PP 仪表板具有更好的安全性和舒适性，较受欢迎。

（3）硬质聚氨酯泡沫塑料　俗称聚氨酯硬泡，具有隔热性能好、强度高、阻燃性好、尺寸稳定、耐化学药品等特性，用作发动机舱盖及豪华客车和冷藏车车厢的保温材料。

3. 聚氨酯泡沫塑料在汽车上的应用

目前，我国使用的仪表板可分为硬质仪表板、半硬质仪表板和软质仪表板。中高档汽车多装配软质仪表板，软质仪表板通过向表皮和骨架材料中注入聚氨酯泡沫塑料，使它具有好的回弹性和手感，并且可吸收冲击能量，提高车辆安全性，使仪表板柔韧性增强，更加坚固耐用。车门内板的构造基本类似于仪表板，由骨架、发泡和表皮革构成。以红旗轿车和奥迪轿车为例，车门内板的骨架部分由 ABS 注塑而成，再采用真空成型方法，将衬有聚氨酯泡沫塑料的针织涤纶表皮复合在骨架上成为一体。最近开发成功的低压注射-压缩成型方法，是把表皮材料放在还未凝固的聚丙烯毛坯上，经过压缩成为门内板。聚氨酯在汽车零部件上的应用见表 7-13。

表 7-13　聚氨酯在汽车零部件上的应用

品种	汽车零部件	主要性能及使用状况
高回弹软泡	座垫、靠背、头枕、装饰条	优异的回弹性、低滞后损失、高压缩负荷比、手感好、透气性好，生产时能耗较低
加填料软泡	座垫、靠背、头枕、足垫	原材料价格较低，可加入无机填料以改善制品性能和降低成本，可采用结构简单造价较低的模具
半硬泡	仪表盘填充剂、门柱包皮、控制盘、喇叭、座垫、扶手、头枕、遮阳板	具有较高的密度和压缩强度及优异的能量吸收功能，可减振和抗冲击
自结皮泡沫	扶手、转向盘、空气扰流板、头枕、门柱、控制箱	具有光洁平滑且密度较低的自结皮表层，心部为密度较低且富有弹性的泡沫体
微孔弹性体	转向盘、滤清器密封垫、密封条和防振垫	和橡胶相比较柔软，尺寸稳定性好、耐磨、耐挠曲性能优异，抗老化性能好
硬泡	门板内衬、顶棚衬里、小冰箱、仿木饰条、消声垫、遮阳板	密度小、强度高、汽车稳定性能佳、绝缘性能优、抗老化性能好
浇注型弹性体	防尘密封件、轴承套、转向节衬套、门齿块、钢板弹簧吊耳衬套	承载能力大、抗撕裂强度高、耐磨、耐油、硬度可调节范围大
热塑性弹性体	减振垫块、钢板弹簧隔垫、弹簧线、顶棚和车身部件	高模量、高强度、高伸长率、优良的耐磨、耐油、耐低温性，可生产各种制品

7.3　车用橡胶及其制品

7.3.1　橡胶的组成及性能特点

1. 橡胶的组成

橡胶是一种具有极高弹性的高分子材料，它是以生胶为原料加入适量的配合剂而形成的高分子弹性体。

（1）**生胶**　生胶是橡胶的主要组分，其来源可以是天然的，也可以是合成的。生胶在橡胶制备过程中不但起着粘结其他配合剂的作用，而且是决定橡胶制品性能的关键组分。所使用的生胶种类不同，橡胶制品的性能也不同。

（2）**配合剂**　配合剂是为了提高和改善橡胶制品的各种性能而加入的物质，主要有硫化剂、硫化促进剂、防老剂、软化剂、填充剂、发泡剂及着色剂等。

2. 橡胶的性能特点

橡胶最显著的性能特点是具有高弹性，其主要表现为在较小的外力作用下就能产生很大的变形，且当外力去除后又能很快恢复到近似原来的状态；高弹性的另一个表现为宏观弹性变形可达100%~10000%。同时，橡胶还有一定的耐磨性，很好的绝缘性和不透气、不透水性。因此，橡胶成为常用的弹性材料、密封材料、减振防振材料、绝缘材料和传动材料。常见橡胶的种类、性能和用途见表7-14。

（1）**天然橡胶**（NR）　天然橡胶以橡胶烃（聚异戊二烯）为主，含少量蛋白质、水分、树脂酸、糖类和无机盐等。弹性大，定伸强度高，抗撕裂性和电绝缘性优良，耐磨性和耐旱性良好，加工性佳，易与其他材料粘合，在综合性能方面优于多数合成橡胶。天然橡胶的缺点是耐氧和耐臭氧性差，容易老化变质；耐油和耐溶剂性不好，抗酸碱的腐蚀能力低；耐热性不好。天然橡胶的使用温度范围为-60~80℃，可用来制作轮胎、胶鞋、胶管、胶带、电线电缆的绝缘层和护套及其他通用制品。特别适用于制造扭振消除器、发动机减振器、机器支座、橡胶-金属悬架元件、膜片、模压制品。

（2）**丁苯橡胶**（SBR）　丁苯橡胶是丁二烯和苯乙烯的共聚体，主要品种有丁苯-10、丁苯-30、丁苯-50，其中数字表示苯乙烯在单体总量中的百分含量。其性能接近天然橡胶，是目前产量较大的通用合成橡胶，其特点是耐磨性、耐老化性和耐热性超过天然橡胶，质地也较天然橡胶均匀。其缺点是弹性较低，抗屈挠、抗撕裂性能较差；加工性能差，特别是自粘性差、生胶强度低。丁苯橡胶的使用温度范围为-50~100℃，主要用以代替天然橡胶制作轮胎、胶板、胶管、胶鞋及其他通用制品。

（3）**顺丁橡胶**（BR）　顺丁橡胶是由丁二烯聚合而成的顺式结构橡胶。顺丁橡胶的弹性与耐磨性优良，耐老化性好，耐低温性优异，均优于天然橡胶，其在动态负荷下发热量小，易与金属粘合。其缺点是强度较低，抗撕裂性差，加工性能与自粘性差。顺丁橡胶的使用温度范围为-60~100℃，一般多和天然橡胶或丁苯橡胶并用，主要制作轮胎胎面、运输带和特殊耐寒制品。

（4）**氯丁橡胶**（CR）　氯丁橡胶是由氯丁二烯做单体乳液聚合而成的聚合体。这种橡胶分子中含有氯原子，所以与其他通用橡胶相比，它具有优良的抗氧、抗臭氧性，不易燃，着火后能自熄，具有耐油、耐溶剂、耐酸碱、耐老化、气密性好等优点。其物理力学性能也比天然橡胶好，故可用作通用橡胶，被称为"万能橡胶"。其主要缺点是耐寒性较差，密度较大，相对成本高，电绝缘性不好，加工时易粘滚、易焦烧及易粘模。此外，生胶稳定性差，不易保存。氯丁橡胶的使用温度范围为-45~100℃，主要用于制造要求抗臭氧、耐老化性高的电缆护套及各种防护套、保护罩，耐油、耐化学腐蚀的胶管、胶带和化工衬里，耐燃的地下采矿用橡胶制品，以及各种模压制品、密封圈、垫、黏结剂等。

表 7-14 常用橡胶的种类、性能和用途

性能	通用橡胶						特种橡胶			
	天然橡胶（NR）	丁苯橡胶（SBR）	顺丁橡胶（BR）	丁基橡胶（IIR）	氯丁橡胶（CR）	乙丙橡胶（EPDM）	聚氨酯（UR）	丁腈橡胶（NBR）	氟橡胶（FBR）	硅橡胶（Q）	聚硫橡胶
拉伸强度/MPa	25~30	15~20	18~25	17~21	25~27	10~25	20~35	15~30	20~22	4~10	0~15
伸长率（%）	650~900	500~800	450~800	650~800	800~1000	400~800	300~800	300~800	100~500	50~500	100~700
抗撕性	好	中	中	中	好	好	中	中	中	差	差
耐磨性	中	好	好	中	中	中	好	中	好	差	差
回弹性	好	中	好	中	中	中	中	好	中	差	差
耐油性	—	—	—	中	好	—	好	好	好	—	好
耐碱性	—	—	—	好	好	—	差	—	好	—	好
耐老化	—	—	—	好	—	好	—	—	好	—	好
使用性能	高强度、绝缘、防振	耐磨	耐寒、耐磨	耐酸、耐碱、绝缘	耐酸、耐碱、耐燃	耐水、绝缘	高强度、耐磨	耐油、耐水、气密	耐油、耐酸、耐碱	耐热、绝缘	耐油、耐酸、耐碱
工业应用举例	通用制品、轮胎	通用制品、胶布、轮胎	轮胎、耐寒运输带	内胎、化工衬里	管道、胶带	汽车电配件、电缆管	实心轮胎、胶辊、耐磨件	耐油密封件、垫圈、油管	高密封件、化工衬里	耐高低温零件	丁腈改性用

（5）丁腈橡胶（NBR） 丁腈橡胶是丁二烯和丙烯腈的共聚体，其特点是耐汽油和脂肪烃油类的性能特别好，仅次于聚硫橡胶、丙烯酸酯橡胶和氟橡胶，而优于其他通用橡胶。丁腈橡胶的耐热性好，气密性、耐磨性及耐水性等均较好，粘结力强。其缺点是耐寒性及耐臭氧性较差，强力及弹性较低，耐酸性差，电绝缘性不好，耐极性溶剂性能也较差。丁腈橡胶的使用温度范围为-30~100℃。主要用于制造各种耐油制品，如胶管、密封制品等。

（6）硅橡胶（Q） 硅橡胶为主链含有硅、氧原子的特种橡胶，其中起主要作用的是硅元素。其主要特点是既耐高温（最高300℃），又耐低温（最低-100℃），是目前最好耐寒、耐高温橡胶；同时电绝缘性优良，对热氧化和臭氧的稳定性很高，化学惰性大。其缺点是机械强度较低，耐油、耐溶剂和耐酸碱性差，较难硫化，价格较高。硅橡胶的使用温度为-60~200℃，主要用于制作耐高低温制品（胶管、密封件等）、耐高温电线电缆绝缘层，由于其无毒无味，还用于食品及医疗工业。

7.3.2 车用橡胶制品

汽车工业与橡胶工业密切相关，汽车用橡胶零件不仅数量多，而且耗用生橡胶的质量也占橡胶制品工业的首位。汽车用橡胶制品包括轮胎、胶管、密封条、油封、传动带、减振块和防尘罩等各种各样的零件，可以说，没有橡胶，就没有现代的汽车工业。橡胶制品分布在汽车车身、传动、转向、悬架、制动和电器仪表等系统内。

1. 汽车轮胎

汽车轮胎是汽车上橡胶用量最大的橡胶零件，汽车轮胎按结构可分为普通结构轮胎（斜交轮胎）、子午线轮胎、无内胎轮胎、活胎面轮胎等。轮胎的外胎大量使用天然橡胶、丁苯橡胶、顺丁橡胶等。轮胎的外胎部分直接承受地面的冲击和磨损，要求具有较高的弹性、强度和耐磨性能，以及耐疲劳和耐日光老化性能。轮胎的内胎起着充气并维持轮胎具有一定压力的作用。内胎一般用气密性好的材料来制造，如丁基橡胶。

子午线轮胎的胎体由数层纤维或一层钢丝帘布组成，其帘线与胎圈成90°平行排列，好像地球的子午线那样分布，所以称为子午线轮胎。子午线轮胎具有下述优点：

1）行驶温度低。行驶的温度比普通轮胎低15℃左右，并能在较高的速度下长期行驶。

2）行驶里程高。行驶里程比普通轮胎高50%。

3）节省燃料。由于滚动阻力小，减少能量吸收，可节省燃料4%~10%。

4）抓着性能好，乘坐舒适。

2. 汽车密封制品

汽车用密封条的主要作用是防水、防尘、减振、隔声和密封。目前，不仅要求密封条具有优良的密封性和环境隔声的功能，还要求密封条具有美观、安全、环保等性能。汽车用密封条主要用天然橡胶、氯丁橡胶为首选制造，但这类密封在耐候性和使用寿命方面尚有欠缺。

三元乙丙橡胶是一种饱和橡胶，主链由有化学稳定性的饱和烃组成，只在侧链上有不饱和双键，分子内无极限取代基，分子间内聚能低，分子链在较大温度范围内保持柔顺性，这些结构的特点决定了其具有极高的化学稳定性，良好的耐臭氧老化性、耐天候老化性、耐热老化性和低温性能（EPDM 在低温下仍然能保持较好的弹性和较小的压缩变形，其极限使用温度可达 -50℃）。因此，近年来采用 EPDM 作为汽车密封条的应用技术发展相当迅速并被普遍使用。

3. 汽车减振块

汽车用减振制品用于控制汽车的振动和噪声及改善其操纵稳定性，一般置于汽车发动机机架、压杆装置、悬架轴衬、中心轴承托架、颠簸限制器和扭振减振器等部位，以改善汽车的安全性和舒适性。减振制品可分为支架类、轴衬类、缓冲类和阻尼类四大类，主要要求减振性、耐热性和耐疲劳性好。汽车减振橡胶制品包括发动机支座、悬架构件、橡胶弹簧、橡胶空气弹簧和碰撞橡胶防护件等。近年来，为了提高汽车的安全性、舒适性和操作性，汽车用减振橡胶制品的品种和数量不断增多。

在橡胶类高分子的玻璃化温度下，橡胶大分子链段的运动速率和用以测定该转变的试验速率处于同一数量级，即橡胶在玻璃化温度和相应作用频率下，机械能被体系吸收并转化为热能，而在这个温度范围内，橡胶高弹态和玻璃态之间链段很难和外力场相一致，并以热的形式消耗掉。此时，橡胶具有最大损耗量和损耗角。在谐振体系中，橡胶减振器就是利用这种特性来达到减振和消声的目的。

汽车用减振橡胶零件包括发动机悬置橡胶垫块、减振支架、缓冲橡胶架、橡胶衬套等。发动机及传动操作系统用橡胶减振器来隔绝振源的振动。传动部分的减振采用多边联轴器、阻尼离合器。前、后悬架装置上使用的减振器不仅要承担车体质量，还要使车体不致传递车轮的上下振动，抑制簧下质量的不规则运动，传递动力和制动力。橡胶缓冲器是车体的重要减振器之一，其结构形式是两块金属板之间夹有橡胶层，利用橡胶的剪切变形达到缓冲的目的。另外还有充氮气、与减振器油共存的筒式缓冲器，特点是提高缓冲器的载荷能力（最高达 20MPa），减振效果好，且延长其使用寿命。汽车用橡胶减振器采用的橡胶材料以天然橡胶和丁苯橡胶为主。

7.4 车用胶黏剂

7.4.1 胶黏剂的成分及分类

粘接、密封以其快速、牢固、经济、节能等特点，可代替部分铆接、焊接和机械装配等传统工艺，起到节省时间、降低成本、提高质量的作用，在汽车及其他相关民用领域中获得了越来越广泛的应用。胶黏剂是通过粘附作用，能使被粘物结合在一起的物质，用胶黏剂来连接物体或零件的方法称为粘接。粘黏剂是一种起连接作用的物质，胶接技术是借助胶黏剂在固体表面上所产生的粘附力，将同种或异种材料牢固地连接在一起的方法，主要用于金属和非金属本身或者相互之间的连接、固定和密封。粘接的形式主要有非结构型和结构型。非结构型粘接是指表面粘涂、密封和功能性粘接，典型的非结构胶包括表面粘接用胶黏剂、密封和导电胶黏剂等；结构型粘接是将结构单元用胶黏剂牢固地固定在一起，多用于复合材料和金属材料等的连接，既有连接结构，又起到补强作用。

1. 胶黏剂的组成

胶黏剂主要由基料、固化剂、促进剂、偶联剂、稀释剂、填料、增塑剂、增韧剂及其他添加剂组成。

（1）**基料**　基料是胶黏剂的主要成分，大多为合成高聚物，起粘合作用，需要有良好的粘附性和湿润性。

（2）**固化剂和促进剂**　固化剂是胶黏剂中最主要的配合材料，它直接或者通过催化剂与主体聚合物反应，固化结果是把固化剂分子引进树脂中，使分子间距离、形态、热稳定性、化学稳定性等都发生了明显的变化，使树脂变为网状结构。促进剂主要是加速胶黏剂中的主体聚合物与固化剂的反应，缩短固化时间，降低固化温度。

（3）**偶联剂**　偶联剂能与被粘表面形成共价键使粘接界面坚固。

（4）**稀释剂**　稀释剂用于降低胶黏剂的黏度，增加流动性和渗透性，分为非活性和活性稀释剂。非活性稀释剂一般为有机溶剂，如丙酮、环己酮、甲苯、二甲苯、正丁醇等。活性稀释剂是能参加化学反应的稀释剂，分子端基带有活性基团，如环氧丙烷苯基醚等。

（5）**填料**　填料为无机化合物，如金属粉末、金属氧化物、矿物等，用于改善树脂固化后的收缩率和膨胀系数，提高粘接强度、耐热性、机械强度和耐磨性等。

（6）**增塑剂和增韧剂**　增塑剂一般为低黏度、高沸点的物质，如邻苯二甲酸二甲酯、邻苯二甲酸二辛酯、亚磷酸三苯酯等，其能增加树脂的流动性，有利于浸润、扩散和吸附，能改善胶黏剂的弹性和耐寒性。增韧剂是一种带有能与主体聚合物起反应的官能团的化合物，在胶黏剂中成为固化体系的一部分，从而改变胶黏剂的剪切强度、剥离强度和柔韧性。

（7）**其他添加剂**　其他添加剂包括防老化剂、防霉变剂、消泡剂、阻燃剂、颜料等。

2. 胶黏剂的粘接原理

胶黏剂和物体接触，首先会润湿表面，然后通过一定的方式连接两个物体使之具有一定机械强度的过程称为胶联。此过程都要经过一个液态或类液态向高分子固态转变的过程。

（1）**机械理论**　胶黏剂必须渗入被粘表面的空隙内，并排除其界面上吸附的空气才能产生粘接作用。胶黏剂粘接经表面打磨的致密材料的效果比表面光滑的致密材料好，由于打磨使表面变得粗糙，表面层的物理性质发生了变化，从而提高了粘接强度。

（2）**吸附理论**　吸附理论认为，粘接是两种材料之间分子接触和界面力产生所引起的。粘结力主要来源于氢键力、范德华力等分子间作用力。胶黏剂与被粘物连续接触的过程称为润湿，要使胶黏剂润湿固体表面，胶黏剂的表面张力应小于固体的临界表面张力。所以PTFE、PE等表面能低的材料很难粘接。

（3）**静电理论**　静电理论认为，在胶黏剂与被粘接表面上形成双电层而产生静电引力，即相互分离的阻力。所以当粘接表面能低的材料时，可以采用静电处理，从而增加其粘合能力。

（4）**弱边界层原理**　当粘接破坏被认为是界面破坏时，往往是内聚破坏或弱边界层破坏。如果杂质集中在粘接表面附近，并与被粘接物结合不牢，在胶黏剂和被粘接物内部都可出现弱边界层。当粘接发生破坏时,多数发生在胶黏剂和被粘物表面,但实际上是弱边界层的破坏。因此,在粘接物体之前,需要仔细清理被粘接表面,确保其干净。

3. 常用胶黏剂的种类

常用胶黏剂的种类见表7-15。

表7-15 常用胶黏剂的种类

胶黏剂	有机类	合成类	树脂型	热固性:酚醛树脂、环氧树脂、不饱和聚酯、聚氨酯、脲醛树脂等
				热塑性:聚乙酸乙烯酯、聚氯乙烯-乙酸乙烯酯、聚丙烯酸酯、聚苯乙烯、聚酰胺、醇酸树脂、纤维素、饱和聚酯等
			橡胶型:再生橡胶、丁苯橡胶、丁基橡胶、氯丁橡胶、聚硫橡胶等
			混合型:酚醛-聚乙烯醇缩醛、酚醛-氯丁橡胶、环氧-酚醛、环氧-聚硫橡胶等
		天然类	葡萄糖衍生物:淀粉、可溶性淀粉、糊粉、阿拉伯胶等
			氨基酸衍生物:植物蛋白、酪朊、血蛋白、骨胶、鱼胶、海藻酸钠等
			天然树脂:木质素、单宁、松香、虫胶、生漆
		沥青胶	
	无机类	硅酸盐类胶黏剂	
		磷酸盐类胶黏剂	
		硼酸盐	
		硫磺胶	
		硅溶胶	

7.4.2 车用胶黏剂的性能和应用

复合材料在汽车中的应用越来越多,而复合材料部件之间的连接及复合材料与金属部件的连接成为需要解决的问题。客车、汽车的前后围,轮护面,行李舱门,保险杠等采用玻璃钢蒙皮是近年发展的新技术。玻璃钢蒙皮替换传统的金属蒙皮,可以减小质量,提高强度和刚性,扩大设计空间,并具有防腐作用,能将多个制件整合为一个组装件,有利于换型、批量生产及降低成本。由于具有上述优点,玻璃钢制品在运输行业的应用日益广泛。对于非金属部件,若采用螺钉或铆钉连接,在连接处会产生应力集中,使非金属部件遭到破坏。大型货车的风帽采用的就是玻璃钢部件,假如采用螺钉或铆钉连接,螺钉或铆钉只能固定在风帽底部的几个连接点处,在行驶过程中,由于振动和颠簸,这几个连接点处的玻璃钢不断受到冲击,很快就会出现断裂。

1. 车用胶粘技术的特点

1)胶粘可以让金属与非金属材料有效连接,均匀涂抹在粘接面上,避免了铆接、点焊等连接方式的应力集中问题。

2)在汽车装配上应用,可以有效减小车体质量。

3)胶粘技术在汽车装配上应用可以使车体有良好的密封性,铆接、点焊、螺栓连接很难达到这种效果。

4)胶粘技术可以有效避免铆接、点焊、打孔等浪费材料的现象,减小了经济上的损失，带来非常可观的经济效果。

5）胶黏剂在汽车装配上最明显的缺点是粘接的强度不够高，且在光、湿、热的长时间影响下会发生老化现象，使用寿命缩短。

6）胶黏剂都属于有机合成的高分子材料，因此在高低温环境下的性能是受限的，通常限制在-50~100℃的温度范围内工作。

2. 胶黏剂在汽车上的应用种类

（1）**焊装工艺用胶** 这一类别的密封胶黏剂在焊装工艺中代替点焊或减少焊点，起着增强结构、密封防锈、减振降噪的作用，一般要求与油面钢板有良好的附着性。其主要品种有：

1）折边胶。用在车门、发动机舱盖、行李舱盖等卷边结构处，其粘接强度高，已完全取代点焊结构。这一胶种目前普遍采用单组分环氧树脂胶，单车用量约为200g。

2）点焊密封胶。预先涂布在钢板焊接的搭接部位，点焊后填实缝隙，保证密封，防止锈蚀。对于装配后被遮蔽而难以涂布焊缝密封胶的部位，点焊密封胶更是不可缺少。

3）膨胀减振胶。在车门内外板之间、车身外覆盖件与加强筋之间常常用到这类胶。它一般由合成橡胶或树脂添加发泡剂制成，经过固化膨胀，能将覆盖件同加强筋结合为一体，起到减振降噪的作用。

（2）**涂装工艺用胶** 涂装工艺用胶虽然品种不多，却是汽车上用量最大的一类。单车用量：货车约2kg，轿车在5kg以上。主要有焊缝密封胶和抗石击涂料，其基材成分多为PVC塑溶胶，相比较而言：

1）焊缝密封胶具有更加突出的触变性，堆积一定厚度时能保持棱角，不流淌。加热塑化后，胶层富有弹性，不开裂，外观平整。焊缝密封胶在汽车密封、防漏、防锈方面起着至关重要的作用。

2）抗石击涂料喷涂在汽车底盘上，缓冲汽车高速行驶时沙、石等各种物体对底盘的冲击，提高底盘的耐蚀性，延长使用寿命，还有助于减小车内噪声，改善乘坐舒适性。

（3）**内饰件用胶** 汽车内饰件材质种类繁多，性质不同，应用场合各异，以下介绍几种重要品种。

1）车身顶棚胶。用于将软质顶棚材料粘贴到车身顶盖上，使车内美观。目前国内这一用途的胶黏剂多以溶剂型氯丁胶为主，在工艺和性能上要求初粘力高，满足车身内饰生产线快节奏的需要，并不得引起内饰材料出现变色、脱落现象。

2）丁基密封胶带。由丁基橡胶添加增粘树脂经挤压成带型，其特点是指压贴合容易，与钢板和防水膜均有较好的粘接性，能长期保持黏弹性和密封性。主要用于车门内板防水膜的粘接密封，防止雨水渗入车门内部。汽车上单门胶带用量在2m左右。

3）高频热合胶。车用高频热合胶为改性丙烯酸乳液，在成型车门内护板时，预先经浸胶（约30g）处理的纤维板在高频电场作用下，胶层在短时间内熔化，并在工艺规定的压力下与PVC泡沫牢固粘接。

4）风窗玻璃胶。该类胶黏剂通常以聚氨酯为主，配合清洗剂、漆面/玻璃底剂一同使用，剪切强度较高、弹性突出，能将玻璃和车身紧密地结合为一个整体，增强车身刚性，保证密封效果、提高汽车安全性。以富康轿车为例，单车用量约1.2kg。

(4) 装配件用胶　装配件用胶指汽车发动机、变速器、底盘装配用胶黏剂，其主要应用于各种平面连接、孔盖管接头的密封和螺栓的锁固，可以防止油、水、气的泄漏和螺栓的松动，直接关系汽车的正常运行。这类胶黏剂的主要品种有厌氧胶和硅酮密封胶等。

1) 厌氧胶。其特点是涂布工艺简单，固化速度快，锁固密封性能好。使用时根据不同要求，可采取现场涂布、预涂和浸渗三种工艺方法。其中，可预涂高强度微胶囊型厌氧胶特别适合汽车上大量螺纹连接件机械涂布的快节奏要求。

2) 硅酮密封胶。它用于平面密封独具特色，胶层弹性好、耐油、耐热、耐老化，涂胶工艺简单，可剥性强，拆卸方便，可以取代垫片单独使用，密封效果好。

(5) 特殊工艺用胶　汽车制造过程中还要用到多种用途不同的胶黏剂，如制动蹄与摩擦片粘接用的制动蹄片胶，它是以改性酚醛树脂为主的胶黏剂，代替铆接，具有可靠的粘接强度，能减小噪声，延长摩擦片的使用寿命。滤芯器生产用的滤芯胶是增粘树脂补强的 PVC 塑溶胶，粘接强度适中，工艺性好，能够满足流水线的作业要求。微孔堵漏用的浸渗剂，在粉末冶金件和发动机缸体、缸盖等零件砂眼缺陷的修补上效果明显。汽车装配过程中用的压敏胶带，可以保护车自身免受污染、磕碰损伤或协助装配零件时固持定位。铸造用的合成树脂胶黏剂主要有酚醛树脂、呋喃树脂及少量改性脲醛树脂三种，被广泛应用在发动机缸体、缸盖等零件的铸造工艺中。

7.4.3　汽车生产中胶黏剂的应用实例

一辆轿车的车身，需要各种连接技术连接的搭边长度通常可以达到 150~200m，当然，这也取决于车辆的级别和大小。目前，部分较高端的车型已经开始使用了胶接技术，如新奥迪 A6L 的车身大量使用了结构胶连接技术，宝马 7 系中结构胶的使用量已经超过了 10kg，Land Rover 的前保险杠和尾翼处也大量使用了结构胶，随着胶黏剂的不断应用与发展，其优点被越来越多的人发现。下面主要介绍在汽车轻量化中起重要作用的两种胶黏剂。

1. 环氧类胶黏剂

环氧类胶黏剂是由环氧树脂、固化剂、促进剂、改性剂等组成的液态或固态胶黏剂。环氧树脂胶黏剂本身含有多种极性基团（如羟基-OH 和醚键-C-O-C-）和活性很大的环氧基，因而具有较好的粘接性能。当加入固化剂后就发生交联反应而变成不熔的网状或体型结构的高聚物，高聚物中产生电磁键，使环氧基和表面形成化学键，从而使环氧分子和表面之间粘接。

环氧类胶黏剂具有粘接强度高、耐化学介质性好、耐温性能好、电性能优良、胶层收缩率小、可室温固化、施工工艺简单等优点，可作为折边或点焊用胶用于焊装车间，多应用于车门、发动机舱和顶棚板等位置。此外，环氧类胶黏剂因其良好的耐油性、耐久性及力学性能应用在汽车粘接和结构增强上，且可以使车身轻量化。

环氧胶的种类很多，在各类环氧树脂中，双酚 A 环氧树脂是产量较大、用途较广的品种。按固化条件分为以下几类：

(1) 冷固化胶（不加热固化胶）　冷固化胶又分为低温固化胶（固化温度<15℃）、室温固化胶（固化温度为 15~40℃）。

（2）热固化胶 热固化胶又可分为中温固化胶（固化温度为 80~120℃）、高温固化胶（固化温度>150℃）。

（3）其他方式固化胶 如光固化胶、潮湿面及水中固化胶、潜伏性固化胶等。

按胶接强度分类：结构胶剪切强度及抗拉强度大，而且还有较高的不均匀扯离强度，使胶接接头在长时间内能承受振动、疲劳及冲击等载荷。同时还应具有较高的耐热性和耐候性；次受力结构胶能承受中等载荷，通常抗剪切强度为 17~25MPa，不均匀扯离强度为 20~50kN/m；非结构胶，即通用型胶黏剂。其室温强度比较高，但随温度的升高，胶接强度下降较快。只能用于受力不大的部位。

按用途分类：通用型胶黏剂、特种胶黏剂，如耐高温胶（使用温度≥150℃）、耐低温胶（可耐-50℃或更低的温度）、应变胶（粘贴应变片用）、导电胶、密封胶（真空密封、机械密封用）、光学胶（无色透明、耐光老化、折光率与光学零件相匹配）、耐腐蚀胶、结构胶等。

也可按固化剂的类型分类，如胺固化环氧胶、酸酐固化胶等。还可分为双组分胶和单组分胶、纯环氧胶和改性环氧胶。

为了适应节能环保、成本低、寿命长的发展趋势，已经对车用胶黏剂的使用性能和工艺性能提出了越来越高的要求，胶黏剂的开发与应用，一定要适应汽车的发展需要。

2. 聚氨酯类胶黏剂

聚氨酯类胶黏剂是分子链中含有氨酯基（-NHCOO-）和/或异氰酸酯基（-NCO）类的胶黏剂。由于含有大量-NH 基和-NCO 基这种极性基团和活性反应基团，聚氨酯类胶黏剂有很高的极性和活性，提高了对各种材料的粘接性，因此对各种金属和非金属材料都有较高的粘接强度和较大的韧性。此外它具有良好的耐低温性能（-40~100℃），特别是在超低温下，粘接强度反而增加，具有很高的反应性，能常温固化，还有良好的耐溶剂性、耐油性和耐老化性。新型汽车结构中引入大量的轻质金属、复合材料和塑料等，造成汽车用胶黏剂和密封胶持续增加。在汽车上应用最为广泛的聚氨酯胶黏剂主要有装配风窗玻璃用的单组分湿固化聚氨酯密封胶，粘接玻璃纤维增强塑料盒片状模塑复合材料的结构胶黏剂，内装件用双组分聚氨酯胶黏剂及水性聚氨酯胶黏剂等，汽车内饰件的胶黏剂用量也在增加。调节 PU 胶的配方，可制成不同硬度和伸长率的胶黏剂，其粘合层从柔性到刚性可任意调整，满足不同材料的粘接要求。PU 胶可加热固化，也可室温固化，粘接工艺简便，操作性能良好。固化过程没有副反应产生，因此粘合层不易产生缺陷。但是聚氨酯类胶黏剂存在毒性较大、耐热性不好及固化时间长等缺点，为了减小对环境的污染，多功能和高强度粘接、低 VOC、水基、快速固化等将是聚氨酯类胶黏剂未来的发展方向。

思 考 题

1. 什么是高分子材料？
2. 线性非晶态高分子化合物的力学状态包括哪些？
3. 车用高分子材料的优势有哪些？
4. 汽车上常用的塑料零部件有哪些？

5. 车用通用塑料包括哪几种类型？
6. 聚丙烯在汽车零部件上的主要应用有哪些？
7. 聚乙烯在汽车零部件上的主要应用有哪些？
8. 尼龙在汽车零部件上的主要应用有哪些？
9. 简述改性 PC 材料在汽车零部件上的应用。
10. 橡胶在汽车上的应用有哪些？
11. 简述车用胶黏剂的成分组成。
12. 与传统塑料相比，车用塑料的发展面临着哪些机遇和挑战？

第8章

高性能纤维增强树脂基复合材料

【教学目标】

通过本章的学习,学生能够掌握车用高性能纤维增强树脂基复合材料的基本知识,了解高性能纤维的特性,掌握复合材料界面理论和表面处理方法,更进一步熟练掌握车用纤维增强热塑性复合材料和热固性复合材料的分类、成型工艺以及性能特点,能够依据所学知识对汽车零部件的高性能纤维增强树脂基复合材料进行选用和设计。

【教学要求】

知识要点	能力要求
高性能纤维的性能指标和分类	掌握高性能纤维的性能指标和分类;掌握高玻璃纤维的组成、分类和性能;了解碳纤维的性能分类和生产工艺
复合材料的界面理论和纤维表面处理技术	掌握复合材料的界面理论;掌握纤维表面处理技术及其对性能的影响
车用纤维增强热塑性复合材料	掌握车用纤维增强热塑性复合材料的分类和特性;掌握车用纤维增强热塑性复合材料的成型制备技术
车用热固性复合材料	掌握车用热固性复合材料的聚合物分类;掌握车用热固性复合材料的成型工艺技术,包括RTM、PCM、SMC、LFT等主流技术的工艺流程及特点
车用纤维增强复合材料的成型工艺在汽车上的应用	掌握车用纤维增强复合材料汽车上的实际应用

8.1 高性能纤维

8.1.1 纤维的性能指标和分类

纤维材料是连续的细丝材料,在外观上表现为直径极小而长度很大,有的可达数千米。现在最细的人工合成纤维,其直径可达几微米,纳米纤维的直径在纳米级,但其长度有限,在应用上受到限制。

纤维长度与直径的比称为长径比。纤维材料的定义是能保持长径比大于100的均匀条状或丝状的材料。根据美国材料与试验协会(ASTM)的定义,纤维长丝必须具有比其直径大100倍的长度,且不能小于5mm。

1. 纤维的性能指标

纤维的性能与其材料的化学组成有关,用不同的材料制取的纤维,会表现出不同的物理化学性能,如强度、模量、耐温性、耐蚀性等。在实际工程应用中,为了更好地评价和

选择不同的纤维，国际上统一规定了几个主要的性能指标。

(1) **线密度**（纤度） 线密度是指一定长度纤维所具有的质量，是表示纤维粗细程度的一个指标，其单位为 tex，表示长度为 1000m 的纤维的克数（g/km）。

支数是指单位质量的纤维所具有的长度。对于同一种纤维，支数越高，纤维越细。人们在选择纤维织物时，有时也看它的支数。

(2) **断裂强度及断裂伸长率** 断裂强度是指纤维在连续增加载荷的作用下直至断裂所能承受的最大载荷与纤维的线密度之比。断裂强度高，纤维在加工过程中不易断头、绕辊，纱线和织物牢度高；若断裂强度太高，纤维刚性过高，手感变硬。断裂伸长率是指纤维在伸长至断裂时的长度比原来长度增加的百分数。若断裂伸长率大，则纤维的韧性好，手感柔软，在纺织加工时，毛丝、断头少；但若断裂伸长率过大，则织物易变形。

(3) **初始模量**（弹性模量） 模量是指纤维在外力作用下抵抗变形的能力。初始模量为纤维受拉伸时当伸长率为原长的 1% 时所需的应力，它表征纤维对小形变的抵抗能力。

2. 纤维分类

纤维一般有三种分类方法：一是根据材料来源可分为天然纤维和化学纤维；二是根据材料性质可分为有机纤维和无机纤维；三是其他分类，根据使用性能和要求可分出种类繁多的不同品种。

(1) **根据材料来源分类**

1) 天然纤维是自然界存在，可以直接取得的纤维，根据其来源分成植物纤维、动物纤维和矿物纤维三类。植物纤维是由植物的种子、果实、茎、叶等得到的纤维，包括种子纤维、韧皮纤维、叶纤维、果实纤维等，是天然纤维素纤维，如棉、木棉、亚麻、黄麻、罗布麻等。动物纤维是由动物的毛或昆虫的腺分泌物得到的纤维，如毛发、蚕丝等。矿物纤维是从纤维状结构的矿物岩石中获得的纤维，主要组成物质为各种氧化物，如二氧化硅、氧化铝、氧化镁等，其主要来源为各类石棉、如温石棉、青石棉等。

2) 化学纤维是经过化学处理加工而制成的纤维，可分为人造纤维和合成纤维两类。人造纤维是用含有天然纤维或蛋白质纤维的物质，如木材、甘蔗、芦苇、大豆蛋白质纤维等，经过化学加工制成的纤维材料。合成纤维是化学纤维的一种，其是将一些本身并不含有纤维素或蛋白质的物质（如石油、煤、天然气等），先合成聚合物单体，再聚合成高分子化合物，然后用溶液抽丝的方法制成纤维。

(2) **根据材料性质分类**

1) 有机纤维。上述植物纤维、动物纤维及高分子合成纤维都属于有机纤维。

2) 无机纤维。以金属和无机非金属为原料制取的纤维，如金属丝、玻璃纤维、玄武岩纤维、陶瓷纤维等。碳纤维是一种特殊的无机纤维，它不是直接从碳材料中抽取，而是用有机高分子纤维（如聚丙烯腈纤维、沥青纤维和胶黏丝）作为前驱体，经碳化或石墨化制取的纤维材料。

8.1.2 玻璃纤维

1. 玻璃纤维的组成与性能

玻璃纤维的化学成分主要是二氧化硅、三氧化二硼，它们对玻璃纤维的性质起决定性的作用。

(1) **外观特点** 一般天然或人造的有机纤维，其表面都有较深的皱纹。而玻璃纤维表面呈光滑的圆柱体，其横断面几乎都是完整的圆形，宏观来看，表面光滑，所以纤维之间的抱合力非常小，不利于和树脂粘结。用于复合材料的短切玻璃纤维，直径一般为5~20μm；用于复合材料的连续玻璃纤维，一般制成经纬向的织物（图8-1）。

a)　　　　　　　　　　　　　　　　　　　　b)

图 8-1 短切玻璃纤维及连续玻璃纤维织物
a) 短切玻璃纤维　b) 连续玻璃纤维织物

(2) **密度** 玻璃纤维的密度较其他有机纤维大，但比一般金属密度小，与铝相近。因此在航空工业上用玻璃纤维增强塑料代替铝钛合金就成为可能。玻璃纤维的密度与成分有密切的关系，一般为 2.5~2.7g/cm³，但含有大量重金属的高弹玻璃纤维的密度可达 2.9g/cm³。一般来说无碱玻璃纤维的密度比有碱玻璃纤维的密度大，见表 8-1。

表 8-1 常见各种纤维密度

名称	羊毛	蚕丝	棉花	人造丝	尼龙	碳纤维	有碱玻璃纤维	无碱玻璃纤维
密度/(g/cm³)	1.28~1.33	1.3~1.45	1.50~1.60	1.50~1.60	1.14	1.4	2.4~2.6	2.6~2.7

(3) **拉伸强度** 玻璃纤维的拉伸强度比同成分的玻璃高几十倍，例如，有碱玻璃的拉伸强度只有 40~100MPa，而用它拉制的玻璃纤维的拉伸强度可达 2000MPa，其强度提高了 20~50 倍，由表 8-2 可以看出，玻璃纤维的拉伸强度比高强合金钢还要高。

表 8-2 玻璃纤维与其他材料的拉伸强度

材料	高强合金钢	铝合金	玻璃	玻璃纤维
直径/μm	—	—	—	5~8
拉伸强度/MPa	1600	40~460	40~120	1000~3000

(4) **耐磨性和耐折性** 玻璃纤维的耐磨性是指纤维抗摩擦的能力，玻璃纤维的耐折性是指纤维抵抗折断的能力。玻璃纤维这两个性能都很差，纤维表面吸附水分后能加速微裂纹扩展，使纤维耐磨性和耐折性降低。为了提高玻璃纤维的柔性以满足纺织工艺的要求，可以采用适当的表面处理。如经 0.2%（质量分数）阳离子活性剂水溶液处理后，玻

璃纤维的耐磨性比未处理时高 200 倍。纤维的柔性一般以断裂前弯曲半径的大小表示，弯曲半径越小，柔性越好。如玻璃纤维直径为 9μm 时，其弯曲半径为 0.094mm，而超细纤维直径为 3.6μm 时，其弯曲半径为 0.038mm。

（5）**弹性** 玻璃纤维的伸长率是指纤维在外力作用下，直至拉断时的伸长百分率。玻璃纤维的伸长率比其他有机纤维低，其伸长的程度与所施加的力成正比，直到纤维断裂为止，不存在屈服阶段，去掉负荷后可以恢复原来长度，因此玻璃纤维是完全的弹性体。

（6）**热、电性能** 玻璃纤维的导热性低，特别是玻璃棉制品，密度小、寿命长且耐高温，广泛用于建筑和工业的保温、隔热和隔冷，是一种优良的热绝缘材料。玻璃的导热系数为 0.7~1.28W/(m·K)，但拉制玻璃纤维后，其导热系数只有 0.035W/(m·K)，产生这种现象的原因主要是纤维间的空隙较大，密度较小。密度越小，其导热系数越小，这主要是因为空气的导热系数小。导热系数越小，隔热性能越好。当玻璃纤维受潮时，导热系数增大，隔热性能降低。由于玻璃纤维的介电性好，耐热性良好，吸湿性小，并且不燃烧，所以无碱玻璃纤维制品在电气、电机工业中得到了广泛而有效的应用。

（7）**吸声性能** 玻璃纤维还有优良的吸声、隔声性能，在建筑、机械和交通运输方面得到广泛的应用。一般材料的吸声系数大小与声源物体振动频率有关。吸声系数是指当声波传到物体表面时，物体表面所吸收的声能与落在表面总声能的比值。例如，用棉花制成的隔声物质，当音频从 200Hz 变到 1200Hz 时，吸声系数可由 0.09 变到 0.92，所以各种材料的吸声系数都有一定的音频特性。玻璃棉的吸声系数、频率特性与玻璃纤维容积密度、厚度、纤维直径等指标密切相关，一般是随着密度的增加，吸声系数不断增加。

2. 玻璃纤维的分类

玻璃纤维中的碱金属氧化物是普通玻璃的主要成分，主要起降低玻璃熔点的作用，其含量增强，玻璃纤维的化学稳定性、电绝缘性能、强度都会相应下降。因此，通常以不同的碱金属含量来区分玻璃纤维的种类，见表 8-3。

表 8-3 玻璃纤维的分类

类别	特 点
无碱玻璃纤维（E-玻璃纤维）	碱金属氧化物的质量分数<0.05%，化学稳定性、电绝缘性、强度高，主要作为电绝缘材料、玻璃钢的增强材料等
中碱玻璃纤维（C-玻璃纤维）	碱金属氧化物的质量分数为 11.5%~12.5%，含碱量高，不能作为电绝缘材料，其化学稳定性和强度较高，一般用作乳胶布、方格布基材，酸性过滤布、窗纱基材等（成本较低，用途较广）
高碱玻璃纤维（A-玻璃纤维）	碱金属氧化物的质量分数>15%，如采用碎的平板玻璃、碎瓶子玻璃等作为原料拉制而成的玻璃纤维均属此类。可作为蓄电瓶的隔离片、管道包扎布和毡布等防水、防潮材料
特种玻璃纤维（S-玻璃纤维）	由纯镁铝硅三元组成的高强度玻璃纤维，主要包括镁铝硅系等高弹玻璃纤维、硅铝钙镁系化学腐蚀玻璃纤维、含铅纤维、高硅氧纤维、石英纤维等

8.1.3 碳纤维（CF）

1. 碳纤维的成分结构

碳纤维是由有机纤维经碳化及石墨化处理而得到的微晶石墨材料。碳纤维的微观结构类似人造石墨（C 原子层状排列），是乱层石墨结构。

碳纤维是一种力学性能优异的新材料，它的密度不到钢的 1/4，碳纤维树脂复合材料的拉伸强度一般都在 3500MPa 以上，弹性模量为 230～430GPa，均高于钢。因此碳纤维增强复合材料（CFRP）的比强度即材料的强度与其密度之比可达到 $2000MPa/(g/cm^3)$ 以上，其比模量也比钢高。材料的比强度越高，则构件自重越小；比模量越高，则构件的刚度越大。因此，碳纤维在工程上有广阔的应用前景。

2. 碳纤维的生产工艺过程

目前生产的碳纤维绝大部分都是用聚丙烯腈（PAN）纤维的固相碳化制得的，基本工艺流程如下（图 8-2）。

（1）**聚合** 这是碳纤维生产过程中的第一个步骤，这个过程是物理变化，主要是将原材料分离成纤。在这个过程中，纺丝液细流与凝固液之间的传质、传热、相平衡移动，导致 PAN 沉析形成凝胶结构的丝条。必须控制聚合单体和其他原料的纯度，以减小杂质对原丝质量的影响，避免将原丝中的杂质和缺陷"遗传"给碳纤维。

（2）**纺丝** 一般是在 100～300℃的温度下进行湿法纺丝，包括原液过滤、喷丝、凝固浴、水洗、拉伸等几个阶段。这个过程是根据结晶定向纤维的拉伸效应来实现的，是实现 PAN 纤维的高模量、高强化、致密化和细化的关键步骤。

（3）**预氧化** 原丝在 300～400℃下氧化气氛中（空气）受张力的情况下进行预氧化。预氧化的目的是使热塑性 PAN 线型大分子链转化为非塑性耐热梯形结构，以使 PAN 纤维在高温碳化时不熔不燃，保持纤维形态，热力学处于稳定状态。预氧化先使纤维颜色由白变黄，再到棕褐色，直至最后变成黑色。

（4）**碳化** 碳化 1000～2000℃范围内，在惰性气体（一般采用高纯度氮气）保护下进行碳化，纤维中的非碳原子（如 N、H、O 等元素）裂解出去，纤维的碳的质量分数从 60%左右提高到 92%以上。碳化时纤维也会发生物理收缩和化学收缩，因此，碳化时也必须加适量的张力进行拉伸，以得到优质碳纤维。碳化过程的技术关键是保证非碳元素的各种气体瞬间排除，若不及时排除，将导致纤维表面产生缺陷，甚至断裂。

（5）**石墨化** 2500～3000℃的范围内在保护气体中进行石墨化，保护气多使用高纯氩气，并对纤维施加张力，目的是使纤维石墨化晶体取向，将无定型、乱层结构的碳化材料向三维石墨化结构转化。石墨化是提高碳纤维模量的主要技术措施。石墨化过程中，结晶碳的质量分数不断提高，可达 99%以上，纤维结构不断完善。

3. 碳纤维分类

（1）**按照原丝分类** 聚丙烯腈基（最多）、粘胶基（适宜作为烧蚀材料）、沥青基（成本最低，发展中）、木质素纤维基、其他有机纤维基。

（2）**按照性能分类**

1）通用级 CF（拉伸强度<1400MPa，模量<140GPa）。

2）高性能 CF（拉伸强度>2000MPa，模量>250GPa）。

a. 高强度 CF（HS）：拉伸强度>2000MPa。

b. 高模量 CF（HM）：模量>300GPa。

c. 超高强 CF（UHS）：拉伸强度>4000MPa。

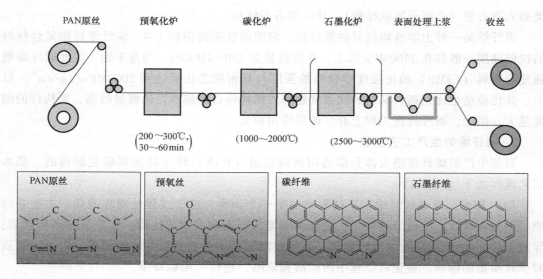

图 8-2 碳纤维生产工艺流程图

    d. 超高模 CF（UHM）：模量>450GPa。
    e. 高强-高模 CF。
    f. 中强-中模 CF。
    g. 高强高伸型：延伸率>2%。
  4. 碳纤维特性

  碳纤维是高级复合材料的增强材料，具有一系列优点。

  （1）密度小、强度高、模量高 碳纤维的密度为 $1.6\sim2.5g/cm^3$，且拉伸强度高。因此，其具有高的比强度和比模量，它比绝大多数金属的比强度高 7 倍以上，比模量为金属的 5 倍以上。由于这个优点，其复合材料可广泛应用于航空航天、汽车工业、运动器材等。

  碳纤维与其他材料性能的比较见表 8-4，由表可知，碳纤维的比强度和比模量要远高于高强钢和高强铝合金。比强度和比模量分别指材料单位质量的强度和模量。显然，如果一种材料的密度小而又能够提供相当高的强度和模量，那么它就具有高比强度和高比模量，碳纤维正是在这点上表现出了巨大的优势。用碳纤维增强的树脂基复合材料是一种优秀的轻质高强结构材料，在许多工业领域都得到了广泛的应用。

表 8-4 碳纤维与其他材料性能的比较

材料	密度 ρ /(g/cm³)	拉伸强度 /MPa	模量/GPa	比强度	比模量
高模量碳纤维	1.7	4000	240	24	140
高强钢	7.8	340~2100	208	0.04~0.27	27
高强铝合金	2.7	144~650	69	0.05~0.23	26
E-玻璃纤维	2.54	3100~3800	72.5~75.5	12.6~15	28.5~29.5
芳纶 49	1.44	2800	126	1.94	88

(续)

材料	密度 ρ /(g/cm³)	拉伸强度 /MPa	模量/GPa	比强度	比模量
硼纤维	2.36	2750	382	1.17	162
碳化硅	2.69	3430	480	1.28	178

(2) **热膨胀系数小** 绝大多数碳纤维本身的热膨胀系数，室温下为负数 [$(-1.6 \sim -0.5)\times10^{-6}$/K]，在 200~400℃ 时为零。由它制成的复合材料的热膨胀系数比较稳定，可作为标准衡器具。

(3) **导热性好** 通常无机和有机材料的导热性均较差，但碳纤维的导热性接近于钢铁。因此，碳纤维可作为太阳能集热器材料、传热均匀的导热壳体材料。

(4) **耐化学腐蚀性好** 从碳纤维的成分可以看出，它几乎是纯碳，而碳又是最稳定的元素之一。除强氧化酸以外，碳纤维对酸、碱和有机化学药品都很稳定，可以制成各种各样的化学防腐制品。

(5) **耐磨性好** 碳纤维与金属对磨时，磨损很小，用碳纤维取代石棉制成高级的摩擦材料，已作为飞机和汽车的制动片材料。

(6) **耐高温性能好** 碳纤维在 400℃ 以下时性能非常稳定，甚至在 1000℃ 时仍无太大变化。复合材料的耐高温性能主要取决于基体的耐热性，树脂基复合材料其长期只可耐受 300℃ 左右的温度，陶瓷基、碳基和金属基复合材料的耐高温性能可与碳纤维本身匹配。因此，碳纤维复合材料作为耐高温材料广泛应用于航空航天工业。

(7) **突出的阻尼与优良的透声性** 由于这两个特点，碳纤维可作为潜艇的结构材料，如潜艇的声呐导流罩等。

(8) **高 X 射线透射率** 碳纤维已经在医疗器材中得到应用。

(9) **疲劳强度高** 碳纤维的结构稳定，制成的复合材料经数百万次的循环应力疲劳试验后，其强度保留率仍有 60%，而钢材为 40%，铝材为 30%，玻璃钢则只有 20%~25%。因此，设计制品所取的安全系数，碳纤维复合材料最低。

5. 应用领域

碳纤维不仅具有碳材料的固有本征特性，又兼备纺织纤维的柔软可加工性，是新一代增强纤维。作为高性能纤维的一种，碳纤维材料已在军事及民用工业的各个领域取得广泛应用。因此，碳纤维被认为是高科技领域中新型工业材料的典型代表，为世人所瞩目。碳纤维可加工成织物、毡、席、带、纸及其他材料。传统使用中，碳纤维除作为绝热保温材料外，一般不单独使用，多作为增强材料加入树脂、金属、陶瓷、混凝土等材料中，构成复合材料。碳纤维增强的复合材料可作为飞机结构材料、电磁屏蔽除电材料、人工韧带等身体代用材料及用于制造火箭外壳、导弹防热及结构材料（火箭喷管、鼻锥、大面积防热层）、机动船、工业机器人、汽车板簧和驱动轴等、卫星构架、天线、太阳能翼片底板、卫星-火箭结合部件，也可用于制造航天飞机机头、机翼前缘和舱门等制件、太空望远镜的测量构架、太阳能电池板和无线电天线。

6. 碳纤维的缺点

(1) **复杂的应力计算** 碳纤维的特点是拉伸强度高，但剪切强度低，加工时需要进行复杂的应力计算（纵刚性、横刚性），根据计算把碳纤维片重叠成型。

（2）难于更改尺寸 由于在制作好模具后成型，难于更改尺寸，无法适应多尺寸、多款式的订单。

（3）易老化 碳纤维产品放置在阳光下会逐渐变白，因此应避免放置在阳光下。

8.2 复合材料界面

复合材料中增强体与基体接触构成的界面，是一层具有一定厚度（纳米以上）、结构随基体和增强体而异的、与基体有明显差别的新相——界面相（界面层），它是增强相与基体连接的纽带，也是应力及其他信息传递的桥梁。因此界面是复合材料的重要组成部分，它的组成、性质、结合方式及结合强度对复合材料的力学性能及破坏行为有着重大的影响，所以对复合材料的界面进行研究有着十分重要的意义。

一般认为界面上的作用力有三类：

（1）化学键力 化学键力就是纤维表面和树脂基体之间的化学作用力，化学键合作用对界面粘结强度的贡献可达 $7.0×10^3 \sim 7.0×10^4$ MPa。

（2）分子间作用力 分子间作用力是纤维表面的分子和树脂基体分子之间的相互吸引力，包括氢键作用力，这些力可以对界面粘结强度贡献 $7.0×10^2 \sim 7.0×10^3$ MPa。

（3）机械嵌合力 机械嵌合力也称为机械锚合力、机械啮合力，这种力类似抛锚作用和摩擦作用所产生的力。所谓抛锚作用是由于未固化的树脂流进纤维表面的凹凸不平处，并在该处固化，而固化后的树脂很难再从这些"凹坑"中"逃逸"出来，因为这需要克服很大的阻力。这类作用力对界面粘结强度的贡献理论上达 $1.4 \sim 7.0$ MPa，相对较小。

8.2.1 复合材料界面理论

在组成复合材料的两相中，一般总有一相以溶液或熔融的流动状态与另一相接触，然后经固化反应使两相结合在一起，形成复合材料。在这个过程中，两相间是以何种机理互相作用的是人们一直所关心的问题。对复合材料进行深入研究，提出了多种复合材料界面理论，每种理论都有一定的试验依据，能解释部分试验现象。但是，由于复合材料界面具有复杂性，至今还没有一种理论能完善地解释各种界面现象。

下面对几种重要的界面理论做简单的介绍。

1. 浸润理论

浸润理论由 Zisman 于 1963 年提出。该理论认为，界面的粘结强度受浸润作用影响，良好的浸润是形成良好界面的基本条件之一。润湿良好对两相界面的接触有益，可以减少缺陷的发生，增加机械锚合的接触点，也可以提高断裂能（图8-3）。因此，增大纤维表面的自由能，

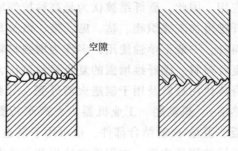

图 8-3 浸润理论示意图
a）不浸润 b）浸润

提高纤维的浸润性能对增强纤维和树脂间的界面粘结性能有很大帮助。然而，粘结是非常复杂的过程，不能单纯通过浸润性解释所有的界面现象，有时处理后的纤维的浸润性变差，界面粘结性却出现了很大的提高。因此，浸润理论尚待完善。

2. 化学键理论

化学键理论是应用最广、最成功的理论，能够被多数人接受。

图8-4所示为化学键理论示意图。两相之间如果能通过活性基团直接发生化学反应，或者通过偶联剂的"帮助"间接地以化学键的形式结合，这样形成的界面的粘结强度要比不存在化学作用或仅存在次键作用的情况高得多。化学键理论在改善界面粘结强度方面具有重要的指导意义：对各种表面惰性的纤维进行各种处理后，表面产生大量的活性基团，如-COOH、-OH、-COOR、-NH_2等含氧、氮基团或活性自由基，对彼此不能发生化学作用的两相之间引入偶联剂作为"媒介"，使得基体和增强体之间实现化学键合，从而有效提高复合材料的性能。然而，化学键的数量一般是有限的，比次键作用要小得多。因此化学键理论也不完善，至今仍存在着一些争议。

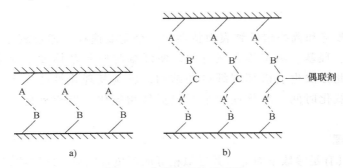

图8-4 化学键理论示意图

a) 两相界面间发生化学反应 b) 两相界面通过偶联剂以化学键结合

3. 扩散理论

两高分子相间的界面粘结，是由于分子扩散和分子间的缠结决定的（图8-5）。已经有大量试验支持这种理论，粘结强度与两种分子的相互接触时间、高聚物的相对分子质量、分子链的柔性、温度、溶剂等因素有关，并通过理论计算证实了这种理论的可靠性。然而，这种理论有很大的局限性，尤其是无法解释高聚物和无机物之间的界面黏结现象。

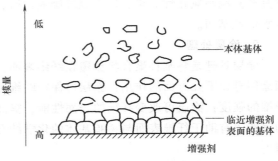

图8-5 扩散理论示意图

4. 啮合理论

啮合理论是建立在良好的浸润性的基础上的，并且强调固体表面的微观粗糙度及适宜的形貌对粘结强度具有重要意义。一些报道甚至提出复合材料界面强度的改善主要由啮合作用增强所致。然而，啮合作用在定量分析上存在很大的不足，因而对增强体表面粗糙度的控制缺少理论依据，即很难保证某种方法能让纤维表面化学结构不变而物理形貌改变。

5. 过渡层理论

过渡层理论认为，复合材料基体和增强体之间应该存在一个过渡层，以消除成型过程中的内应力，而对这个过渡层的形态和作用却存在着争论。一种理论认为，过渡层是柔性的塑性层，可以松弛应力，即"变形层"；另一种理论认为，过渡层不是柔性层，而是模量介于基体和增强体之间的"抑制层"，可以起到均匀传递应力的作用。

此外，还有静电理论、酸碱作用理论、摩擦理论、物理吸附理论等界面理论。每种理论都有一定的试验依据和理论支持。

纤维与树脂的界面相结构是表面反应的产物，是纤维固态表面与液态树脂接触界面上各种相互作用力平衡的结果，是一个与时间有关的过程。所以，复合材料工程师可以利用工艺条件和工艺窗口，适当地调节和改变界面相结构。

8.2.2 纤维表面处理

1. 氧化处理

氧化处理是改善和调控碳纤维表面特性的一个重要途径。通过氧化处理，可以使纤维表面产生羧基、羟基、羰基等含氧基团，使纤维与树脂基体发生化学反应，从而使界面结合，但是此方法也会破坏碳纤维的结构，影响其理化性能，所以在进行氧化处理时要注意控制氧化时间。氧化处理主要包括气相氧化、液相氧化和电化学氧化三种处理方式。

2. 等离子处理

等离子体是具有足够数量而电荷数近似相等的正负带电粒子的物质聚集态。用等离子体氧化法对纤维表面进行改性处理，通常是指利用非聚合性气体对材料表面进行物理和化学作用的过程。非聚合性气体可以是活性气体也可以是惰性气体。常用的是等离子体氧，它具有高能高氧化性。当它撞击碳纤维表面时，能将晶角、晶边等缺陷或双键结构氧化成含氧活性基团。

3. 涂层处理

涂层处理是将某种聚合物涂覆在纤维表面，以改变复合材料界面层的结构和性能。表面涂层有以下几方面的作用：涂层可保护纤维免受损伤，提高纤维的集束性，有利于发挥纤维的强度；涂层可改变纤维的表面性能，提高纤维对树脂基体的浸润性；涂层中反应性的官能团有助于纤维表面与树脂基体的化学结合；涂层可保护表面处理后纤维表面活性的消失。

4. 硅烷偶联剂处理

硅烷偶联剂是一类有机硅化合物，可以用通式表示为 Y-R-SiX3，X 和 Y 是两类反应特性不同的活性基团，其中 Y 可以和有机化合物反应，X 可进行水解反应并生成 Si-OH。硅烷偶联剂能增强修复体表面的湿润性，在修复体表面与树脂黏结剂之间架起"分子桥"，建立化学粘结，显著提高粘结强度，同时避免了一些机械表面处理造成的修复体表面结构破坏、适合性降低等问题。硅烷偶联剂处理碳纤维表面示意图如图 8-6 所示。

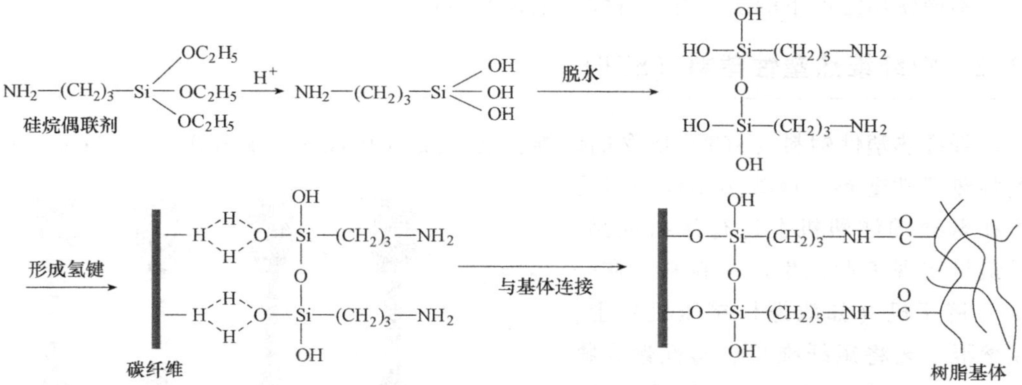

图 8-6 硅烷偶联剂处理碳纤维表面示意图

8.3 车用热塑性复合材料

8.3.1 一般特性

目前，汽车工业所用的热塑性复合材料大多采用 E-玻璃纤维进行增强。近年来，碳纤维因为具有较低的密度和较高的弹性模量而广受关注，但是考虑到成本，E-玻璃纤维的应用比碳纤维广泛。将纤维以各种各样的形式（杂乱的短纤维、杂乱的长纤维、杂乱的连续纤维、单向连续纤维和双向纤维织物）加入热塑性基体中。在这些纤维中，杂乱的短纤维增强热塑料极为常见，这是因为这种材料可以使用普通注射成型法进行加工。但这种塑料大多用于制造半结构零件（如进气歧管和水泵壳）和结构件（车窗玻璃升降结构的齿轮和电气开关）。随机的纤维走向使这种复合材料具有各向同性材料的特性，但是它的强度和弹性模量比单向纤维复合材料低。如果为了获得更高的强度和弹性模量而添加单向纤维或双向纤维，这种复合材料就会从各相同性材料变为各向异性材料。

采用单向或双向连续纤维的热塑性复合材料已经开发了许多结构应用，这些应用包括座椅结构件、保险杠中段和横梁。对于结构应用，连续纤维优于短纤维，因为连续纤维会产生高得多的弹性模量和强度。然而，连续纤维增强热塑性复合材料的应用滞后于热固性复合材料。连续纤维增强热塑料在制造中所遇到的困难是由熔融态热塑性塑料的高黏度引起的。熔融态热塑性塑料的黏度比熔融态热固性塑料高几个数量级，这就使纤维束的浸透和纤维的湿润变得困难。熔融态热固性塑料的低黏度与熔融态热塑性塑料相比，在制造高性能复合材料方面具有明显的优越性。而热塑性复合材料的优势是它们具有较短的加工时间、焊接性好、抗破坏能力较强和可回收利用。

应特别注意，连续纤维增强热塑性塑料的弹性模量和强度主要取决于纤维性能、纤维质量分数、纤维走向，并且在一定程度上还受纤维-基体面间结合强度的影响。对于短纤维增强热塑性塑料，在影响强度和弹性模量方面，基体和纤维-基体面间结合强度将起更加重要的作用。由于热塑性聚合物的 T_g 和 T_m 不会受到有无纤维的影响，所以基体的选择会对不同使用温度下的复合材料特性产生很大影响。

8.3.2 短纤维热塑性塑料（SFT）

短纤维热塑性塑料（SFT）所含的纤维长度一般小于1mm，多为0.2~0.7mm，是一类增强热塑性塑料。这些热塑性塑料适合于在普通的注塑机上进行注射成型，这是最早实现工业化生产的粒料。在一种复合挤压机（如双螺杆挤压机）上，利用熔混工艺将短纤维与热塑性聚合物掺和在一起。将熔混的材料制成粒状，然后再将这些粒状原料送给注塑机，得到测试样条或注塑件，如图8-7所示。

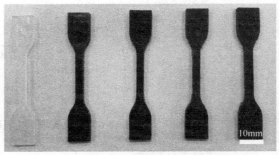

图 8-7 短切碳纤维增强尼龙注塑拉伸样条

粒状原料内的纤维长度可达 1mm，但是由于在注射成型期间纤维会断裂，因此，注射成型零件内的纤维长度就会远小于1mm。将短纤维加到聚合物内会提高其弹性模量和热变形温度，并降低线膨胀系数和脱模后的收缩率（表8-5）。在大多数情况下，屈服强度、拉伸强度和冲击强度也会增加，然而，它们增加的程度取决于纤维强度和纤维-基体面间的结合强度。添加纤维的另一个有利作用是大大减小了蠕变变形。另外，添加短纤维还会增加聚合物的密度，降低变形-失效强度。SFT 的注射成型还会引起弯曲，原因是短纤维的走向往往会更多地顺着流动方向，从而引起流动方向与垂直于流动方向上的收缩率出现差异。

表 8-5 短 E-玻璃纤维增强聚丙烯和聚酰胺-66 的性能

性 能	聚丙烯				聚酰胺 66（模压干态）			
	纤维质量分数(%)							
	0	10	20	30	0	13	33	43
密度/(g/cm³)	0.9	0.98	1.04	1.12	1.14	1.22	1.38	1.51
拉伸弹性模量/GPa	1.4	2.5	3.73	5.3	1.6	6.2	8.8	13.8
拉伸强度/MPa	35	43.5	44.8	48.3	83	96.6	179.4	207
变形-失效强度(%)	150	4	3	2	60	4	3	2
切口悬臂梁冲击强度/(J/m)	37	42.6	53	58.6	53	53	111.3	138.6
1.82MPa 时的热变形温度/℃	54	127	132	135	90	243	252	252
线膨胀系数/℃$^{-1}$	90×10^{-6}	46.8×10^{-6}	43.2×10^{-6}	39.6×10^{-6}	70×10^{-6}	27×10^{-6}	23×10^{-6}	22×10^{-6}
脱模后的收缩率(%)	1.7	0.6	0.6	0.6	1.5	0.7	0.3	0.2

传统的注射成型法对最大纤维含量、纤维长度和纤维方向有一些限制，而这些都是控制短纤维增强复合材料力学性能的重要参数。例如，在短纤维增强复合材料中，因为只有纤维长度大于临界纤维长度，才能获得有效的增强作用，所以纤维长度在确定复合材料长度中起到关键作用。通过利用化学耦合剂（最常见的是硅烷耦合剂）可以控制面间剪切强度。因为熔融态聚合物的黏度会随着纤维质量分数的增大而增加，所以应对注射成型 SFT 中的纤维含量加以控制。在高黏度时，模腔内不会被完全充满，所以很难生产出完整

的零件，高黏度还会导致模具内沿流动方向的不确定纤维走向。实际应用中，注射成型 SFT 中的最大纤维质量分数被限制在 40% 左右。

8.3.3 长纤维热塑性塑料（LFT）

长纤维热塑性塑料（LFT）是为克服短纤维增强热塑性塑料中的纤维长度缺陷，弥补其力学性能的不足而研发的材料。LFT 中含有长度为 5~25mm 具有随机走向的纤维，在热塑性塑料中的初始纤维长度范围为 10~50mm。由于纤维较长，LFT 具有比 SFT 更高的拉伸弹性模量、拉伸强度和冲击强度（表 8-6）。LFT 应用于座椅结构件、车门模块、仪表板托架、前端组件、保险杠件和备胎沉井。

表 8-6 短纤维热塑性塑料（SFT）和长纤维热塑性塑料（LFT）比较（均采用聚丙烯基体）

性能	纤维质量分数			
	短纤维热塑性塑料 30%	长纤维热塑性塑料 30%	短纤维热塑性塑料 40%	长纤维热塑性塑料 40%
密度/(g/cm^3)	1.12	1.12	1.21	1.21
拉伸弹性模量/GPa	6.21	6.89	8.96	8.96
拉伸强度/MPa	76	100	90	117
弯曲弹性模量/GPa	4.83	6.21	6.89	7.58
抗弯强度/MPa	112	115	131	179
切口悬臂梁冲击强度/(J/m)	107	166	107	267
1.82MPa 时的热变形温度/℃	141	—	141	154

长纤维增强热塑性塑料一般以聚丙烯、聚酰胺（尼龙）、PET、聚苯硫醚、聚醚砜、聚醚醚酮等热塑性塑料作为基体材料，以玻璃纤维、碳纤维和芳纶纤维作为增强材料。用连续纤维无捻粗纱与热塑性塑料通过挤出、造粒或制片方法制成半成品，再经注射或模压成型为制品。成型时，增强纤维被均匀地分散于热塑性基体树脂中，热塑性树脂能够完全浸渍增强纤维；增强纤维的长度一般为 10~50mm，纤维的质量分数通常为 30%~50%。按成型工艺过程来分，LFT 分为两类：一类是 LFT 粒料，制造方法有拉挤法、改进的线材包皮法等，纤维的质量分数可为 20%~60%，最常用的为 40% 和 50%；另一类是直接成型 LFT（D-LFT 或 LFT-D），在这种方法中，注塑机所产生的熔融态聚合物与连续纤维丝同时被送进一个长涂覆模具或者一个双丝杠挤压机，在这里发生纤维与熔融态聚合物的浸透。纤维和塑料在生产线上复合挤出后直接注塑、压塑或挤塑，得到最终制品，省去了半成品的加工、储存和运输等操作，具有很大的发展潜力。图 8-8 所示为 D-LFT 生产工艺流程。

8.3.4 玻璃纤维毡热塑性塑料（GMT）

玻璃纤维毡热塑性塑料（GMT）可以以板料的形式获得，它的厚度一般为 3.7mm，这是一种将 E-玻璃纤维毡与热塑性聚合物组合的材料。聚丙烯是用于制造 GMT 最常用的热塑性塑料，其他的热塑性塑料（如 PET、PBT 和聚酰胺类）也有一定的应用。通常，

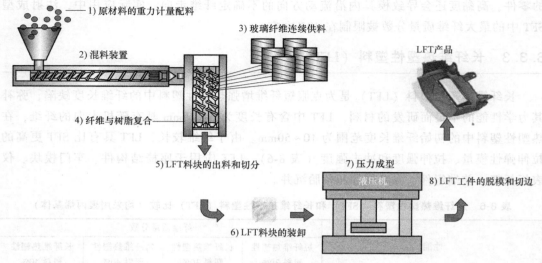

图 8-8 D-LFT 生产工艺流程

这种纤维毡或含有任意走向的切断玻璃纤维（一般长度为 25~100mm），或含有任意走向的连续玻璃纤维。由于纤维走向是任意的，因此切断纤维 GMT 和连续纤维 GMT 均为各同向性材料，即它们的性能在板材平面内的所有方向上都相同。

压缩成型是制造 GMT 零件的常见制造工艺。在压缩成型工艺中，将 GMT 板材在红外加热炉或者热空气对流加热炉中预热到高于聚合物基体材料熔融点的某一温度。对于聚丙烯基体，预热温度约为 220℃。随着基体材料的熔融，纤维毡往往会变软。软化的纤维毡被送进成型模具，并置于模具的下半模内。模具的两个半模均被加热到室温以上的某一温度，但这仍远低于聚合物基体的固化温度。模具高速闭合，给材料施加压力，材料就会向外流出而充入模腔。然后，打开上半模，使零件从模具中移出。压缩成型用于制造形状复杂的 GMT 零件，并能够生产各种不同厚度的零件。

GMT 采用高速压机或冲压机成型为制品。GMT 材料具有韧性好、强度高、密度小、耐蚀性和耐热性好、成型性好、保存期长和废料可再生利用等优点，是低能耗、无环境污染的绿色环保材料。GMT 材料以其优于热固性材料的性能和良好的性价比在汽车工业中广泛应用，同时也具有减小质量、降噪的作用。采用任意走向切断玻璃纤维和任意走向连续玻璃纤维的 PP 基 GMT 已经用于制造保险杠、护膝垫、座椅结构件、车门内饰板、蓄电池托架、压缩机支架、车底护板等。

8.3.5 层压热塑性塑料复合材料

由于热塑性树脂熔融温度高、化学性质稳定，其复合材料成型加工与热固性复合材料有很多不同之处。预浸、成型等每一个阶段对设备和工艺都有特殊的要求。如制备热塑性预浸料，采用热固性预浸料常用的熔融法、溶液法难度较大，因而出现了悬浮法、粉末法等特殊的预混工艺。热塑性树脂的熔体黏度很高，一般大于 100Pa·s，难以使增强纤维获得良好浸渍。因此制备热塑性复合材料的关键是解决热塑性树脂对增强纤维的浸渍。各国对此进行了大量的研究，主要开发了熔融预浸、悬浮预浸、粉末预浸、纤维混杂、原位聚合及薄膜铺迭等多种制备技术。

（1）**熔融预浸** 熔融预浸是先将树脂加热熔融，纤维通过熔融树脂得到浸渍。这是一种最常用的方法，无溶剂污染，特别适用于结晶性树脂制备预浸带。早在1972年，美国PPG公司采用这一技术生产连续玻璃纤维毡增强聚丙烯复合材料。具体是将两层玻璃纤维原丝针刺毡夹在三层聚丙烯层之间，其中间层是挤出机挤出的熔融树脂，上下两层树脂既可用挤出机挤出，也可直接用树脂薄膜，将这种夹层结构置于高于树脂基体熔化温度下热压成型。

（2）**悬浮预浸** 悬浮预浸是根据树脂情况选定合适的悬浮剂配成悬浮液，通过悬浮液使树脂粒子均匀地分布在纤维上，然后加热烘干悬浮剂，同时使树脂熔融浸渍纤维得到预浸带。悬浮预浸法生产的片材中，玻璃纤维分布均匀，成型加工时预浸料流动性好。它适合制作复杂几何形状和薄壁结构制品，但与熔融制备方法一样，存在技术难度大和设备投资大的缺点。

（3）**粉末预浸** 粉末预浸是纤维预先经过扩散器被空气吹松散后进入流化床中，带静电的树脂粉末很快沉积于接地的纤维上，沉积量由流化床电压和纤维通过的速率控制，再经烘炉加热熔化。这种工艺能快速连续生产热塑性预浸带，纤维损伤小，聚合物无降解，具有成本低的潜在优势。适合于这种技术的树脂粉末直径以 5~10μm 为宜。此法的不足之处是浸润仅在成型加工过程中才能完成，且浸润所需的时间、温度、压力均依赖于粉末直径的大小及其分布状况。

（4）**薄膜铺迭** 薄膜铺迭是将热塑性树脂纺成纤维或薄膜带，然后根据含胶量的大小将一定比例的纤维与树脂薄膜紧密地铺迭，通过一个高温密封浸渍区使树脂和纤维熔成连续的基体。该法的优点是树脂含量易于控制，纤维能得到充分浸润，可以直接缠绕成型得到制件。它是一种很有前途的方法，也易于实验室小规模科学研究。图 8-9 所示为薄膜铺迭法制备层压热塑性复合材料工艺流程。

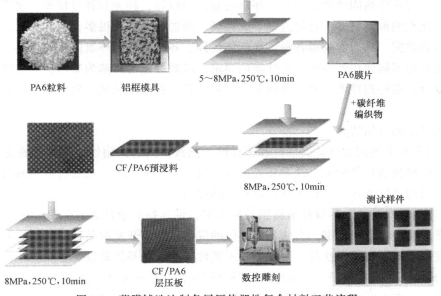

图 8-9 薄膜铺迭法制备层压热塑性复合材料工艺流程

(5) **原位聚合** 原位聚合是利用单体或预聚体初始相对分子质量小、黏度低及流动性好的特点，纤维与之一边浸润、一边反应，从而达到理想的浸渍效果。存在的主要问题是工艺条件比较严格、反应不易控制，尚不具有实用价值。

8.4 车用热固性复合材料

8.4.1 车用热固性聚合物

1. 环氧树脂基复合材料

环氧树脂基复合材料是用高性能的环氧树脂与高性能的增强体复合而成的一类新型材料，增强体主要是纤维，特别是碳纤维。这是一种最早开发用于制造飞机结构件的复合材料，至今仍在复合材料中占有重要地位。近年来，环氧树脂基复合材料逐渐从航空航天走向民用领域，作为汽车结构件与半结构件的新品种不断开发，研究工作也在不断深入。经过了多年的使用验证，环氧树脂基体以其综合性能优异、工艺性好、价格低等诸多优点，受到车企的青睐。

环氧树脂是指分子结构中含有2个或2个以上环氧基并能与某些化学试剂反应形成三维网状交联分子结构的高分子材料。这种由线性的大分子结构变成立体的网状分子交联结构的过程称为固化，环氧树脂的固化通常需要借助于一种称为固化剂的化学物质的作用，有时还需要加热。经固化后，树脂由黏流状态转变为坚实的固体状态，同时伴有热量放出，因此环氧树脂的固化反应是放热反应，这一特性成为表征和研究环氧树脂的分子结构、固化行为以及最终性能的重要依据。有多种方法可以进行这方面的研究，其中使用较多的是热分析方法。

环氧树脂是一类重要的热固性树脂，与酚醛树脂及不饱和聚酯树脂并称为三大通用型固体树脂。与其他热固性树脂相比，环氧树脂性能较好，种类和牌号较多，使用较多。环氧树脂固化剂的种类更多，且促进剂、改性剂、添加剂等种类很多，因此可以进行多种多样的组合和组配，从而能获得各种各样性能优异、各具特色的环氧固化物材料，几乎能适应和满足各种不同使用性能和工艺性能的要求。以高性能树脂基为基体，与高性能的纤维增强体复合，能得到性能非常优异的复合材料，目前在汽车领域、轨道交通领域中得到大量应用。

环氧树脂的应用特点：

1) 具有极大的配方设计灵活性和多样性。能按不同的使用性能和工艺性能要求，设计出针对性很强的最佳配方。这是环氧树脂应用中的一大优点，也是目前环氧改性研究不断深入，新的高性能环氧品种不断得以开发的原因。

2) 应用针对性强。尽管环氧树脂品种繁多，供选择的余地大，但每个配方品种都有一定的使用目的和适用范围，有的是为专门的应用而专门开发的品种，对结构复合材料而言，强度高、模量高、韧性高、耐湿热、工艺性好的环氧基体是发展重点。

3) 成型工艺要求严格。不同配方的环氧树脂固化体系有不同的固化工艺要求，即使相同的配方，在不同的固化条件下也会得到性能大不相同的产品。对高性能环氧树脂基体，要对其工艺性能进行全面的研究，制订出最佳的固化成型工艺条件，以保证最终复合材料制件的质量。

4) 脆性较大，耐候性较差，吸水性强。

2. 环氧树脂基复合材料改性

环氧树脂具有优良的综合性能，包括粘接强度高、固化收缩率小、尺寸稳定性好及具有优异的电绝缘性能，是一种较理想的复合材料基体。但是，由于固化后的分子交联密度高、内应力大，因而存在质脆、耐疲劳性及冲击韧性差等缺点，对于航空及车用结构复合材料，环氧树脂的增韧改性一直是重要的研究课题。

早期采用橡胶弹性体增韧环氧树脂，如端羧基丁腈橡胶、聚硫橡胶等，可有效改善固化树脂的韧性，但却降低了树脂的耐热性和模量。近年来，一些新的改性技术得到发展，包括热敏液晶聚合物增韧、热塑性树脂增韧及纳米粒子增韧等。

(1) **热敏液晶聚合物增韧**　利用热敏液晶聚合物改性环氧树脂，既可显著提高环氧树脂的韧性，同时又提高了体系的强度和耐热性，近年来取得了许多的研究成果。液晶属于特殊的高性能热塑性聚合物，将其加入环氧树脂体系中可明显改善环氧树脂连续相的性质，有利于在应力作用下产生剪切滑移带和微裂纹，使裂纹端应力集中得到松弛，阻碍裂纹扩展。

(2) **热塑性树脂增韧**　热塑性树脂增韧是应用较多的一种方法，其增韧机理可用桥联约束效应和裂纹钉锚效应来描述。

1) 桥联约束效应。热塑性树脂往往具有与环氧树脂相当的弹性模量和远大于环氧树脂的断裂伸长率，其原因就是桥联在已开裂的脆性环氧树脂基体表面的延性塑性颗粒对裂纹扩展起到了约束闭合作用。

2) 裂纹钉锚效应。颗粒桥联不仅对裂纹前缘的整体推进起约束限制作用，分布的桥联力还对桥联点处的裂纹起钉锚作用，从而使裂纹前缘呈波浪形拱出。

(3) **纳米粒子增韧**　纳米复合材料是指两种或两种以上的固相材料中至少有一相是纳米量级的材料。纳米复合材料因其独特的尺寸效应、体积效应、量子效应而表现出常规材料所不具备的优异和特殊的性能。纳米复合材料的研制已成为当今材料学科的一大热点。

8.4.2　车用热固性复合材料成型工艺

传统汽车工业采用钢板、铝合金板材制造零部件时，冲压生产线每分钟可冲压零部件10~14个，8h产能可以达到6000个，生产高效快速。而传统的CFRP成型工艺来源于多品种、小批量、高成本生产的航空航天领域，普遍采用热压罐等小规模生产技术，一个常规环氧类CFRP部件的完整固化周期通常大于4h，实施周期长、生产率低，无法满足车用CFRP对高效率、低成本、规模化、自动化制造技术的迫切需求。因此，为实现最小碳纤维用量下最大程度发挥CFRP功效的目的，国际主流车企结合车身部件设计灵活、厚薄不均、复杂程度不同的具体特点，在原有常规复合材料成型工艺基础上重点开发了众多差异化的新型快速成型工艺。

目前，汽车工业领域最具应用潜力的CFRP成型工艺包括快速树脂传递模塑（RTM）

成型工艺、预浸料模压（PCM）成型工艺、片状模塑料（SMC）模压工艺和长纤维热塑性塑料（LFT）注塑成型工艺等。

1. 树脂传递模塑（RTM）成型工艺

RTM 成型工艺是最主要的液体模塑成型工艺，它成型周期短、制品纤维含量高、表面质量好、尺寸精度高。由于无须使用预浸料和热压罐，RTM 工艺的成本相对较低，在航空工业领域，被广泛应用于生产大型结构件。但传统 RTM 工艺从纤维铺放、树脂注入、浸渍、固化，到最终脱模，总时长在 2h 以上，难以满足现代汽车工业对快速制造技术的需求。因此，快速 RTM 技术不仅是目前大型复杂结构 CFRP 部件一体化成型的首选，也是未来车用 CFRP 成型工艺的发展方向。高压 RTM 是通过增大注射压力提升注射速度的有效方法。图 8-10 所示为 RTM 成型工艺流程。

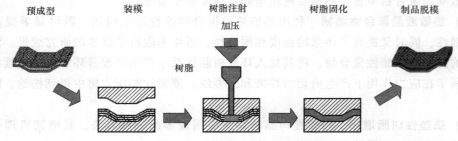

图 8-10 RTM 成型工艺流程

采用高压 RTM 工艺，注射压力能够达到几千兆帕，保证了较高的合模速度和压制速度，大大缩短了部件成型时间，提高了工艺效能。同时，增大压力能够促使树脂快速充满模腔，提高纤维树脂浸润度，减少树脂注射次数，促进空气排出，降低成品孔隙率，从而获得卓越的表面性能。若同时选择注入低黏度树脂体系或低黏度反应性混合物料体系，注射速度能够进一步提高，通过高压计量技术对反应物料进行精确计量，也能够缩短注射时间。另外，由于 CFRP 制品结构和性能可设计性高，当将高压-树脂传递模塑（HP-RTM）应用于大型复杂结构部件的制造时，优势更加明显，不仅可以在 5min 以内实现部件的一体化成型，而且能够大幅减少零部件和紧固件的数量，简化连接和装配，极大减少了生产过程的能源消耗，降低了生产成本。宝马 i3 车身的 CFRP 大量部件采用 HP-RTM 技术生产，宝马的莱比锡工厂和兰茨胡特工厂为每台 3000t 液压机配备 2 台 HP-RTM 注射单元，当自动化生产线将碳纤维预制件准确放入钢模并闭模后，HP-RTM 单元可以借助高压向模具中注入树脂，并在 5min 内完成环氧树脂的固化。HP-RTM 技术的使用使宝马 i3 车身的 CFRP 零部件数量比传统的金属零部件数量减少了 2/3，仅约为 150 个。

2. 预浸料模压（PCM）成型工艺

预浸料模压成型工艺的基本过程是：将一定量经一定预处理的模压料放入预热的模具内，施加较高的压力使模压料填充模腔。在一定的压力和温度下使模压料逐渐固化，然后将制品从模具内取出，再进行必要的辅助加工即得产品。

近年来，预浸料因具有精确的纤维、树脂配比而得到越来越广泛的应用。而 PCM 成型工艺作为一种理想的 CFRP 罐外热压工艺，不仅能够大幅缩短成型周期、提高生产率，具有制品尺寸精度高、表面质量好、生产成本相对较低、容易实现复杂结构件的一次成型

等特点，还由于制品内纤维取向性好，因此制品的强度、刚度相对较高，已成为车用 CFRP 的重要成型工艺。日本三菱公司于 2012 年推出的快速固化 PCM 成型工艺，采用两种大丝束碳纤维的预浸料，得到了与小丝束 CFRP 类似的良好加工性能、优异力学性能及高产能。2014 年，三菱丽阳公司将 PCM 成型工艺应用到了日产 Nismo 版本 GT-R 行李舱盖的制造上，质量仅为铝合金产品的 1/2，而成型周期缩短到约 10min，可用于 CFRP 汽车部件的量产。中国科学院宁波材料技术与工程研究所开发的热塑性 CFRP 预浸料快速热压成型工艺，实现了连续纤维纱/织物薄膜叠层熔融预浸工艺的连续化作业，用于奇瑞汽车某车型保险杠的量产，成型速率达到 8 件/h，产品质量满足安全碰撞标准。

3. 片状模塑料（SMC）模压工艺

SMC 是由树脂糊浸渍纤维或短切纤维毡，两面覆盖聚乙烯薄膜而制成的片状模压料，属于预浸毡料范围。SMC 成型效率高、产品的表面质量好、外形尺寸稳定性好，且成型周期短、成本低，可大批量生产，适合生产截面变化不太大的薄壁制品，在 GFRP 汽车部件生产领域已得到广泛应用。

目前，在车用 CFRP 成型工艺方面，SMC 主要用于片状短切纤维复合材料的生产，由于纤维的非连续性，制品强度不高，且强度具有面内各向同性特点。而碳纤维在树脂糊中的润湿性是 SMC 工艺面临的重要课题，通过对碳纤维进行必要的表面处理，并采用适当的润湿分散剂，能够有效提高碳纤维在树脂糊中的润湿性和均匀性。碳纤维 SMC 也在汽车工业领域获得了不少应用。2003 款道奇蝰蛇汽车是首款批量运用连续碳纤维和玻璃纤维混杂增强乙烯基树脂 SMC 部件的车型，CFRP 主要用于车门和风窗结构的制造。该车型的风窗强度较原有车型有较大提升。新型车门在质量下降的前提下强度有所提升，车门下垂量得到了很好的控制。2012 年，日本旭有机材工业公司利用碳纤维的导电性，采用 SMC 工艺为电动车生产了用于吸收无线电波的部件，该部件同时作为电磁屏蔽和结构材料。2013 年，汽车零部件供应商麦格纳与大丝束碳纤维制造商卓尔泰克将 PANEX35 碳纤维与 EpicBlendSMC 配方和技术相结合，共同开发了车用低成本碳纤维 SMC 技术及产品，大幅提高了生产率。另外，国内汽车企业也开展了 SMC 方面的大量研究，并将 CFRP 应用于尾门、新能源车电池箱盖、发动机舱盖、后顶盖等汽车外覆盖件上。

4. 长纤维热塑性塑料（LFT）注塑成型工艺

除了热固性树脂和碳纤维织物、连续纤维以外，热塑性树脂和非连续碳纤维在汽车领域也有不少应用。LFT 成型工艺具有优异的成型加工性，成型率高、成品率高，且设备相对简单、工艺成本较低，制品内部由于纤维较长而形成骨架结构，使得制品具有较高的抗冲击性和刚度，因此 LFT 制品可用于受力较大的车体部件。LFT 已经在汽车车身上获得了广泛应用，也是具有很大应用潜力的成型工艺。碳纤维增强尼龙 6 的 LFT 复合材料与铝合金、高强度钢相比，比模量相当，比强度高出 50%~250%，在汽车次承力结构件的制造方面具有优势。

RTM 与 PCM 两种成型工艺的初期投入较大，而 SMC 和 LFT 是目前 GFRP 汽车部件常用的成型工艺，因此从硬件条件和现有基础方面讲，后两者似乎更加便利。但几种成型工艺的适用部件存在较大差别，RTM 和 PCM 制品由于具有较好的纤维取向，力学性能更好，更适合制造钢制车身上的大型钣金结构和框架结构件，如车身框架、外覆盖件等；而

SMC 和 LFT 制件由于使用非连续纤维，力学性能稍差，更适合生产复杂结构的小型异形件，但部件厚度可以较大。因此，在选择成型工艺时，应当根据具体服役情况对各个部件性能要求的不同，结合部件自身的具体外形结构特点，并综合考虑成本、已有硬件基础等方面因素，差异化地采用多种成型工艺进行生产。

雷克萨斯 LFA 超级跑车的 CFRP 部件就主要采用了 3 种成型工艺制造：车身主体框架、侧栏及发动机舱壁等具有中空结构的骨架采用多轴向织 PCM 工艺成型，获得较高的强度、刚度及尺寸精度；前部碰撞吸能盒、驾驶室底板、发动机舱盖和 A 柱-平板状支架等采用 RTM 工艺成型，并采用真空辅助 RTM 工艺生产车顶部件，实现大型、多个复杂结构的一体化成型；后部如速度控制尾翼等对强度要求不高的部件采用短切碳纤维增强 SMC 模压工艺成型，能够获得更佳的表面质量。当然，采用差异化成型工艺获得差异化的部件性能并不是厂商的最终目的，而是要将成果落实到车体轻量化和低成本上。据报道，更加成熟的快速 CFRP 成型工艺、碳纤维自动铺放技术、自动展丝技术、织物定型技术、自动化连续成型技术，以及夹芯结构的规模化应用，将进一步满足复杂汽车部件的性能要求，使汽车部件的品质得到改善，并降低生产成本。

8.5　车用 CFRP 复合材料成型工艺及在汽车上的应用现状

碳纤维增强聚合物基复合材料有足够的强度和刚度，是制造汽车车身的轻质材料。预计应用碳纤维复合材料可使汽车车身的质量减小 40%~60%，相当于钢结构质量的 1/6~1/3。英国材料系统实验室曾对碳纤维复合材料的减重效果进行研究，结果表明，碳纤维增强聚合物材料车身质量为 172kg，而钢制车身质量为 368kg，减重约 50%。目前赛车和部分改装车大多选用碳纤维复合材料车身，在减小质量的同时，因复合材料碰撞时减少了碎片的产生，从而提高了安全性。CFRP 复合材料在汽车上主要可应用于发动机舱盖、翼子板、车顶、行李舱、门板、底盘等结构件中。碳纤维最初主要应用于赛车，随着车用复合材料技术的不断成熟发展，现在也被广泛地应用于超级跑车和高价值民用轿车上。在商用车应用上，也逐渐从重型货车广泛地延伸到大型客车和轻型货车上。图 8-11 所示为 CFRP 在汽车零部件中的应用情况。

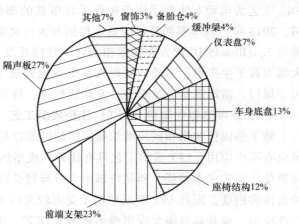

图 8-11　CFRP 在汽车零部件中的应用情况

1. CFRP 在汽车轮毂中的应用

作为保证汽车行驶安全的重要部件之一，轮毂不仅要承受整车质量，还要传递驱动力和转矩，这对汽车轮毂的质量要求极高。汽车轮毂要具有较高的强度和抗冲击性，较好的耐热性和导热性，以及较好的耐久性和安全性。碳纤维复合材料具有优异的力学性能、耐热性和耐久性，可替代金属作为轮毂材料。同时，碳纤维复合材料的使用使得轮毂质量得到降低，有助于减小车轮转动惯量，使车辆拥有更快的起动、停止及转向速度。

应用实例：

福特新一代野马 Shelby GT350R 配备了碳纤维轮毂。其质量仅为 8.6kg，而一般铝合金轮毂的质量达 15kg。

瑞典柯尼赛格的 Agera 车型的整个轮毂上除了轮胎气门嘴，其余部件均由碳纤维制造。在降低约 20kg 簧下质量的同时，还保证了坚固和安全。

2. CFRP 在制动系统中的应用

汽车制动器衬片主要使用石棉材料，制动时易摩擦导致温度升高，出现性能的热衰退，而产生的石棉粉尘有致癌危害。碳纤维复合材料的比强度高、耐磨性好、耐热性好，应用在汽车制动片上，可作为石棉的替代品。碳纤维制动盘可以在 50m 内将车速由 300km/h 降到 50km/h，并可承受 2500℃ 的高温，且性能稳定。

应用实例：

Porsche AG 等车采用碳纤维制动盘。

3. CFRP 在内外饰中的应用

碳纤维复合材料具有较高的强度、韧性、耐热性和耐老化性，可弥补传统塑料制品脆性高、耐久性不好的不足，作为汽车内饰材料使用。碳纤维复合材料还具有较高的刚性和抗冲击性，可作为金属材料的替代品应用于汽车外饰件。同时，碳纤维复合材料具有较好的吸振效果，对撞击有较大的缓冲作用，且减少撞击碎片的产生，提高了安全性。此外，碳纤维内外饰材料的使用，除了达到汽车轻量化效果，还简化了零件制造工艺，降低了零件加工、装配、维修费用，进而降低生产成本。

应用实例：

宝马 M4 配备了用碳纤维复合材料制造的前后保险杠。

改装版奔驰 G50 在外部套件、内外饰等多处使用碳纤维复合材料，在减重的同时，动力性也得到提升。

4. CFRP 在传动轴中的应用

汽车传动轴的受力情况比较复杂，尤其是要承受很大的扭矩，对材料性能要求较高。CFRP 具有各向异性、比强度高和比模量相对较低的特点，替代金属材料作为传动轴可较好地满足使用需求。碳纤维传动轴不仅可减小质量 60%，而且具有更好的耐疲劳性和耐久性。

应用实例：

丰田 86 碳纤维传动轴仅 5.53kg，减小质量 50%。

兰博基尼第六元素概念车使用碳纤维活塞连杆取代钢制连接件，质量减小 40%~50%。

5. CFRP 在进气系统中的应用

碳纤维复合材料作为汽车进气系统材料，一方面可减小质量，达到轻量化的目的；另一方面，碳纤维材料易加工成各种曲面形状，且表面较为光滑，可有效提高进气效率。

应用实例：

福特 Falcon XR6 Sprint 轿车采用 100%碳纤维制造的进气系统，碳纤维进气管的质量为 235g,而塑料进气管为 438g。

宝马 E82 135i 配备的碳纤维高流量进气系统,使用高规格制程的双面碳纤维风箱与管路,可有效隔绝热源,提供了更稳定的冷空气来源,提升燃烧效率,提高了高转速动力。

碳纤维复合材料在汽车轻量化方面的应用潜力巨大,在不断突破成本、制造工艺及技术等主要瓶颈的情况下,未来碳纤维复合材料将在汽车产业迎来飞速发展。尤其是新能源汽车将越来越多地应用碳纤维复合材料,碳纤维在汽车领域的应用比例将持续增加,其材料的特殊性将对未来汽车行业产生巨大影响。

思 考 题

1. 纤维的性能指标有哪些?
2. 碳纤维的优势和缺点有哪些?
3. 一般复合材料界面上的三类作用力是什么?
4. 简述复合材料的界面理论有哪些?
5. 以增强纤维的形式区分,热塑性复合材料经历了哪几个主要阶段?
6. 车用 CFRP 成型工艺包括哪几种?
7. CFRP 在汽车零部件上的应用有哪些?
8. 如果想进一步扩大碳纤维材料在汽车上的应用,有哪些瓶颈需要突破?

附录

压痕平均直径与布氏硬度对照表

碳化钨合金球直径 D/mm				试验力-球直径平方的比值 $0.102 \times F/D^2/(N/mm^2)$					
				30	15	10	5	2.5	1
				试验力 F					
10				29.42kN	14.71kN	9.807kN	4.903kN	2.452kN	980.7kN
	5			7.355kN	—	2.452kN	1.226kN	612.9N	245.2N
		2.5		1.839kN	—	612.9N	306.5N	153.2N	61.29N
			1	294.2N	—	98.07N	49.03N	24.52N	9.807N
压痕的平均直径 d/mm				布氏硬度 HBW					
2.40	1.200	0.6000	0.240	653	327	218	109	54.5	21.8
2.41	1.205	0.6024	0.241	648	324	216	108	54.0	21.6
2.42	1.210	0.6050	0.242	643	321	214	107	53.5	21.4
2.43	1.215	0.6075	0.243	637	319	212	106	53.1	21.2
2.44	1.220	0.6100	0.244	632	316	211	105	52.7	21.1
2.45	1.225	0.6125	0.245	627	313	209	104	52.2	20.9
2.46	1.230	0.6150	0.246	621	311	207	104	51.8	20.7
2.47	1.235	0.6175	0.247	616	308	205	103	51.4	20.5
2.48	1.240	0.6200	0.248	611	306	204	102	50.9	20.4
2.49	1.245	0.6225	0.249	606	303	202	101	50.5	20.2
2.50	1.250	0.6250	0.250	601	301	200	100	50.1	20.0
2.51	1.255	0.6275	0.251	597	298	199	99.4	49.7	19.9
2.52	1.260	0.6300	0.252	592	296	197	98.6	49.3	19.7
2.53	1.265	0.6325	0.253	587	294	196	97.8	48.9	19.6
2.54	1.270	0.6350	0.254	582	291	194	97.1	48.5	19.4
2.55	1.275	0.6375	0.255	578	289	193	96.3	48.1	19.3
2.56	1.280	0.6400	0.256	573	287	191	95.5	47.8	19.1
2.57	1.285	0.6425	0.257	569	284	190	94.8	47.4	19.0
2.58	1.290	0.6450	0.258	564	282	188	94.0	47.0	18.8
2.59	1.295	0.6475	0.259	560	280	187	93.3	46.6	18.7
2.60	1.300	0.6500	0.260	555	278	185	92.6	46.3	18.5
2.61	1.305	0.6525	0.261	551	276	184	91.8	45.9	18.4

(续)

碳化钨合金球直径 D/mm				试验力-球直径平方的比值 $0.102 \times F/D^2/(N/mm^2)$					
				30	15	10	5	2.5	1
				试验力 F					
10				29.42kN	14.71kN	9.807kN	4.903kN	2.452kN	980.7kN
	5			7.355kN	—	2.452kN	1.226kN	612.9N	245.2N
		2.5		1.839kN	—	612.9N	306.5N	153.2N	61.29N
			1	294.2N	—	98.07N	49.03N	24.52N	9.807N
压痕的平均直径 d/mm				布氏硬度 HBW					
2.62	1.310	0.6550	0.262	547	273	182	91.1	45.6	18.2
2.63	1.315	0.6575	0.263	543	271	181	90.4	45.2	18.1
2.64	1.320	0.6600	0.264	538	269	179	89.7	44.9	17.9
2.65	1.325	0.6625	0.265	534	267	178	89.0	44.5	17.8
2.66	1.330	0.6650	0.266	530	265	177	88.4	44.2	17.7
2.67	1.335	0.6675	0.267	526	263	175	87.7	43.8	17.5
2.68	1.340	0.6700	0.268	522	261	174	87.0	43.5	17.4
2.69	1.345	0.6725	0.269	518	259	173	86.4	43.2	17.3
2.70	1.350	0.6750	0.270	514	257	171	85.7	42.9	17.1
2.71	1.355	0.6775	0.271	510	255	170	85.1	42.5	17.0
2.72	1.360	0.6800	0.272	507	253	169	84.4	42.2	16.9
2.73	1.365	0.6825	0.273	503	251	168	83.8	41.9	16.8
2.74	1.370	0.6850	0.274	499	250	166	83.2	41.6	16.6
2.75	1.375	0.6875	0.275	495	248	165	82.6	41.3	16.5
2.76	1.380	0.6900	0.276	492	246	164	81.9	41.0	16.4
2.77	1.385	0.6925	0.277	488	244	163	81.3	40.7	16.3
2.78	1.390	0.6950	0.278	485	242	162	80.8	40.4	16.2
2.79	1.395	0.6975	0.279	481	240	160	80.2	40.1	16.0
2.80	1.400	0.7000	0.280	477	239	159	79.6	39.8	15.9
2.81	1.405	0.7025	0.281	474	237	158	79.0	39.5	15.8
2.82	1.410	0.7050	0.282	471	235	157	78.4	39.2	15.7
2.83	1.415	0.7075	0.283	467	234	156	77.9	38.9	15.6
2.84	1.420	0.7100	0.284	464	232	155	77.3	38.7	15.5
2.85	1.425	0.7125	0.285	461	230	154	76.8	38.4	15.4
2.86	1.430	0.7150	0.286	457	229	152	76.2	38.1	15.2
2.87	1.435	0.7175	0.287	454	227	151	75.7	37.8	15.1
2.88	1.440	0.7200	0.288	451	225	150	75.1	37.6	15.0
2.89	1.445	0.7225	0.289	448	224	149	74.6	37.3	14.9
2.90	1.450	0.7250	0.290	444	222	148	74.1	37.0	14.8

附录 压痕平均直径与布氏硬度对照表

（续）

碳化钨合金球直径 D/mm				试验力-球直径平方的比值 $0.102 \times F/D^2/(N/mm^2)$					
				30	15	10	5	2.5	1
				试验力 F					
10				29.42kN	14.71kN	9.807kN	4.903kN	2.452kN	980.7kN
	5			7.355kN	—	2.452kN	1.226kN	612.9N	245.2N
		2.5		1.839kN	—	612.9N	306.5N	153.2N	61.29N
			1	294.2N	—	98.07N	49.03N	24.52N	9.807N
压痕的平均直径 d/mm				布氏硬度 HBW					
2.91	1.455	0.7275	0.291	441	221	147	73.6	36.8	14.7
2.92	1.460	0.7300	0.292	438	219	146	73.0	36.5	14.6
2.93	1.465	0.7325	0.293	435	218	145	72.5	36.3	14.5
2.94	1.470	0.7350	0.294	432	216	144	72.0	36.0	14.4
2.95	1.475	0.7375	0.295	429	215	143	71.5	35.8	14.3
2.96	1.480	0.7400	0.296	426	213	142	71.0	35.5	14.2
2.97	1.485	0.7425	0.297	423	212	141	70.5	35.3	14.1
2.98	1.490	0.7450	0.298	420	210	140	70.1	35.0	14.0
2.99	1.495	0.7475	0.299	417	209	139	69.6	34.8	13.9
3.00	1.500	0.7500	0.300	415	207	138	69.1	34.6	13.8
3.01	1.505	0.7525	0.301	412	206	137	68.6	34.3	13.7
3.02	1.510	0.7550	0.302	409	205	136	68.2	34.1	13.6
3.03	1.515	0.7575	0.303	406	203	135	67.7	33.9	13.5
3.04	1.520	0.7600	0.304	404	202	135	67.3	33.6	13.5
3.05	1.525	0.7625	0.305	401	200	134	66.8	33.4	13.4
3.06	1.530	0.7650	0.306	398	199	133	66.4	33.2	13.3
3.07	1.535	0.7675	0.307	395	198	132	65.9	33.0	13.2
3.08	1.540	0.7700	0.308	393	196	131	65.5	32.7	13.1
3.09	1.545	0.7725	0.309	390	195	130	65.0	32.5	13.0
3.10	1.550	0.7750	0.310	388	194	129	64.6	32.3	12.9

参 考 文 献

[1] 周超梅, 杜弘. 汽车工程材料 [M]. 北京: 机械工业出版社, 2013.
[2] 李明惠. 汽车应用材料 [M]. 3 版. 北京: 机械工业出版社, 2015.
[3] 李晓东. 0.1C-5Mn 中锰汽车用钢温成形的相变行为及性能研究 [D]. 大连: 大连理工大学, 2019.
[4] 吴承建, 陈国良, 强文江, 等. 金属材料学 [M]. 2 版. 北京: 冶金工业出版社, 2009.
[5] 潘复生, 张丁非. 铝合金及应用 [M]. 北京: 化学工业出版社, 2006.
[6] 刘静安, 谢水生. 铝合金材料的应用与技术开发 [M]. 北京: 冶金工业出版社, 2004.
[7] 林钢, 林慧国, 赵玉涛. 铝合金应用手册 [M]. 北京: 机械工业出版社, 2006.
[8] 布鲁克斯. 有色合金的热处理、组织与性能 [M]. 丁夫, 等译. 北京: 冶金工业出版社, 1988.
[9] 张宝昌. 有色金属及其热处理 [M]. 西安: 西北工业大学出版社, 1993.
[10] 巫瑞智, 张景怀, 尹冬松. 先进镁合金制备与加工技术 [M]. 北京: 科学出版社, 2012.
[11] 李尹熙, 王力, 韩庆国. 汽车用非金属材料 [M]. 北京: 北京理工大学出版社, 1999.
[12] 黄险波, 罗忠富, 杨波. 车用聚丙烯改性材料技术及应用 [M]. 北京: 科学出版社, 2018.
[13] 李光耀. 汽车内饰件设计与制造工艺 [M]. 北京: 机械工业出版社, 2009.
[14] 唐见茂. 高性能纤维及复合材料 [M]. 北京: 化学工业出版社, 2013.
[15] 迈利克, 等. 汽车轻量化: 材料、设计与制造 [M]. 于京诺, 宋进桂, 梅文征, 等译. 北京: 机械工业出版社, 2012.